계획이 틀어져도 절대 실패하지 않는 문제 해결 방식

리:프레이밍

WHAT'S YOUR PROBLEM?

리:프레이밍

계획이 틀어져도 절대 실패하지 않는 문제 해결 방식

토마스 웨델 웨델스보그 지음
박정은 옮김

REFRAMING

청림출판

당신의 문제는 무엇인가?
정말 어려운 문제를 해결하려면,
먼저 해결할 문제를 바꿔라!

— 토마스 웨델 웨델스보그

문제는 무엇인가?

올바른 문제를 해결하고 있는가?

질문 하나를 던지며 이야기를 시작하고 싶다. 당신의 팀, 직장, 사회, 가정을 위해 또는 그저 자기 자신을 위해 대답하라.

엉뚱한 문제를 해결하는 데 얼마나 많은 시간과 돈, 에너지, 심지어 인생을 낭비하고 있는가?

나는 세계 각국의 사람들에게 이 질문을 던졌고, 누구도 그 답변을 가볍게 여기지 않았다. 자신의 답변에서 느끼는 바가 있었다면, 두 번째 질문도 생각해 보라.

올바른 문제를 해결하는 데 더 능숙해진다면 어떻게 될까?

우리가 아주 조금씩만 헛다리를 덜 짚게 된다면 우리의 삶에, 즉 우리가 중요하게 생각하는 사람과 조직에 어떤 변화가 일어날까?

이 책은 올바른 문제를 해결하는 방법에 관한 책이다. 세상의 문제 해결 능력을 개선하는 것이 목적이다. 이 목적을 달성하고자 '문제 리프레이밍reframing the problem' 또는 줄여서 '리프레이밍'이라고 불리는 매우 특별한 기술을 공유할 것이다.

50년 이상 계속된 연구[1]에 따르면 리프레이밍은 아주 강력한 기술이며, 문제 해결 능력만 개선하는 게 아니다. 리프레이밍을 완전히 익힌 사람은 더 나은 결정을 내리고, 독창적인 아이디어를 더 많이 떠올리고, 더 비범한 삶을 사는 경향이 있다.

가장 좋은 점은 배우기가 그렇게 어렵지 않다는 것이다.[2] 이 책을 읽고 핵심 내용을 익히고 나면 당신은 더 나은 사상가, 더 나은 문제 해결사가 될 것이다. 아마 이 책을 읽는 동안 당신이 현재 겪고 있는 몇 가지 문제에 대한 해결점도 찾을 수 있을 것이다.

리프레이밍이 무엇인지 알고 싶다면 계속 읽어보라. 느린 엘리베이터가 당신을 기다리고 있다.

느린 엘리베이터 문제

다음은 이 책에서 가장 중요한 개념이다.

어떻게 문제를 프레이밍하느냐에 따라 떠올릴 수 있는 해결책이 다르다(프레임frame은 틀, 액자, '틀에 넣다'라는 뜻이며 프레이밍은 어떠한 틀, 또는 관점에서 대상을 바라보는 것을 의미한다 - 옮긴이).

문제를 보는 방식을 바꿈으로써, 즉 리프레이밍함으로써 근본적으로 더 좋은 해결책을 찾을 수 있다.

이 내용이 어떻게 작용하는지 살펴보기 위해 대표적인 예시로 꼽히는 느린 엘리베이터 문제[3]를 함께 생각해 보자.

당신이 사무실 건물 하나를 소유하고 있는데 세입자들이 엘리베이터에 대해 불만을 제기하고 있다. 엘리베이터가 구식이고 느려서 이용할 때마다 세입자들은 오래 기다려야 한다. 세입자 중 몇 사람은 문제가 해결되지 않으면 임대차 계약을 파기하겠다고 협박하고 있다.

우선 이 문제가 모호하게 제시되지 않았다는 점에 주목하라. 우리가 현실에서 맞닥뜨리는 문제가 대부분 그렇듯이, 누군가 당신을 대신해 **'엘리베이터가 느린 것이 문제'**라고 문제를 이미 프레이밍했다.

우리는 해결책을 너무 찾고 싶은 나머지 문제가 어떻게 프레이밍됐는지 알아차리지 못하는 경우가 많다. 그 결과 그 프레이밍을 받아들인 채, 어떻게 엘리베이터의 속도를 더 빠르게 할지 고민하기 시작한다. 모터를 업그레이드할 수 있을까? 새 엘리베이터를 설치해야 할까?

이 아이디어들은 문제가 무엇이라는 전제가 같을 때 형성되는 하나의 해결책 영역에 속한다.

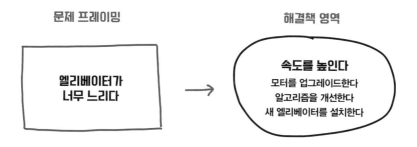

이 해결책들이 효과를 보일 수도 있다. 하지만 건물 관리인들은 이 문제에 훨씬 더 명쾌한 해결책을 제시한다. '엘리베이터 옆에 거울을 달아라.'**4** 이 간단한 조치는 불평을 줄이는 데 효과적이라고 입증된 바 있다. 사람들은 마음을 온통 사로잡는 무언가, 즉 자기 자신을 바라볼 때 시간 가는 줄 모르는 경향이 있기 때문이다.

해결하기 더 좋은 문제

거울 해결책은 기존에 정해진 문제를 해결하지 않았다. 엘리베이터의 속도를 높이는 대신 문제를 다르게 이해하는 것을 택했다. 즉 문제를 리프레이밍했다.

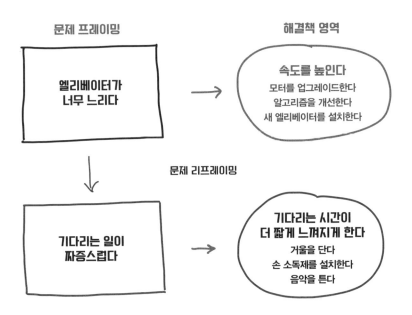

이것이 리프레이밍이다. 리프레이밍 기법의 핵심에는 직관에 어긋나는 통찰이 있다. 어려운 문제를 해결하기 위해서 **해결책 찾기를 멈춰야** 할 때가 있다. 그 대신 단순히 문제를 분석하기 위해서가 아니라 프레이밍하는 방식을 바꾸기 위해서 문제 자체로 주의를 돌려야 한다.

지금 가장 필요한 강력한 도구

리프레이밍의 힘은 그 중요성을 입증한 알베르트 아인슈타인Albert Einstein, 피터 드러커Peter Drucker, 그 밖의 많은 이들에 의해 수십 년 동안 알려져 왔다.[5] 혁신, 문제 해결, 올바른 질문하기를 아우르는 리프레이밍은 당신이 어디에서 무엇을 하든 도움이 될 것이다. 팀을 이끌든, 창업을 하든, 판매 계약을 체결하든, 전략을 세우든, 까다로운 고객을 상대하든, 그 밖의 무슨 일을 하든 필요한 기술이다. 또 경력을 쌓거나, 결혼 생활을 개선하거나, 고집스러운 아이를 훈육하려고 노력할 때와 같은 개인적인 문제에도 유용하다. 어떤 문제에 직면했든, 삶의 어느 영역에 있든, 딜레마를 해결하고 앞으로 나아가는 새로운 길을 찾기 위해 리프레이밍을 이용할 수 있다. 또는 이렇게 말할 수 있겠다. 모든 사람에게는 문제가 있다. 리프레이밍이 그 모두에게 도움이 될 것이다.

실제로 사람들은 이러한 도움이 필요하다. 사람들은 대부분 리프레이밍이 무엇인지, 또는 어떻게 리프레이밍하는지 배운 적이 없다. 솔직히 말하자면, 나는 이 연구를 진행하며 우리의 인지적 도구상자에서 사라진 가장 중요한 단 한 가지 도구가 리프레이밍이라고 확신하게 됐다.

문제와 문제 해결

몇 년 전, 미국 경제 전문지 〈포춘Fortune〉 선정 500대 기업 중 한 곳에서 지원 350명에게 리프레이밍을 가르쳐달라고 내게 의뢰했다. 그 회사에서 가장 유능한 리더들을 위해 특별히 기획된 일주일간의 리더십 프로그램에서 나는 강의를 하게 됐다. 기업 내에서 상위 2퍼센트에 들어야 그 리더십 프로그램에 참여하여 교육을 받을 수 있었다.

5일간의 알찬 프로그램이 끝나고, 참가자들을 대상으로 설문조사가 이루어졌다. 어떤 교육이 가장 도움이 됐는지 묻는 항목에서 두 시간짜리 리프레이밍 수업이 1위를 차지했다.

그러한 반응이 처음은 아니었다. 지난 10년 동안 나는 전 세계 수천 명의 사람들에게 리프레이밍을 가르쳤고, 거의 모든 사람이 매우 도움이 됐다고 말했다. 다음은 몇 가지 대표적인 반응을 그대로 옮긴 것이다.

- "상황을 바라보는 새로운 방식이 매우 놀라웠어요."
- "정말 좋았고, 다른 사고방식에 대해 관심을 갖게 되었습니다."
- "리프레이밍은 지금까지 한 번도 접해보지 못한 훌륭한 개념입니다. 앞으로 팀원들과 함께 일할 때 직접 활용할 겁니다."

나는 이러한 반응을 보고 심각한 문제를 느꼈다. 그리고 앞으로도 그렇게 느낄 것이다.

생각해 보라. **도대체 왜 이 사람들은 리프레이밍을 아직도 몰랐단 말인가?** 어째서 세계적인 포춘 500 기업에서 일하고, 회사에서 상위 2퍼센트에 드는 정말 똑똑한 사람들이 올바른 문제를 해결하는 방법을 아직도 모른단 말인가?

문제의 심각성을 이해하기 위해 17개 국가의 민간 및 공공 부문 91개 회사를 대표하는 106명의 최고경영진을 대상으로 설문조사를 했다. 그 결과 85퍼센트의 응답자가 자기가 속한 조직이 리프레이밍을 잘하지 못한다고 말했다.[6] 또 거의 같은 수의 응답자가 자신의 회사가 이 때문에 상당한 자원을 낭비하고 있다고 말했다.

이것은 정말 완전히 잘못된 것이다. 리프레이밍은 기본적인 사고능력이다. 솔직히 말하자면 모두가 오래전에 배웠어야만 하는 것이다. 똑똑하고 유능한 사람들이 계속 엉뚱한 문제를 해결하는 바람에 날마다 얼마나 많은 실수를 저지를지를 생각하면 섬뜩해진다.

'그것'이 바로 이 책이 해결하려는 문제다.

나는 지난 10년 동안 내가 연구한 내용을, 올바른 문제를 해결하기 위한 하나의 안내서로 이해하기 쉽게 정리했다. 이 책의 중심에 있는 프레임워크(어떤 일에 대한 판단이나 결정 따위를 위한 틀 - 옮긴이)는 빠른 리프레이밍 기법, 즉 문제를 처리하기 위해 거의 모든 상황에서 활용할 수 있는 간단하고 입증된 접근법이다. 결정적으로 이 기법은 매일의 바쁜 업무 환경 속에서 빠르게 활용될 수 있도록 만들어졌다. 우리는 문제에 천천히 접근해도 될 만큼 여유롭지 않다.

나는 지난 10년 동안 다양한 유형과 직급의 사람들에게 리프레이밍을 가르치고 실생활의 문제를 해결하도록 도우면서 기법을 조금씩 발전시켰다. 전략은 문제 해결과 혁신에 관한 이전의 연구 결과를 기반으로 했다. 말하자면, 어떤 전략을 기법에 포함할지 선택할 때 뭔가 아주 대단한 이론적 모델에 근거하지 않았다. 단지 사람들이 자신의 문제를 다시 생각하고 해결하는 데 가장 도움이 된다고 일관되게 입증한 전략, 그와 동시에 광범위한 분야에 도움이 될 수 있는 폭넓은 전략을 선택했다.

나아가 나는 사람들이 '야생에서', 즉 워크숍에 참여했을 때가 아니라 직장 생활을 하는 중에 골치 아픈 문제를 어떻게 해결했는지를 연구하면서 전략을 입증했다. 작은 스타트업부터 시스코나 화이자 같은 크고 복잡한 회사까지 다양한 곳에서 일하는 사람들과 함께했다. 그들이 어떻게 어려운 문제를 해결하고, 획기적으로 혁신했는지에 대해 다수의 심층적 연구를 수행했다. 현실 세계의 리프레이밍은 분명 정리된 프레임워크가 제시할 수 있는 것보다 난잡했지만, 각 전략은 현실의 문제를 해결하고 성과를 낼 새롭고 창의적인 방법을 찾기 위해 그 분야의 전문가가 이용했던 접근법이다.

이 책을 읽음으로써,

☑ 직장 안팎에서 부딪히는 어려운 문제에 대해 창의적인 해결책을 더 잘 찾을 수 있다.
☑ 당신과 당신의 팀이 엉뚱한 문제에 시간을 낭비하지 않을 수 있다.
☑ 큰 결정을 더 효과적으로 프레이밍하는 법을 배워 적중률을 높일 수 있다.
☑ 미래를 보장하는 경력을 쌓고 회사에서 자신의 가치를 높일 수 있다.
☑ 그리고 무엇보다 당신이 중요하게 생각하는 사람과 조직을 변화시킬 수 있다.

특히 이 책은 현실에서 즉시 리프레이밍을 적용해 볼 수 있도록 구성됐다. 한 장 한 장 읽어나가다 보면 자신의 문제를 어떻게 리프레이밍하면 좋을지 깨닫게 될 것이다. 이제 이 책의 구성을 살펴보자.

앞으로 살펴볼 내용

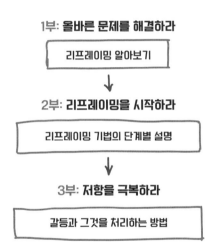

1부: 올바른 문제를 해결하라

리프레이밍 알아보기

2부: 리프레이밍을 시작하라

리프레이밍 기법의 단계별 설명

3부: 저항을 극복하라

갈등과 그것을 처리하는 방법

첫 번째 장인 〈리프레이밍 알아보기〉에서는 주목할 만한 실제 사례와 함께 리프레이밍의 주요 개념 몇 가지를 빠르게 공유한다.

2부 '리프레이밍을 시작하라'에서는 리프레이밍 기법을 단계별로 자세히 설명한다. 2부에서 다룰 내용은 다음과 같다.

- '**해결하려는 문제가 무엇인가?**'라는 간단한 질문이, 어떻게 좋지 않은 아이디어에 지나치게 몰입하는 것을 방지할 수 있는가?
- 왜 숙련된 전문가는 세부 사항에 착수하기 전에 **프레임 밖을 보는가?**
- **목표를 재검토하는 것**이 어떻게 팀의 업무량을 80퍼센트까지 줄일 수 있는가?
- **밝은 점**(작가 칩 히스Chip Heath와 댄 히스Dan Heath가 만든 유용한 용어로, 긍정적인 예외를 뜻한다)을 찾고 검토하는 것이 어떻게 즉각적인 돌파구로 이어질 수 있는가?
- **거울을 들여다보는 것**이 어떻게 대인 갈등을 해결하는 비결일 수 있는가?
- 어떻게 두 사업가가 **문제를 검증함**으로써 2주 후에 수백만 달러짜리 기회를 발견했는가?

2부를 읽고 나면 이 기법을 이용하는 데 필요한 지식을 충분히 갖추게 될 것이다.

3부 '저항을 극복하라'에서는 사람들이 리프레이밍 과정에 저항할 때, 당신의 조언을 듣지 않을 때, 사일로 사고방식silo thinking(사일로는 곡식 저장 창고를 의미하며, 조직 내 각 부서가 다른 부서와 소통하지 않고 내부 이익만 추구하는 사고방식을 사일로 사고방식이라 부른다-옮긴이)의 희생양이 됐을 때, 그 밖의 여러 경우에 무엇을 해야 하는지 제안하고 있으므로 필요에 따라 참고할 수 있다.

또 책 전반에 걸쳐 리프레이밍이 어떻게 큰 돌파구로 이어졌는지를 보여주는 많은 실제 사례를 공유할 것이다. 이 사례들은 대부분 CEO와는 관련이 없다. 그보다는 '평범하다'라는 말을 가장 좋은 의미로 해석할 때의 '평범한' 사람들에게 중점을 둔 이야기다. CEO들이 리프레이밍을 구사하지 않는다는 것은 아니다. 경영 분야의 여러 학자들의 연구에 따르면 CEO들은 큰 영향을 미치는 리프레이밍을 한다.[7] 하지만 CEO는 흔치 않은 직업이며, 다른 많은 사람들과 공통점이 없는 일을 하는 경우가 많다. 나는 중역 회의실에서만이 아니라 우리가 문제를 맞닥뜨리는 모든 장소에서 어떻게 문제 해결을 개선해야 하는지에 관심이 있다. 요컨대 리프레이밍을 대중화하고 싶다. 이 책에서 만나게 될 이야기들과 사람들은 그 초점을 반영하고 있다.

또 리프레이밍 개념을 뒷받침하는 가장 중요한 연구도 이 책에 담았다. 폭넓은 분야(영업, 심리학, 수학, 기업 운영, 디자인, 철학 등)의 학자와 전문가들이 50년 이상 리프레이밍을 면밀하게 연구했다. 이 책은 그들의 노력에 큰 빚을 지고 있다. 이어질 장들에서 리프레이밍 사고를 하는 중심적 인물 몇 명을 만나게 될 것이다(그 밖의 많은 사람이 책 말미의 주석에 기술되어 있다). 이 책의 웹사이트(www.howtoreframe.com)에서 좀 더 상세한 연구 안내서를 제공하고 있으므로 리프레이밍을 뒷받침하는 과학적 증거를 알고 싶다면(또는 그저 고객을 설득하는 자리에서 풀어놓을 약간의 이론적 설명이 필요하다면) 도움이 될 것이다.

리프레이밍 캔버스

마지막으로 리프레이밍 캔버스[B]를 소개하고 싶다. 이 캔버스는 리프레이밍 기법의 주요 단계를 개략적으로 보여주기 때문에 팀이나 고객과 함께 문제를 리프레이밍할 때 이용할 수 있다. 책의 웹사이트에서 인쇄 버전을 무료로 내려받을 수 있다.

　다음 쪽에는 캔버스의 고급 버전을 실었다. 어떤 형식인지 살펴보되 아직 세부 사항에 대해 고민할 필요는 없다. 우선은 기법이 세 단계(프레이밍, 리프레이밍, 앞으로 나아가기)로 구성되고, 두 번째 단계에 추가 전략 몇 가지가 포함돼 있음에 주목하라.

　이제 시작해 보자.

프레이밍

무엇이 문제인가?   누가 관련되어 있는가?

?

리프레이밍	프레임 밖을 보라	⇦ ⇧ ⇨ ⇩
	목표를 재검토하라	→ ?
	긍정적인 예외(밝은 점)를 주목하라	✗ ✗ ✓ ✗
	자신의 행동을 돌아보라	You
	다른 사람의 관점에서 보라	𝟄 ? 𝟄

앞으로 나아가기

어떻게 추진력을 유지하는가?

⇨

차례

3부 저항을 극복하라

REFRAMING

1부

올바른 문제를
해결하라

리프레이밍 알아보기

분석을 넘어 리프레이밍으로

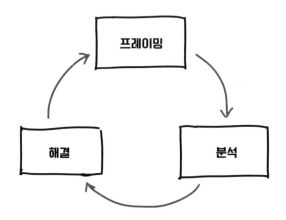

문제를 잘 해결하는 사람들의 가장 기본적인 특성은 낙관주의다.[1] 그들은 어려운 상황에 직면했을 때 운명으로 받아들이며 체념하지 않는다.

앞으로 나아갈 더 좋은 방법이 있을 것이라고 믿는다. 그리고 그 방법을 실제로 찾기도 한다.

그렇지만 낙관주의만으로는 충분하지 않다. 역사를 살펴보면 행복한 낙관론자들이 무턱대고 밀어붙이다 궁지에 몰리는 경우가 수없이 많았다.[2] 성공하려면 앞으로 나아가는 추진력이 올바른 문제를 목표로 하는 능력과 결합돼야만 한다. 그 능력이 바로 리프레이밍(그리고 그 첫 단계인 프레이밍)이다.

리프레이밍이 문제 분석과 다르다는 사실을 아는 것이 중요하다. 내가 여기에서 사용한 분석이라는 용어는 '**엘리베이터가 왜 느린가?**'라고 묻고 속도에 영향을 주는 다양한 요인을 알기 위해 노력하는 것을 의미한다. 분석을 잘한다는 것은 정확하고, 체계적이고, 꼼꼼하고, 숫자에 밝다는 의미이다.

리프레이밍은 분석과 비교했을 때 더 높은 차원의 활동이다. '**엘리베이터 속도에 초점을 두는 것이 옳은가?**'라고 묻는 것이다. 리프레이밍을 잘한다는 것은 꼭 세부 사항과 관련된 것은 아니다. 오히려 큰 그림을 보고, 다양한 관점에서 상황을 생각하는 능력을 갖추는 것에 더 가깝다.

리프레이밍은 문제 해결 과정의 처음에만 국한된 것이 아니고, 문제를 분석하고 해결하는 일과 별개로 이뤄져야 하는 것도 아니다. 오히려 문제를 더 잘 이해하고 더 좋은 해결책을 찾을 수 있게 한다. 설계적 사고를 하는 사람이라면 이렇게 말할 것이다. 생각을 현실에서 시험하지 않는 한 문제를 정확하게 프레이밍할 수 없다.

이 과정이 실전에서 어떻게 작용하는지 보여주기 위해 내가 찾은 가장 강력한 사례를 공유할 것이다. 엘리베이터 이야기보다 조금 더 길지만, 끝까지 읽어주길 바란다. 개와 관련된 이야기다.

미국 동물보호소의 유기견 문제

미국인들은 개를 좋아한다. 미국 가정의 40퍼센트가 강아지를 키운다. 하지만 온 집 안에 털이 날리는 것도 감수해 마지않는 이 강아지 사랑에는 부정적인 측면이 있다. 매년 300만 마리 이상의 개가 동물보호소로 들어와[3] 입양을 기다린다는 것이다.

동물보호소와 다른 동물 복지 단체들은 이 문제에 대한 인식을 환기하기 위해 노력하고 있다. 그 대표적인 광고가 "생명을 구하세요", "개를 입양하세요" 또는 기부금을 요청하는 문구와 함께 동정심을 유발하려고 신중하게 고른, 방치되고 슬퍼 보이는 개의 모습을 보여주는 것이다.

그런 방법으로 매년 약 140만 마리의 개가 입양된다. 하지만 100만 마리 이상이 입양되지 못한다. 고양이나 다른 반려동물은 말할 것도 없다. 동물보호소와 구조 단체의 감동적인 노력에도 불구하고 반려동물을 입양해 줄 사람은 수십 년 전부터 늘 부족했다.

하지만 좋은 소식이 있다. 지난 몇 년 사이에 작은 단체 두 곳에서 이 문제를 처리하기 위해 새로운 방법을 찾아냈다. 두 곳 중 하나는 뉴욕에 본거지를 둔 바크박스BarkBox라는 스타트업으로 내가 리프레이밍을 가르친 적이 있다. 바크박스는 소득의 1퍼센트를 도움이 필요한 개를 위해 기부하고 있는데, 어느 날 바크박스의 비영리팀이 동물보호소 유기견 문제를 새로운 시각에서 살펴보기로 한 것이다.

광고가 아닌 접근성 문제를 해결하라

바크박스는 예산이 적으니 광고에 투자한들 큰 변화를 가져오지 못할 것이라고 생각했다. 그 대신 문제를 프레이밍하는 다른 방법을 찾기 시작했다. 바크박스의 공동창업자이자 프로젝트 책임자인 헨리크 워들린 Henrik Werdelin은 내게 이렇게 말했다.

> "우리는 입양 문제가 어느 정도는 **접근성** 문제였다는 사실을 알게 됐죠. 동물보호소들은 개를 소개할 때 인터넷에 크게 의존하고 있어요. 하지만 웹사이트는 찾기가 어렵고, 예산도 거의 없어서 모바일 화면에 최적화된 경우가 드물죠. 나는 바로 그것이 우리가 비교적 쉽게 고칠 수 있는 문제라고 생각했습니다."[4]

그 결과로 나온 것이 데이트 앱을 본떠서 만든 재미있는 앱, 바크버디 BarkBuddy였다. 사람들은 바크버디에서 입양되기를 기다리는 개들의 프로필을 보고 해당 보호소로 연락할 수 있었다.

"집 근처에서 복슬복슬한 싱글들을 찾아보세요"라는 슬로건과 함께 출시된 바크버디 앱은 다운로드 횟수가 25만 회를 넘겼다. 출시되자마자 프로필이 매달 100만 개씩 올라왔다. 또 개를 주인공으로 한 최초의 데이트 앱이라며 여러 공중파 TV 프로그램에서 특집으로 다루었고, 유명한 토크쇼에서도 소개됐다. 앱을 개발하고 출시하는 데 약 8000달러(한화 약 1000만 원)가 들었다는 점을 고려하면, 비용 대비 엄청난 효과를 거둔 셈이다.[5]

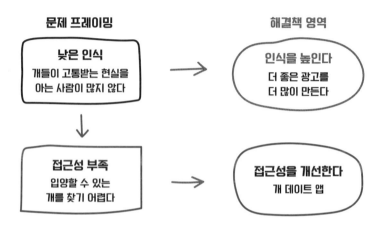

이것이 대표적인 리프레이밍이다. 위들린 팀은 문제가 무엇인지를 다시 생각하여 새롭고 더 효과적인 접근법을 찾았다. 하지만 그와 동시에, 핵심적인 부분에서는 팀이 아직도 **기존의 문제 프레이밍 안에서** 일하고 있었다는 것을 알아챌 수 있을 것이다. 바로 '어떻게 더 많은 개를 입양시킬 수 있을까?'라는 프레이밍이다. 그것이 동물보호소 문제를 프레이밍하는 유일한 방식은 아니다.

다른 접근 방식: 동물보호소 개입 프로그램

로리 와이즈Lori Weise는 로스앤젤레스에 있는 다운타운도그레스큐
Downtown Dog Rescue의 책임자이자 동물보호소 개입 프로그램을 지지하
는 선구자 중 한 명이다. 로리의 프로그램**6**은 더 많은 개를 입양시키는
것을 목표로 하지 않는다. 그보다는 개가 애초에 동물보호소 시스템에
들어오지 않도록 **첫 번째 가정에서 버려지지 않게 하는** 것을 목표로 한다.

　동물보호소로 들어오는 개 가운데 평균 약 30퍼센트가 '주인이 포
기한 개', 즉 주인이 계획적으로 넘긴 개다. 자원봉사자 주도로 운영되
는 동물보호소 공동체는 동물에 대한 깊은 사랑으로 단결된 조직이기
때문에 그 내부에서는 종종 그러한 주인들이 가혹하게 평가된다. '도대
체 얼마나 매정한 사람이면 자기 개를 고장 난 장난감 버리듯 버릴 수가
있죠?' 개들이 그렇게 '나쁜' 주인을 만나지 않도록 많은 동물보호소에
서는 개를 입양하려는 사람들에게 쉽지 않은 자격 검증 과정을 거치도
록 요구하고 있다. 집 없는 개들이 너무 많아서 감당이 안 되는 힘든 현
실 속에서도 개를 입양하고자 하는 사람들에게 또 다른 장벽을 만들고
있는 것이다.

　로리는 상황을 다르게 바라보았다. 그녀는 내게 이렇게 말했다. "나
는 '나쁜 주인' 이야기를 그대로 다 받아들일 수 없었어요. 일하면서 이
런 사람들을 많이 만났지만, 대부분 강아지를 소중하게 여기고 있었
어요. 그들은 나쁜 사람들이 아닙니다. 그렇게만 보는 것은 너무 단순
하죠."

　이 문제를 더 깊이 파고들기 위해 로리는 로스앤젤레스 사우스센트

덜 지역에 있는 동물보호소에서 간단한 실험을 했다. 개를 넘겨주러 가족이 올 때마다 직원이 이렇게 물었다. "개를 계속 기를 수 있는 상황이라면 그렇게 하고 싶나요?"

가족이 그렇다고 대답하면 직원은 왜 개를 넘기려고 하는지 물었다. 로리와 직원들은 도울 수 있는 문제라고 느껴지면 단체 기금을 이용하거나 관계자들의 협조를 얻어 문제 해결을 도왔다.

로리의 실험에서는 관계자들이 추정한 내용과는 정면으로 배치되는 결과가 나왔다. 주인의 75퍼센트가 개를 계속 기르고 싶다고 말했다. 개를 넘겨줄 때 눈물을 흘리는 사람도 많았다. 그리고 동물보호소에 오기 전에는 수년간 개들을 잘 보살폈던 사례도 많았다. 로리는 이렇게 말했다.

"'주인이 포기한 개들' 문제는 사람 때문에 발생한 게 아닙니다. 대체로 가난 문제입니다. 그 가족들은 우리만큼 개를 사랑하지만, 무척 가난하기도 합니다. 월말이 되면 아이들에게 무엇을 먹일지 걱정해야 하는 사람들도 있습니다. 그러니 새로 바뀐 집주인이 개를 기르는 것을 문제 삼아 갑자기 보증금을 올려달라고 하면 그들은 정말로 돈을 구할 방법이 없는 것이지요. 또 개에게 10달러짜리 광견병 예방 접종을 해야 하지만 수의사에게 데려갈 수 없는 사정이 있을 수도 있고, 어쩌면 어떤 권위자나 낯선 사람에게 데려가는 것을 경계하고 있을 수도 있습니다. 반려동물을 동물보호소에 보내는 것은 그들로서는 최후의 선택인 경우가 많습니다."

로리가 발견한 것처럼 개입 프로그램은 경제적으로 단순히 실행할 수 있는 정도가 아니었다. 오히려 단체의 어떤 활동보다도 더 비용 효율적이었다. 프로그램을 시행하기 전에 로리의 단체는 그들이 도왔던 동물 한 마리당 평균 약 85달러를 썼다. 새로운 프로그램에서는 단체의 달러당 효과가 극적으로 개선되면서 비용이 약 60달러까지 줄어들었다. 그 접근법 덕분에 가족들은 사랑하는 반려동물을 계속 기를 수 있었고, 어려움에 처한 다른 동물을 도울 수 있는 여유 공간도 보호소에 마련됐다.

로리와 여러 선구자들의 노력 덕분에 동물보호소 개입 프로그램은 미국 전역으로 퍼져 나갔고, 여러 관계 기관에서 지원을 받았다. 그 후 이런저런 계획들이 실행됐고, 그 결과 동물보호소로 오는 반려동물의 수와 안락사 당하는 반려동물의 수가 역대 최저치를 기록하고 있다.[7]

프레임 탐구하기 vs. 프레임 부수기

두 이야기는 리프레이밍의 힘을 분명히 보여준다. 두 사례 모두 해결해야 할 새로운 문제를 찾음으로써 작은 집단이 큰 변화를 이루어 냈다. 또한 이 이야기들은 문제를 리프레이밍하는 두 가지 방법을 보여준다. 그것을 프레임 **탐구하기** 대 프레임 **부수기**라고 부르자.

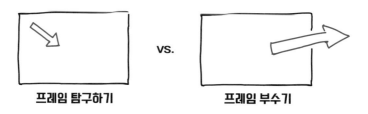

프레임 탐구하기　　vs.　　**프레임 부수기**

프레임 탐구하기는 원래의 문제 서술을 더 깊이 파고드는 것이다.

이는 문제를 분석하는 것과 비슷하지만, 상황에 변화를 가져올 수도 있는 데 간과된 측면이 있는지 살펴본다는 요소가 추가된 것이다. 바로 바크박스 팀이 했던 일이다. 그들은 '동물보호소에서 동물을 입양하려는 사람이 부족하다'는 생각에서 시작하여, '숨겨진' 문제인 접근성 사안을 찾을 때까지 더 깊이 파고들었다. 결과적으로 바크박스 팀은 문제를 리프레이밍함으로써 8000달러를 투자해서 극적인 효과를 거뒀다.

프레임 부수기는 문제의 초기 프레이밍에서 완전히 멀어지는 것이다.

로리의 프로그램은 프레임을 부수었다. 그녀는 일의 진짜 목적을 다시 생각했고(그것을 입양 문제가 아니라 가난한 가족이 반려동물을 계속 기를 수 있도록 돕는 문제로 보았고), 그 과정에서 산업 자체가 변화될 수 있도록 도왔다.

두 접근법 모두 돌파구로 이어질 수 있다. 그러나 프레임 부수기라는 발상이 더 중요하다. 이를 터득하지 못하면 **문제의 초기 프레이밍에 갇히게 될 것이다.** 문제 해결에 능숙한 사람들조차 전체 프레이밍을 의심하는 것은 완전히 잊고 정해진 문제에서 단서를 찾느라 세부 사항에 말려

들기 쉽다. 프레임 부수기라는 개념을 잊지 않으면 문제를 처음 맞닥뜨렸을 때 문제가 어떻게 프레이밍되는가에 제한을 덜 받을 것이다.

기술적인 돌파구 vs. 정신적인 돌파구

두 이야기 사이에 더 감지하기 힘든 두 번째 차이점이 있다. 바크버디 이야기는 전형적인 실리콘밸리 성공 신화처럼 읽힌다. 지금까지 가과하던 문제를 확인했고, 과학기술의 놀라운 힘 덕분에 이제 문제를 해결할 더 나은 방법을 찾아냈다는 점에서 그렇다. 바크버디 앱은 이런 의미에서 시기와 깊은 관련이 있었다. 스마트폰, 데이터 공유 기준, 데이트 앱 사용에 익숙한 많은 인구가 없었다면 이러한 해결은 불가능했을 것이다. 다트머스 대학교의 론 애드너Ron Adner는 이것을 '와이드 렌즈wide lens'[8]라고 부른다. 성공으로 이어지는 혁신을 위해서는 그것을 뒷받침하는 과학기술과 협력 파트너로 구성된 생태계가 이미 준비돼 있어야 한다는 것을 의미하는 말이다.

로리의 발견은 최신 과학기술과는 전혀 관련이 없었고, 사회의 새로운 흐름이나 문화에 익숙해진 사람들에게 의존한 것도 아니었다. 그것은 분명 수의사와 동물보호소들을 포함한 협력 파트너들의 폭넓은 생태계에 의존하는 방법이었지만, 그들 모두 수십 년 전부터 거의 같은 방식으로 일하며 일찍이 준비돼 있었다.

이는 흥미로운 질문을 불러일으킨다. **우리가 두 해결책을 찾기 전까지**

그 해결책을 가로막았던 것은 무엇일까? 바크버디가 만들어지기 전에는 그것을 개발하기가 쉽지 않았다. 단순히 준비되지 않은 상태였기 때문이다. 로리의 동물보호소 개입 프로그램은 어떤가? 이론상 그것은 20년, 어쩌면 40년 전에도 제안할 수 있었다. 프로그램 실행의 주요 장애물은 기술적인 문제가 아니었다. 프로그램 실행을 방해한 것은 잘못된 믿음, 이 경우에는 개를 포기하는 가족이 모두 나쁜 주인이라는 믿음이었다. 수십 년 동안 공동체 전체가 그 믿음 때문에 앞으로 나아갈 수 없었다. 로리는 모두가 이미 알고 있던 정보의 한 부분을 가져왔고, 그것을 이해할 새로운 방법을 제공하여 프레임을 부수었다.

이것이 이 책에 나오는 이야기의 핵심 주제다. 혁신가와 문제 해결사들은 그들이 물리학의 경계를 넓히는 기술자든, 신약을 개발하는 의사든, 비트와 바이트로 기적을 낳는 프로그래머든, 새로운 기술에 당연하게도 매력을 느낀다.

하지만 일상생활에서 맞닥뜨리는 대단히 많은 사례에서 문제의 해결책은 기술적인 돌파구가 아니라 정신적인 돌파구에 달려 있다. 그러므로 어려운 문제를 해결하기 위해서 반드시 세부 사항을 살펴보거나 특별히 체계적으로 생각하는 사람이 되어야 하는 것은 아니다. 해석과 센스메이킹(주변에서 벌어지는 일에 대해 자기 나름의 의미를 부여하고 지도를 그리는 행위 – 옮긴이), 즉 원래 존재했던 것을 보면서 의미를 다시 생각하는 행위가 더 중요할 수 있다. 자신의 믿음에 의문을 가지고 동료, 고객, 친구, 가족, 특히 우리 자신이 오랫동안 붙들고 있었을 추정에 이의를 제기하는 능력에 많은 것이 달려 있다.

이 이야기들을 통해 리프레이밍이 가져올 수 있는 변화에 대해 생각해
봤을 것으로 기대한다. 이 장을 마무리하기 위해, 이 책을 읽었을 때의
다섯 가지 구체적인 이점을 좀 더 상세히 설명하고자 한다.

1. 엉뚱한 문제를 해결하는 것을 막을 수 있다

사람들은 대부분 행동하는 것을 선호한다. 문제에 직면하면 빠르게 앞
으로 나아가는 쪽으로 마음이 기울어서 분석을 거부하고 즉시 해결 모
드로 전환한다. **"왜 아직도 문제에 대해 말하고 있는 거죠? 해결책을 찾읍시다,
여러분!"**

　행동 편향은 대체로 좋은 것이다. 끝없는 고민에 빠져 꼼짝도 못하
는 상태는 누구도 원치 않을 것이다. 하지만 **해결하려는 문제를 충분히 이해
하지 못한 채** 또는 애초에 올바른 문제를 목표로 하고 있는지 생각해 보
지 않은 채 행동으로 밀고 나갈 위험이 있다. 그 결과 시간과 돈이 바닥
날 때까지, 어떻게 해도 소용없는 '해결책'에 조금씩 변화를 주는 방식
으로 엉뚱한 문제에 에너지를 낭비하곤 한다. 흔히 이것을 '침몰하는
타이타닉 호에서 갑판 의자 재배치하기'라고 표현한다.

　이 책에서 공유하는 과정은 문제를 빠르게 리프레이밍하는 데 목표
를 두고 만들어졌기 때문에 신속함의 이점과 숙고의 힘 둘 모두를 얻을
수 있다. 과정 초기, 특정 해결책에 지나치게 몰입하기 전에 리프레이밍

을 도입함으로써 노력이 낭비되는 것을 막고 목표를 더 빨리 달성할 수 있다.

2. 획기적인 해결책을 찾을 수 있다

모든 사람이 너무 빨리 행동으로 뛰어드는 실수를 하는 것은 아니다. 문제를 분석하는 데 시간을 할애하라고 배운 이들도 적지 않다. 그러나 그렇게 하더라도 중요한 기회를 놓칠 수 있다. 구체적으로 말하면, 많은 사람이 **'진짜 문제가 무엇인가?'**라는 질문으로 문제 진단에 접근한다. 그 질문이 이끄는 대로 문제의 '근본 원인'을 찾기 위해 세세한 부분까지 파고든다.

엘리베이터 이야기는 그러한 사고방식의 중요한 결함을 분명하게 드러낸다. 엘리베이터가 느린 것은 진짜 문제라고 할 수 있고, 그렇다면 새 엘리베이터를 사면 문제가 해결될 것이다. 하지만 결정적으로, **그것이 문제를 바라보는 유일한 방법은 아니다.** 사실, 단 하나의 '근본 원인'이 존재한다는 생각이야말로 오해를 불러일으킬 수 있다. 문제에는 일반적으로 다양한 원인이 있고, 그 원인을 해결할 수 있는 수많은 방법이 있다. 엘리베이터 문제는 최대 수요 문제인 '너무 많은 사람이 동시에 엘리베이터를 타야 한다'로 프레이밍될 수도 있다. 그러면 점심시간에 시차를 두어 타는 식으로 수요를 분산함으로써 해결할 수 있다.

리프레이밍은 **진짜** 문제 찾기에 관한 것이 아니다. **해결하기에 더 나은**

문제를 찾는 것이다. 문제에 대해 단 하나의 올바른 해석이 있다고 주장하면, 더 현명하고 창의적인 해결책의 가능성을 보지 못한다. 리프레이밍은 그런 해결책을 더 잘 찾을 수 있게 한다.

3. 더 나은 결정을 내릴 수 있다

연구 결과에 따르면, 문제를 해결할 때 할 수 있는 가장 효과적인 행동은 고를 수 있는 선택지를 많이 만드는 것이다. 오하이오 주립대학교의 폴 C. 너트Paul C. Nutt는 이 분야의 선도적인 학자인데, 사람들이 단 하나의 실질적인 선택지만을 고려하면 절반 이상이 나쁜 결정을 내린다는 사실을 발견했다.[9]

- MBA 과정을 밟아야 하나, 말아야 하나?
- 이 프로젝트에 투자해야 하나, 말아야 하나?

그에 반해 다양한 선택지를 만들고 고려한 사람들은 3분의 1만이 오판을 한다. 이는 그들이 결국 원래 계획을 고수한다고 할지라도 마찬가지다.

- MBA 과정을 밟을까? 창업을 할까? 새 일자리를 구할까? 아니면 지금 하는 일을 계속할까?

- 프로젝트 A, B, C 중 어디에 투자할까? 아니면 당분간 보류해야 할까?

그저 선택지를 늘리는 것만으로도 더 나은 판단을 할 수 있다.

하지만 조건이 있다. 고려하는 선택지들이 서로 **정말 달라야** 한다. 리프레이밍을 이해하지 못한 팀은 더 빠른 새 엘리베이터 공급업체 15곳을 확인했으니 분석이 정말 철저했다고 생각할지 모른다. 물론, 그들은 같은 해결책의 15가지 다른 버전을 찾은 것에 불과하다. 리프레이밍은 서로 다른 여러 선택지들을 찾아내, 그중에서 해결책을 고르게 하므로 우리를 더 나은 결정으로 이끈다.

아직 이야기할 이점이 더 남았다. 모든 작가가 자신이 좋아하는 주제에 대해 말할 ("독자님, 그래서 바로 가구 천살이가 인류를 구원할 수 있다는 것입니다.") 위험이 있지만, 그렇더라도 나는 리프레이밍을 광범위하게 익히면 긍정적인 영향이 훨씬 더 커질 수 있다고 말하려고 한다. 두 가지 예만 들겠다. 하나는 개인적인 것이고, 또 하나는 사회적인 것이다.

4. 직업 선택의 폭을 넓힐 수 있다

개인 차원에서 어려운 문제를 해결하는 것은 가장 성취감을 얻을 수 있는 일 중의 하나이고, 자신이 중요하게 생각하는 사람과 조직에 변화를 가져올 훌륭한 방법이다. 게다가 리프레이밍을 배우는 것은 경력에도 가시적인 영향을 미친다.

무엇보다도 문제를 더 잘 해결하는 사람이 됨으로써 회사에서 더 가치 있는 직원이 될 수 있다는 것은 분명하다. 그리고 리프레이밍은 주어진 문제에 대해 전문가가 되라고 요구하지 않는다(나중에 나오겠지만 전문가는 자신의 전문 지식에 사로잡힐 수 있다). 이는 자신의 역할 밖의 영역에도 기여할 수 있다는 의미이며, 경영컨설턴트가 일해본 적 없는 산업에 도움을 주는 것과 유사한 일이다. 그렇기에 언젠가 다른 역할로 전환하고 싶은 상황에서 도움이 될 수 있다.

우연치 않게 문제를 해결하는 능력은 고용시장에서도 높이 평가된다. 세계경제포럼World Economic Forum은 최근 발표한 보고서를 통해 미래 사회에서 가장 중요한 기술 목록[18]을 공유했다. 여기에 열거된 기술 중 상위 세 개가 매우 친숙하게 느껴질 것이다.

1. 복잡한 문제 해결
2. 비판적 사고
3. 창의력

마지막으로, 리프레이밍은 우리를 컴퓨터로 대체하기 어려운 인재로 만들어 미래에도 직업적으로 경쟁력을 갖추도록 도울 것이다.

현재 직업이 무엇인지에 따라 이러한 위협이 멀게 느껴질 수도 있다. 그러나 전문가들 대부분이 정신이 번쩍 드는 메시지를 보내오고 있다. AI 그리고 또 다른 형태의 자동화가 이미 화이트칼라 일자리를 포함해 사람이 하던 많은 일을 인수하기 시작했다.

하지만 문제 진단은 다른 영역이다. 문제를 정의하고 리프레이밍하는 것은 본질적으로 다면적인 상황 이해, 막연하고 수량화하기 힘든 정보를 흡수하는 능력, 데이터가 의미하는 바를 해석하고 다시 생각하는 능력이 필요한, 인간만이 할 수 있는 일이다. 이는 모두 가까운 미래(음, 어쨌든 다음 주 수요일까지는 아닐 것이다)에는 컴퓨터가 할 수 없는 일이고, 그 능력을 갖춘다면 직업을 잃지 않는 것은 물론 새로운 취업 기회를 만드는 데도 도움이 될 것이다.

5. 더 건강한 사회를 만들 수 있다

마지막으로, 리프레이밍은 사회가 지속적으로 기능하는 데도 중요하다. 지속 가능한 방법으로 갈등을 해소하려면 상대방과 공통된 견해를 찾아야 한다. 이는 해결책을 놓고 싸우는 것보다 해결하려는 문제가 무엇인지 생각하는 것에서부터 시작되곤 한다. 뒤에도 나오겠지만, 리프레이밍은 깊이 뿌리내린 정치적 갈등의 새로운 해결책을 찾는 데 사용돼 왔다.[11]

그와 동시에 리프레이밍을 배우면 (프레이밍은 무기화될 수 있다는 연구 결과[12]도 있기 때문에) 정신적 방어 체제를 갖추는 데도 도움이 된다. 정쟁 중인 정치인들이 뜨거운 논쟁거리에 대해 어떻게 말하는지를 주의 깊게 살펴보면, 그들이 당신의 생각에 영향을 미치기 위해 리프레이밍을 어떻게 이용하는지를 볼 수 있다.

이런 의미에서 리프레이밍은 시민이 갖춰야 할 가장 중요한 기술이라고 볼 수 있다. 문제를 프레이밍하는 능력을 끌어올림으로써 누군가 당신을 조종하려 할 때 더 잘 눈치채게 될 것이다. 프레이밍에 더 능숙한 사람은 선동적인 정치가와 나쁜 의도를 가진 사람들에게서 자신을 더 잘 보호할 수 있다.

그래서 바로 이 책을 정적들에게는 은근히 비판하는 한편, 협력자들에게는 적극 추천해야 한다는 것이다.

리프레이밍 알아보기

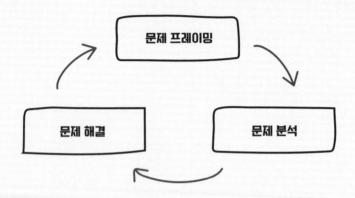

다음 세 가지 활동이 주기적으로 반복되며 문제 해결이 이루어진다.

1. **문제 프레이밍(그리고 이어서 리프레이밍):** 무엇에 초점을 맞출지 결정한다.

2. **문제 분석:** 선택한 문제 프레이밍을 수량화하고, 세세한 부분을 이해하려고 노력하며 심도 있게 검토한다.

3. **문제 해결:** 바로잡기 시작하는 행동 단계다. 실험, 시제품 제작, 궁극적으로는 해결책 전체를 실행에 옮기는 활동을 한다.

문제를 새로운 각도에서 보는 두 가지 방법이 있다.

1. **프레임 탐구하기:** 초기 프레이밍의 세부 사항으로 더 깊이 파고듦으로써

문제를 리프레이밍하려고 시도한다.

2. 프레임 부수기: 초기 프레이밍에서 멀어져 문제를 전혀 다르게 해석한다.

대체로 문제에는 다양한 원인이 있다. 그래서 문제마다 실행 가능한 해결책이 다양할 수 있다. '진짜' 문제를 찾는 사람들은 첫 번째 답을 찾았을 때 멈추기 때문에 창의적인 해결책을 놓칠 위험이 있다.

문제에 대한 모든 해결책이 과학기술에 있는 것은 아니다. 새로운 기술을 적용하기보다 이제까지의 믿음을 의심함으로써 새로운 접근법을 발견하기도 한다.

선택지를 다양화할수록 결정의 질은 개선된다. 단, 그 선택지들이 서로 정말 달라야 한다.

리프레이밍은 개인의 경력은 물론 사회 전체에도 이익이 된다.

REFRAMING

2부

리프레이밍을
시작하라

리프레이밍 준비하기

리프레이밍을 모를 때

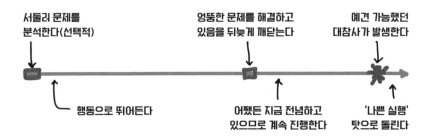

서둘러 문제를
분석한다(선택적)

엉뚱한 문제를 해결하고
있음을 뒤늦게 깨닫는다

예견 가능했던
대참사가 발생한다

행동으로 뛰어든다

어쨌든 지금 전념하고
있으므로 계속 진행한다

'나쁜 실행'
탓으로 돌린다

대부분의 사람들은 위의 그림에 나타나 있는, 너무 성급하게 행동으로
뛰어들 때의 위험을 알고 있다. 하지만 모두가 얼마나 바쁜지를 생각해
보면, 어떤 꼭 맞는 대안을 찾을 수 있을까? 물론, 나처럼 한가롭게 라테

를 홀짝거리는 작가라면 한 친구의 딸이 '생각에 잠기는 생각'[1](기술적 용어다)이라고 부르는 것에 마음껏 몰두할 수 있을지도 모른다. 하지만 현실적인 직업을 가진 사람들은 대개 그런 사치를 누리지 못한다. 우리는 대부분 시간에 쫓겨서, 부디 나중에 그 결과로 벌어질 모든 난장판을 치울 수 있기를 희망하며 밀고 나가기를 선택한다.

이러한 행동은 악순환을 초래할 수 있다. 의문을 제기할 시간을 투자하지 않았기에 앞으로 더 많은 문제가 생기고, 결국 훨씬 더 시간이 부족해진다. 이 상황을 한 고위 중역은 이렇게 묘사했다. "우리는 무거운 물건을 들고 다니느라 너무 바빠서 바퀴를 발명할 시간이 없다."[2]

그 올가미에서 벗어나려면 우선 문제 진단에 관한 두 가지 잘못된 가정과 맞서야 한다.

- 문제 진단은 문제에 대해 깊숙이 파고드는 것으로, 장기적인 활동이고 시간이 많이 소요된다.
- 문제를 철저하게 조사하고 완벽하게 이해하기 전에는 어떠한 행동도 하지 않는다.

이 근거 없는 믿음은 알베르트 아인슈타인이 남긴 말이라고 알려진, 문제 해결에 관해서는 아마도 가장 유명할 인용문에 담겨 있다. "내게 문제를 해결할 한 시간이 있고 내 목숨이 거기에 달려 있다면, 문제를 정의하는 데 55분을 쓰고 문제를 해결하는 데 나머지 5분을 쓰겠다."

확실히 멋진 인용문이지만, 몇 가지 문제점이 있다. 첫째, 실제로 아인슈타인이 한 말이 아니다. 이 유명한 물리학자는 문제 신난을 강하게 신봉했지만 '55분' 인용문[3]이 그의 말이라는 증거는 없다.

더욱 중요한 것은 설사 아인슈타인이 그 말을 했다고 하더라도, **여전히** 그것은 좋지 못한 조언이라는 점이다(공교롭게도, 진보한 이론물리학에서 얻은 지혜가 일상적인 문제 해결에서도 반드시 발휘되는 것은 아니다). 다음은 '아인슈타인 인용문'에 따라 시간을 관리할 때 흔히 일어나는 일이다.

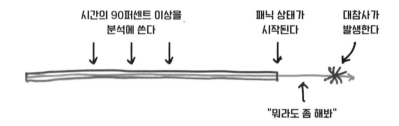

이를 보통 분석에 의한 마비라고 하는데, 흔히 좋지 않은 결말을 맞이한다.

더 좋은 접근법

문제 프레이밍에 대해 생각하는 더 좋은 방법이 있다. 우선 문제 해결을 직선으로 생각하라. 직선이란 사람들이 해결책을 찾는 방향으로 자연스럽게 전진하는 것을 나타낸다.

리프레이밍은 이 길을 벗어나는 고리다. 문제가 어떻게 프레이밍되느냐는 더 높은 차원의 질문으로 사람들의 관심을 일시적으로 집중시키는, 의도적인 잠깐의 방향 전환이다. 이는 결국 새로운 문제 이해 또는 개선된 문제 이해와 함께 원래의 길로 돌아온다. 뭐랄까, 행동을 이어가다가 전략적으로 한 걸음 물러나듯 앞으로 나아가는 도중에 잠시 휴식을 취하는 행위로 생각해 볼 수 있겠다.

리프레이밍 고리

이 리프레이밍 고리는 문제 해결의 여정 내내 반복된다.[4] 앞으로 나아가는 동안 여러 번 멈춰 서는 것이다. 팀이 월요일을 한 차례의 리프레이밍으로 시작해 일주일 동안 행동 모드로 전환한 다음, 금요일에 이렇게 질문하며 문제를 다시 논의할 수도 있다. **'우리가 이번 주에 한 일을 고려해 볼 때, 문제에 대해 새로운 무언가를 배웠는가? 프레이밍이 여전히 적절한가?'**

내가 전에 공유했던 개략적인 과정(리프레이밍 캔버스)을 떠올려 보라. 리프레이밍 기법에는 세 단계(프레이밍, 리프레이밍, 앞으로 나아가기)가 있고, 두 번째 단계에는 하위 전략들이 있다. 다음 그림에서 그것이 고리와 어떻게 연관되는지 볼 수 있다.

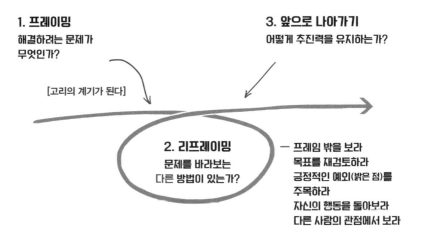

1. 프레이밍
해결하려는 문제가
무엇인가?

3. 앞으로 나아가기
어떻게 추진력을 유지하는가?

[고리의 계기가 된다]

2. 리프레이밍
문제를 바라보는
다른 방법이 있는가?

— 프레임 밖을 보라
목표를 재검토하라
긍정적인 예외(밝은 점)를
주목하라
자신의 행동을 돌아보라
다른 사람의 관점에서 보라

1단계-프레이밍

이는 과정이 처음 시작되는 계기가 된다. 실제로 프레이밍은 누군가 '우리가 해결하려고 하는 문제가 무엇이죠?'라고 물으며 시작된다. 그 결과 나온 서술문(이상적으로는 기록된 형태)이 문제의 첫 번째 프레이밍이다.

2단계-리프레이밍

리프레이밍은 초기의 문제 이해에 이의를 제기하는 단계다. 목표는 신속하게 가능성 있는 대안을 가능한 한 많이 알아내는 것이다. 일종의 브레인스토밍으로 생각할 수 있는데, 다만 아이디어 대신 문제를 프레이밍하는 다른 방법을 찾는 것이다. 질문의 형태('**정확히 왜 엘리베이터가 느린 것이 사람들에게 문제가 되지?**')나 직접적인 의견의 형태('**집세를 낮추기 위한 계략일 수도 있어**')로 떠오를 수 있다.

다섯 가지 하위 전략은 대안이 되는 이러한 문제 프레이밍을 찾을 수 있도록 돕는다. 상황에 따라 다음 중 일부만 검토할 수도 있고, 모두 검토할 수도 있고, 전혀 검토하지 않을 수도 있다.

- 프레임 밖을 보라. **무엇을 놓치고 있는가?**
- 목표를 재검토하라. **추구할 더 나은 목표가 있는가?**
- 긍정적인 예외(밝은 점)를 주목하라. **문제가 아닌 부분은 어디인가?**
- 자신의 행동을 돌아보라. **문제 발생에 내가/우리가 영향을 준 부분이 있는가?**
- 다른 사람의 관점에서 보라. **그들의 문제가 무엇인가?**

3단계-앞으로 나아가기

이 단계에서는 고리를 닫고 다시 행동 모드로 전환한다. 현재 과정을 계속 이어 나갈 수도 있고, 새롭게 찾아낸 프레이밍을 탐구하는 쪽으로 옮겨 갈 수도 있고, 둘 다일 수도 있다.

이 단계의 주요 과제는 어떻게 문제 프레이밍을 현실에서 시험하고 입증할 수 있을지 결정하고 자신의 진단이 옳았음을 확인하는 것이다(의사가 '**뇌막염인 것 같습니다**'라고 진단 내리고, 치료를 시작하기 전에 진단을 확정하기 위해 검사를 지시하는 모습을 생각해 보라). 이때, 다음 리프레이밍에 들어가는 시점이 정해질 수도 있다.

리프레이밍에 필요한 도구는 무엇인가?

문제를 리프레이밍하는 데는 도구가 필요 없지만, 여러 사람과 함께 할 때는 플립차트나 화이트보드가 도움이 된다. 다 같이 볼 수 있는 곳에 기록하면, 사람들이 계속 집중하고 협력하는 데 좋은 영향을 준다.

체크리스트도 도움이 될 수 있다. 이 책의 뒤쪽에서 업무 공간에 붙여 놓을 수 있는 체크리스트를 찾을 수 있을 것이다.

정말 중요한 문제들은(또는 그 과정에 대해 정당성을 입증할 필요가 있을 때는) 리프레이밍 캔버스를 이용하라. 이 책의 뒤쪽에 여분의 캔버스 복사본이 있고, 웹사이트에서도 인쇄 버전을 무료로 내려받을 수 있다.

누가 참여해야 할까?

혼자서도 문제를 리프레이밍할 수 있다. 생각을 정리하고 싶을 때 활용할 수 있는 좋은 방법이기도 하다. 하지만 보통은 **다른 사람들을 가능한 한 빨리 참여시켜야** 한다. 당신의 문제를 다른 사람들, 특히 당신과 생각이 다른 사람들과 공유하면 새로운 관점에서 문제를 바라보기가 굉장히 쉬워지고, 생각의 사각지대를 훨씬 더 빨리 발견할 수 있다.

작게 시작한다면, 두 명보다는 세 명으로 구성된 그룹에서 시도할 것을 권장한다. 3인조에서는 두 명이 대화하는 동안 나머지 한 명이 듣고 관찰할 수 있다.

더 좋은 결과를 얻으려면 리프레이밍 과정에 제3자, 즉 해결해야 할 문제와 그리 가깝지 않은 사람을 참여시킨다. 외부인을 끌어들이는 데는 더 많은 노력이 필요하지만, 중요한 문제라면 그럴 만한 가치가 있다.

이외에는 그룹의 규모와 관련해 특별한 제한이나 조건이 없다. 그보다는 현실적으로 가능한지가 문제다. 회사 인트라넷이나 소셜 미디어에서처럼 문제를 널리 공유하는 것이 가능하다면 서둘러 한번 해보는 것도 좋겠다.

언제 리프레이밍 과정을 거쳐야 할까?

필요할 때마다 거쳐야 한다. 리프레이밍을 적용하려면 문제가 특정한 규모여야 한다고 단정 짓지 말라. 그 대신 문제의 규모에 맞게 리프레이밍 과정을 변경하라.

리프레이밍 스펙트럼의 한쪽 끝에는 즉흥적 리프레이밍이라고 부를 수 있는 것이 있다. 복도에서 만난 동료가 불시에 도움을 요청하거나 고객과 통화 중에 갑자기 문제가 생겼다고 하자. 그런 상황에서 체계적으로 대응하기는 거의 불가능하다. 그보다는 직관을 활용하는 편이 낫다. 상대에게 문제가 무엇인지를 듣고서, 리프레이밍하기에 가장 괜찮아 보이는 한두 가지 시각으로 눈앞의 문제에 접근하라는 것이다.

스펙트럼의 다른 쪽 끝은 조직적 리프레이밍인데, 과정을 체계적으로 적용할 수 있는 상황이다. 즉 회의를 진행하고 캔버스를 이용할 수 있을 때, 또는 이 책을 읽고 있는 지금처럼 자신의 문제 중 하나에 대해 차근차근 생각해 보려고 앉아 있을 때일 수 있다.

리프레이밍은 절차라기보다 **사고의 방식**에 더 가깝기 때문에 둘 중에서 즉흥적 리프레이밍을 더 중요하게 익혀야 한다. 심리학자이자 교육 전문가인 스티븐 코슬린Stephen Kosslyn에 따르면 '사고의 방식'[5]은 한번 습득하면 맞닥뜨리는 대부분의 문제에 적용할 수 있는, 난순한 정신직 습관이다. 때가 되면 체크리스트에 기댈 필요 없이 즉석에서 문제를 리프레이밍할 수 있는 경지에 이르게 된다.

하지만 개인적으로든 그룹으로든 더 조직적인 버전을 이용하는 편이 리프레이밍 기법을 연습할 수 있는 최고의 방법이며, 즉흥적 리프레이밍에도 도움이 될 수 있다. 이 책을 읽어나가면서 당신이 겪고 있는 몇 가지 문제에 대해서도 체크리스트나 캔버스를 이용해 철저히 따져 보길 권한다(이에 대해서는 잠시 후에 더 설명할 것이다).

얼마나 오래 해야 할까?

문제를 완전히 분석하는 데는 시간이 걸릴 수 있지만, **그것이 분석해야 하는 올바른 문제인지** 알아내는 데는 오랜 시간이 걸리지 않는다. 경험만 조금 쌓는다면 2단계(실제 리프레이밍)에 대체로 5~15분 정도만 써도 충분하다.

이 말에 리프레이밍이 처음인 사람들은 놀랄 수도 있다. 이렇게 빨리 진행할 수 있다는 말을 듣고 그들은 이렇게 대답한다. **'5분이요? 문제를 설명하기에도 부족한 시간인데 리프레이밍을 할 수 있다고요?'**

물론 어떤 문제들은 정말 너무 복잡해서 더 많은 시간이 필요하다. 하지만 그렇지 않은 경우에는 매우 피상적인 문제 서술에만 근거해서 아주 빠르게 문제를 리프레이밍할 수 있다는 것을 깨닫게 될 것이다. 내 워크숍에서도 단 5분 동안 개인적 문제에 리프레이밍 기법을 적용해 보라고 요청하면, 보통 바로 첫 번째 훈련에서 수개월 또는 그 이상 고심하고 있던 문제에 대해서도 돌파구를 찾는 사람이 한두 명 나온다.

덧붙여 말하자면, 빠른 적용이 가능하다는 사실을 발견한 사람은 나뿐만이 아니다. 문제 해결 분야의 동료 학자인 MIT의 할 그레거슨**Hal Gregersen** 교수는 '질문 퍼붓기'라 불리는 훈련을 권장한다. 이 훈련에서 사람들은 2분 안에 자신이 겪고 있는 문제를 설명해야 하고, 뒤이어 그룹원들이 4분 동안 질문한다. 그레거슨은 이렇게 말한다. "사람들은 흔히 자신의 문제를 자세히 설명해야 한다고 생각하지만 빠르게 문제를 공유함으로써 질문을 억누르거나 통제하지 않게 되고, 고차원적으로 문제를 프레이밍할 수 있게 됩니다."[6]

5분 만에 아하! 하는 깨달음의 순간을 불러오지 않는 문제도 많을 것이다. 어떤 문제는 여러 차례의 리프레이밍이 필요하고, 그 사이사이에 실험이 배치돼야 한다. 하지만 그 경우에도 시간이 지나 질문이 정리되면 초기 리프레이밍은 나중에 통찰로 이어질 수 있기 때문에 여전히 중요하다.[7] 나는 일반적으로 리프레이밍을 오래 하는 것보다 짧게 여러 차례 하는 것을 권장한다. 순전히 일상생활에서 리프레이밍을 유용하게 쓰려면 짧은 시간에 집중적으로 리프레이밍하는 능력이 아주 중요하다는 이유 때문이다. 과정이 더 길어질수록 활용 빈도는 더 낮아질 것이다.

전략의 순서가 중요한가?

2단계(실제 리프레이밍)에 포함된 전략을 사용할 때 순서에 집착할 필요는 없다. 직장에서 일상적으로 발생하는 문제를 해결할 때는 당면한 문제에 가장 가능성 있어 보이는 특정 전략으로 곧장 뛰어들라.

하지만 여기에는 한 가지 부분적인 예외가 있는데, 이해관계자를 이해하는 것과 관련이 있는 '다른 사람의 관점에서 보기'다. 어떤 문제에 직면했을 때, 많은 이들이 그 문제로 곧장 뛰어들고 싶다는 유혹에 휩싸인다. '피터가 화났다고? 무슨 일 때문이지?' 하지만 잘 알다시피 리프레이밍 기법에서 문제를 해결하는 건 마지막 단계에 할 일이다. 이는 의도적인 것이다. 이해관계자 분석으로 시작할 때의 큰 문제점은 **엉뚱한 집단의** **관점**에서 상황을 보는 함정에 빠질 수 있다는 것이다.

혁신 전문가 클레이턴 크리스텐슨Clayton Christensen은 혁신이 보통 고객을 연구하는 것이 아닌 고객이 아닌 사람들을 연구하는 것에서 시작된다는 사실을 확인했다. 크리스텐슨이 파괴적 혁신에 관한 연구에서 지적했듯이, 실제로 회사가 기존 고객의 요구를 이해하고 충족시키는 데 지나치게 집중하면 의도치 않게 제품을 고객이 아닌 사람에게는 덜 유용하게 만들면서 경쟁자가 들어올 수 있는 틈이 생긴다. 요약하면, 목표와 밝은 점을 생각하고 관심을 기울여야 할 다른 이해관계자가 있는지 질문하는 것으로(프레임 밖을 보는 것으로) 시작하라. 끌어들이기 적합한 사람들을 보고 있다는 확신이 들 때만 이해관계자들에 대해 탐구하라.

⫸→

한 가지 더 말하자면, 이 책에는 문제를 리프레이밍하는 데 이용할 수 있는 질문이 많이 제시돼 있다. 그러나 그것들은 예시일 뿐이다. 해리 포터 시리즈에서처럼 순서대로 정확히 외워서 읊어야 성공하는 마법의 주문이 아니다.

내가 이것을 강조하는 이유는, '어떻게 하면'으로 말을 시작하라거나 '왜'인지 다섯 번 물으라는 자주 듣게 되는 조언처럼, 일부 프레임워크가 단어화된 문구를 정확히 사용하는 것에 중점을 두기 때문이다. 이렇게 표준화된 문구는 때에 따라 매우 유용할 수 있다. 하지만 그렇더라도 나는 리프레이밍에 관해서라면, 정형화된 질문에 너무 의존하는 것을 경계하고 있다.

현실의 문제는 일률적인 질문을 적용하기에는 너무 다양하다. 특정 질문이 매우 중요했던 것으로 밝혀진 상황에서도 그 질문이 무엇이었는지를 과도하게 강조하는 상황이 발생할 수 있다. 내 경험으로 볼 때 중요한 것은 질문 그 자체가 아니라 누군가를 그 질문으로 이끈 근본적인 생각이다.

또 표준화된 질문은 의사소통상의 문화적 규범을 간과할 수 있다. 국제적으로 일할 때 특히 그렇지만, 더 좁은 환경에서도 그러한 일이 발생한다. 법정과 카풀 중인 승용차 안에서, 또는 회의실과 침실에서 묻는 질문이 다른 것처럼 아이디어 회의와 학부모 면담에서는 다른 형태의 질문이 필요하다. '**우리는 올바른 문제를 해결하고 있는가?**'와 같이 기본적인 질문조차 어떤 맥락에서는 '**우리는 지금 올바른 것에 초점을 맞추고 있는가?**'라고 물음으로써 더 잘 표현될 수 있다. 내가 함께 일한 일부 조직에서는 부정적으로 들리지 않도록 '문제'보다는 '도전'이나 '개선 기회'라고 이야기하길 선호했다. 개인적으로는 문제를 문제라고 부르는 쪽이 좋다고 생각하지만('**휴스턴, 우리에게는 개선의 기회가 있어**'), 처해 있는 맥락에 따라 다른 방침이 요구되기도 하는 법이다.

궁극적으로, 질문은 호기심을 반영하기 때문에 중요하다. 질문하는 사람들은 세상이 자신의 현재 정신 모형mental model(앞으로 일어날 상황을 마음속으로 그려 보는 것 - 옮긴이)이 제시할 수 있는 것보다 더 깊고 복잡하다는 사실을 알고 있다. 그렇기에 자신이 틀릴 수 있다는 사실도 알고 있는데, 그것이 더 나은 답을 찾는 첫걸음이다. 표준 질문 방식을 너무 융통성 없이 적용하려고 하면 그런 사고방식의 힘을 놓칠 위험이 있다.

그런 이유로 이 책을 읽을 때는 각 전략의 본질을 이해하려고 노력하라. '질문의 의도가 무엇인가?'를 생각하라. 무엇을 말할지가 아니라 어떻게 생각할지에 초점을 두어라.

리프레이밍 준비하기

문제는 무엇인가?

대부분의 경우, 우리는 책을 읽으면서 아이디어를 받아들이고 책을 다 읽은 뒤에 그 아이디어를 활용한다. 하지만 이 책은 **책을 읽는 동안** 자신이 겪고 있는 문제에 리프레이밍 기법을 직접 적용해 볼 수 있게 돼 있다.

오직 아이디어만 얻고 싶어 하는 사람도 있기 때문에 어느 쪽으로든 활용할 수 있도록 책을 썼다. 그렇지만 기법을 그대로 적용해 볼 것을 권한다. 지금 당신이 직면한 문제를 새로운 관점으로 보게 되면서 리프레이밍에도 더 능숙해질 것이다.

만약 당신이 이 길을 택한다면, 그 과정에서 최대한 많이 배울 수 있게 도와줄 몇 가지 조언이 있다.

해결할 문제를 선택하는 방법

리프레이밍 기법을 이용할 때, 보통 당신이 가장 신경 쓰고 있는 문제라면 무엇이든 그냥 선택하면 된다. 하지만 지금은 기법을 배우는 중이기도 하므로 다음의 접근 방식을 제안한다.

두 가지 문제를 고르라. 현실의 문제는 다양하다. 특정 문제에 모든 전략이 유용하거나 적용 가능한 것은 아니다. 두 가지 문제를 선택하면 더 많은 전략을 이용하고 연습할 수 있다.

서로 다른 영역에서 문제를 고르라. 일과 관련된 문제 하나와 개인적인 생활에서 겪는 문제 하나를 선택할 것을 제안한다.

왜 개인적인 문제도 선택해야 할까? 이제 곧 내가 허브차와 차크라 관련 서적을 권하며 뉴에이지의 모든 것을 소개하지는 않을까?

그런 것은 아니다. 나는 기법을 익히려고 할 때는 개인적인 문제가 '트레이너' 역할을 하는 이상적인 문제임을 알게 됐다. 그리고 당연한 이야기지만, 일과 개인적인 생활은 밀접한 관련이 있다. 집에서 문제가 해결되면 회사에서 문제를 해결할 에너지가 많아질 수 있고, 그 반대도 마찬가지다.

너무 기초적이지 않은 문제를 고르라. 살아가면서 작은 마찰을 겪지 않는 사람은 없다. 빨래, 긴 출퇴근 시간, 산적한 이메일 등. 이런 문제도 분명 리프레이밍할 수 있지만, 너무 단순하기 때문에 기법을 배우려는 목적에는 거의 도움이 되지 않는다.

그보다는 **사람과 관련된 문제**를 고를 것을 권한다. 리더십, 또래 관계, 육아, 자기관리(예를 들어 없애고 싶은 나쁜 습관)와 같은 '모호한' 문제에 관해서라면 리프레이밍이 특히 강력히 작용한다.

또 **약간 불편하게 느껴지거나** 마주하기가 망설여지는 문제를 고를 것을 제안한다. 그 예는 다음과 같다.

- **잘 대처할 수 없는 상황:** '나는 인맥 관리하는 게 정말 힘들어요. 고객과 만나면 내 의견을 전달하기가 쉽지 않아요. 사람들에게 부정적인 피드백을 줘야 할 때 스트레스를 받아요.'
- **어려운 인간관계:** '고객 X를 상대하면 진이 빠집니다. 사장/동료/큰 아이와 대화하면 기분이 나빠질 때가 너무 많아요. 이 팀에서 내가 새롭게 맡은 역할을 잘 해내지 못하고 있는 것 같아요.'
- **자기관리:** '나는 도대체 왜 항상 절제된 생활을 하지 못할까요? 내 능력을 충분히 발휘하면서 살려면 어떻게 해야 할까요? 내 창의적인 면을 어떻게 좀 더 이끌어 낼 수 있는지 정말 알고 싶습니다.'

이전에 해결하려고 노력했던 문제를 고르는 것도 좋은 생각이다. 몇 번의 시도에도 문제가 해결되지 않았다면, 그것은 리프레이밍이 도움이 될 수 있다는 신호다.

일단 해결하고 싶은 문제들을 고르고 각각에 대해 기록하라. 나중에 다시 볼 수 있도록 한 장의 종이나 포스트잇에 따로따로 기록하는 것을 추천한다. (또는 리프레이밍 캔버스를 이용하는 방법이 있다. 책 뒤에서 잘라내거나 내려받아서 인쇄하라.)

각 장이 끝나는 부분에서 그 장에 나온 리프레이밍 기법을 당신이 선택한 문

제에 어떻게 적용할지 안내한다. 그리고 문제를 고르는 게 어렵다면 다음 쪽에서

약간의 영감을 받을 수 있다.

당신의 문제는 무엇인가?

혹시라도 당신이
어떤 문제가 있는지 떠올리는 데
도움이 필요할 정도로
짜증 나게 문제가 없는 사람이라면

리더십

사람들이 당신을 따르게 하기. 열정 불러일으키기. 재능 계발하기. 실패를 다른 사람 탓으로 돌리기. 통상적인 리더십.

생산성

더 많은 시간을 얻기. 부족한 자원 최대한 활용하기. 생산량 개선하기.

혁신

어떻게든 당신이 하는 일에서 혁신 일으키기. 미래를 창조하기. 진부해지지 않기.

성장

어디에서 성장이 나타날까? 어떻게 경쟁에서 이길 수 있을까?

큰 그림

기아의 종식. 질병 퇴치. 민주주의 수호. 망가진 체제를 바로잡기. 지구 구하기. 화성 정복하기. 인공지능 활용하기. 노화, 죽음, 조립식 가구 정복하기.

돈

더 많이 벌기. 덜 쓰기. 또는 적어도 더 좋은 일에 쓰기.

연애

좋은 남자/여자 만나기. 얼간이 피하기. 양다리 걸치지 않기. 실연 극복. 다시 시작하기.

상사들

더 설명할 필요가 있을까?

아이

상사들처럼 최고로 복잡하고 어려운 문제. 우리의 귀엽고 정신 없는 주인.

목적

내가 지금 여기에 있는 이유는? 나는 인생에서 무엇을 하고 싶은가? 어떻게 내 경력을 쌓고 인생의 의미, 행복 등을 찾을 수 있을까?

인간관계

친구, 애인, 집주인, 동업자, 성가신 이웃, 주차 요원, 친척. 이 중에서 고를 것.

문제를 프레이밍하기

먼저, 문제를 프레이밍하라

디자이너 맷 페리Matt Perry의 모니터에 붙은 노란색 포스트잇에는 간단한 질문 하나가 적혀 있다.

해결하려는 문제가 무엇인가?

맷은 세계적인 경영 전문지인 〈하버드비즈니스리뷰Harvard Business Review〉에서 일한다. 그는 스콧 베리나토Scott Berinato, 제니퍼 웨어링 Jennifer Waring, 스테퍼니 핑크스Stephani Finks, 앨리슨 피터Allison Peter, 멀린다 메리노Melinda Merino와 한 팀인데, 이들이 이 책을 만들었다.

이 팀이 일하고 있는 보스턴의 탁 트인 사무실에서 첫 회의를 한 지얼마 되지 않았을 때 맷이 내게 이메일을 보내왔다.

"내 모니터에 이 포스트잇을 붙여놓은 지 일 년이 지났습니다. 간단한 질문이지만, 이 질문을 떠올리는 것이 정말 많은 상황에서 큰 도움이 되었습니다. 그래서 이 특별한 메모가, 시간이 지나면 쓸모없어지는 다른 메모들과는 달리 아직까지 내 모니터에 붙어 있는 것이지요(하하!)."

처음에는 문제를 명확히 하라는 단순한 이야기를 왜 그토록 강조하는지 이해할 수 없었다. 그렇게 해야 한다는 것은 너무나 당연한 이야기 아닌가? '검은색 옷은 언제나 옳다'와 같은 시대 초월적 디자이너의 명언 대신에 이 특별한 포스트잇이 계속 붙어 있게 된 이유는 무엇일까?

다른 사람의 문제를 해결해 주는 것이 직업인 사람들(디자이너는 물론 변호사, 의사, 경영컨설턴트, 코치, 심리학자 등)과 대화하면 그들은 늘 같은 주장을 할 것이다. '무엇이 문제인지 묻는 것으로 시작하라.'

문제를 리프레이밍하는 과정도 문제를 프레이밍하는 것에서부터 시작한다. 간단히 말하자면, 다음과 같이 하면 된다.

- 문제 서술문을 짧게 작성하라. 가장 좋은 방법은 '문제는 ~이다'와 같은 완전한 문장으로 정리하는 것이다. 여러 사람이 함께하는 경우에는 플립차트를 사용해 모두가 문제 서술문을 볼 수 있게 한다.
- 문제 서술문 옆에 문제와 관련된 사람들의 목록인 이해관계자 도표를 작성하라. 이해관계자는 개인일 수도 있고, 회사나 사업 부문 같은 집합체일 수도 있다.

다음은 이때 주의할 사항이다.

쓰는 것이 중요하다. 문제를 글로 옮기는 것은 단순해 보이지만 중요한 이점이 많다. 가능하다면 써라.

빠르게 써라. 문제 서술문은 문제를 완벽하게 기술하기 위해 작성하는 것이 아니다. 그저 다음 과정을 위한 기초 자료일 뿐이다. 젖은 점토를 탁자 위에 털썩 내려놓는 모습을 떠올려 보라. 본격적인 작업이 시작되면 정교하게 형태를 만들어 나가겠지만, 우선은 만질 수 있는 무언가를 마련하는 과정이라고 생각하라.

완성된 문장으로 표현하라. 문제를 여러 항목으로 구분해 나타내거나 단어 하나로 표현하면 리프레이밍하기가 어려워진다.

길이를 짧게 하라. 서술문을 몇 문장 이내로 제한하는 것이 문제를 리프레이밍하기에 좋다.

≫→

당신이 겪고 있는 문제에 이 기법을 적용해 보기로 마음먹었다면, 계속 읽어나가기보다 잠시 멈춰 각각의 문제에 대해 문제 서술문과 이해관계자 도표를 작성하기를 권한다. 문제마다 별도의 종이에 따로 작성해야 한다.

왜 문제를 써야 하는가?

문제를 쓰는 데는 많은 이점이 있다. 그중 몇 가지는 다음과 같다.

- 속도를 약간 늦추게 된다. 쓰다 보면 자연스럽게 잠시 생각할 여유가 생기고, 성급하게 해결 모드로 뛰어들지 않게 된다.
- 구체적으로 생각하게 된다. 문제를 머리로만 생각하면 이상하리만치 불분명한 부분이 생길 수 있다. 글로 적으면 명확해진다.
- 심리적 거리감이 생긴다. 문제가 당신과 분리되어 실체적인 형태로 존재하면, 문제를 더 객관적으로 바라볼 수 있다.
- 함께 해결할 조언자가 나타난다. 조언자는 문제가 글로 작성되어 있을 때 더 쉽게 도와줄 수 있다. 기록은 사람들이 정신적으로 감당할 수 있는 문제의 수를 극적으로 늘린다.

- 논의할 때 중심축 역할을 한다. 사람들이 아이디어를 제시할 때 당신은 곧바로 문제 서술문을 가리키며 이렇게 물을 수 있다. **그 아이디어가 이 문제를 해결할 수 있습니까?** (아이디어 때문에 서술문을 바꾸는 경우가 있는데, 그것은 문제가 되지 않는다. 중요한 것은 초기 프레이밍을 고수하는 것이 아니라 문제와 해결책, 두 가지 관점을 모두 놓치지 않는 것이다.)

- 증거자료가 된다. 고객을 위해 일하고 있다면 문제를 작성해서 가지고 있는 것이 나중에 갈등을 피하는 데 도움이 된다. 사람의 기억은 부정확하기 때문에 문제 서술문이 없으면 어떤 문제를 해결해 달라고 요청했는지 고객이 잘못 기억할 위험이 있다.

어떤 유형의 문제인가?

문제 서술문을 작성했다면, 다음 단계는 서술문을 검토하는 것이다. 서술문 검토를 준비하며 문제 프레이밍에 관한 초기 연구를 잠시 살펴본 뒤 문제가 모습을 드러내는 방식 몇 가지를 분석해 볼 것이다.

〉〉〉→

창의성 연구가 본격적으로 시작되고 약 10년이 지난 1960년대에[1] 영향력 있는 교육학자 제이콥 게젤스Jacob Getzels가 아주 중요한 사실을 발견했다. 그는 우리가 학교에서 훈련 받고 있는 문제와 실생활에서 맞닥뜨리는 문제가 대체로 상당히 다르다는 사실에 주목했다.

학교에서 다루는 문제는 주로 친절하고 정논된 형태로 나타난다. '여기에 삼각형이 있다! 한 변이 어쩌고저쩌고, 세 번째 변의 길이는 얼마인가?' 편리하게도 문제는 피타고라스의 정리에 관한 장의 끝부분에, 그러니까 어떻게 풀어야 할지 해법을 충분히 전달한 뒤에야 비로소 나타난다. 게젤스는 이것을 **제시된 문제**라 불렀는데,[2] 이때 우리는 머리를 쥐어짤 필요도 없이 해결책을 실행하면 그만이다.

처음 직장에 들어가면 제시된 문제가 주어지는 경우가 대부분이다. **'사장님이 최신 시장 자료에 대한 개요서를 달라고 하셨어. 이 보고서 세 개 검토해서 사장님께 드릴 요약본을 작성해 줘.'** 하지만 경력이 쌓여 더 복잡한 일을 처리하기 시작할수록 문제는 각기 다른 세 가지 유형으로 점차 나타나고, 각각의 유형[3]마다 특별한 과제를 제시한다.

1. 불분명한 혼란이나 고충
2. 성취할 방법을 알 수 없는 목표
3. 누군가 지나치게 몰입한 해결책

이 세 가지 유형을 더 깊이 이해할수록 문제 진단 기술(게젤스는 **문제 발견**이라는 개념으로 설명했다)을 완전히 익히는 데 도움이 된다.

문제 유형 1 : 불분명한 혼란이나 고충

우리는 문제를 본격적으로 인식하기 전에는 그것을 불분명한 '쟁점' 또는 고충으로 느끼게 된다. 어떤 것들은 갑작스럽고 극적이고 강렬하게 느껴지는 반면('판매량이 곤두박질치고 있어'), 좀 더 감지하기 어렵고 서서히 진행되어 소리 없는 절망감을 안겨주는 것들도 있다.('경력이 계속 정체되는 것 같아.' '우리 산업은 하향세다.' '여동생의 일이 잘 안 풀리는구나.')

보통 고충의 원인은 명확하지 않다. 임상심리학에서 예를 들자면, 심리치료사 스티브 드세이저Steve de Shazer는 치료를 시작할 때 해결하고 싶은 문제가 무엇인지 구체적으로 지목하지 못하는 환자가 셋 중 둘 정도는 된다고 추산했다.4 직장에서의 문제에도 그런 현상이 나타난다. 예를 들어, 사람들이 '우리 문화가 문제야'라고 말하면 그 말은 결국 '문제가 뭔지 전혀 모르겠다'라는 말로 해석될 수 있다.

고충 때문에 사람들은 무슨 일이 일어나고 있는지 숙고하지도 않고 해결책으로 뛰어들곤 한다. 다음은 몇 가지 전형적인 사례다. 힘들이지 않고 고충에서 해결책으로 곧장 옮겨간 데 주목하라.

- 신제품이 안 팔리고 있어요. '마케팅에 더 많이 투자해야 합니다.'
- 설문조사를 해보니 우리 직원 중 74퍼센트가 자주 소외감을 느끼는 것으로 나타났습니다. '회사의 목표에 대해 더 많이 소통해야 합니다.'
- 우리 공장에서 안전 수칙 위반 사례가 너무 많이 발생하고 있습니다. '더 명확한 규칙이 필요하고, 더 강력한 처벌도 검토해야 합니다.'
- 직원들이 조직 개편에 저항하고 있습니다. '변화를 받아들일 수 있도록 교육을 실시해야 합니다.'

때로는 사람들이 뛰어드는 해결책이 의심스러운 논리에 기초해 있기도 하다. '스트레스로 지친 배우자와 매일같이 싸우고 있습니다. 아이를 하나, 아니 다섯쯤 낳으면 상황이 좀 진정될까요.' 하지만 이렇게 결정한 해결책이 꽤 합리적으로 보일 때가 더 많을 것이고, 효과적인 해결책으로 입증되는 경우도 있다. 단지 이때는 실제로 당신이 직면해 있는 문제를 목표로 하는 해결책이 아닐 뿐이다.

문제 유형 2 : 성취할 방법을 알 수 없는 목표

문제는 '도달하기 어려운 목표'라는 형태로 나타날 수도 있다. 대표적인 비즈니스 사례로 흔히 성장 격차growth gap라고 부르는 것이 있다.[5] 경영진이 수익 2000만 달러라는 목표를 설정했지만, 평상시 매출은 1700만 달러에 머물러 있다. 도대체 어떻게 해야 남은 300만 달러의 수익을 창출할 수 있을까? 흔히 사업계획서와 신임 CEO의 성장 전략도 이러한 목표를 바라보고는 한다. **'우리는 X에서 시장 주도 기업이 되기를 원한다.'**

고충을 겪고 있다면, 적어도 탐색할 시작점이 있다. 그러나 목표만 있다면 어디에서 시작해야 할지 전혀 감을 잡을 수도 없다. **'어떻게 하면 오래 만날 연애 상대를 찾을 수 있을까? 지금처럼 길거리에서 낯선 이들에게 소리치는 것으로는 조금 부족한 것 같은데.'**

우리가 아는 거라고는 우리의 현재 행동이 충분하지 않다는 것뿐이다. 목표가 도달하기 어렵다고 느껴지면 평상시처럼 행동하기보다 새로운 아이디어를 내려고 노력하게 된다(이는 물론 리더가 그런 목표를 설정하기 좋아하는 이유 중 하나다).

문제 해결이라는 맥락에서는, 목표 주도형 문제는 무엇보다도 **기회 탐색**의 필요성을 특징으로 한다. 기회 탐색은 주로 문제 해결 연구자들이 아니라 혁신 전문가들에 의해 연구돼 왔다. 그렇지만 이에 요구되는 기술은 리프레이밍 및 문제 발견과 밀접한 관련이 있다. 예를 들어 성공적 혁신 중 상당수는 고객들이 정말 중요하게 생각하는 것에 대해 기존에 시장에서 해결책으로 내놓았던 것과 차별화되도록 다시 생각하는 데서 탄생한다.

문제 유형 3 : 누군가 지나치게 몰입한 해결책

가장 힘든 시나리오는 누군가가 특정한 해결책을 요구할 때다. 그래픽 디자이너에게 의뢰인이 이렇게 말하는 모습을 상상해 보라. '내 웹사이트에 큰 녹색 버튼이 필요해요.' 초보 디자이너는 버튼을 간단하게 만들 것이고, 나중에 의뢰인이 돌아와서 이렇게 항의할 확률이 상당히 높다. '버튼이 동작하지 않잖아요!'(더 정확하게 표현하면, '내가 녹색 버튼이라고 말했을 때 빨간색 스위치 얘기라는 걸 알았어야죠' 하고 말할 것이다.) 해결해야 할 문제가 무엇인지 이해하지 못한 채, 사람들이 요구하는 것을 주려고 하는 건 좋은 생각이 아닐 수도 있다.

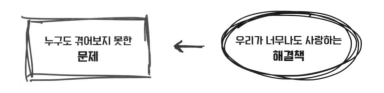

의식하고 바라보기 시작하면, '해결이 우선'이라는 역학을 어디에서나 보게 될 것이다. 몇 가지 예를 들자면 다음과 같다. (이 중 하나는 나중에 다시 등장할 것이다.)

- "우리는 앱을 개발해야 합니다!"
- "나는 이탈리아 아이스크림 가게 창업을 꿈꾸고 있어."
- "직원들이 아이디어를 공유할 수 있는 멋있는 웹사이트를 봤어.

우리도 그런 걸 만들어야 해.”

때때로 사람들은 어떤 아이디어에 깊이 빠져들지만('우리는 ~를 해야 해!') 그들이 꿈꾸는 해결책이 현실의 문제를 해결할 수 있다는 증거는 어디에도 없다. ('우리가 어떤 문제를 해결하고 있냐고? 글쎄, 우주에 흔적을 남기고 있다는 것만은 확실하지.') 이는 때때로 문제를 일으키는 해결책[6]이라고 불린다. 그런 시나리오는 특히 더 문제가 될 수 있는데, 나쁜 해결책은 단지 시간과 돈을 낭비하는 것으로 끝나지 않을 수도 있기 때문이다. 해를 끼칠 수도 있다.

또 다른 일반적 변형은 해결책이 문제로 위장한 것이다. 느린 엘리베이터 문제로 예를 들면, 건물주가 당신에게 와서 이렇게 말할 수 있다. “새 엘리베이터를 사려면 돈을 마련해야 합니다. 예산에서 무엇을 줄일지 계산하는 것 좀 도와줄 수 있습니까?”

문제를 검토하라

구체적인 리프레이밍 전략을 적용하기 전에 문제 서술문을 전반적으로 검토하면서 시작하는 것이 좋다.

문제를 검토하는 데 도움이 될 만한 몇 가지 질문을 다음과 같이 추려 봤다. 다음 질문 목록을 통해 문제 해석 능력, 즉 문제가 어떻게 프레이밍되는지에 대한 전반적인 조율 능력을 개발할 수 있다. 질문들을 통해 중요하게 살펴봐야 할 리프레이밍의 대표적인 사례들을 집중적으로 조명하고자 한다.

질문은 다음과 같다.

1. 서술문이 사실인가?
2. 단순히 스스로 정한 한계가 있는가?
3. 문제 프레이밍에 해결책이 '반영'됐는가?
4. 문제가 분명한가?
5. 누구에게 문제가 있는가?
6. 강한 감정 표현이 있는가?
7. 잘못된 타협이 있는가?

1. 서술문이 사실인가?

느린 엘리베이터 문제에 대해 함께 이야기해 보면, 프레이밍에 대해 기본적인 질문을 하는 것을 잊는 사람이 많다. **엘리베이터가 정말 느린가?**

어찌 됐든, 세입자들이 느리다고 하니까 그것이 확실한 사실로 받아들여진다. 하지만 당연히 다른 일이 일어나고 있을 수도 있다. 인식의 문제일 수도 있고, 임대료를 낮추려는 시도이거나 또 다른 생각지 못한 문제일 수도 있다.

문제 서술문을 볼 때 첫 번째 질문으로 이렇게 묻는 것이 좋다. **서술문이 사실이라는 것을 어떻게 아는가? 사실이 아닐 수도 있지 않을까?**[7]

- 우리 화물이 이 시장에 실제로 늦게 도착하고 있는가? 추적 데이터는 어떻게 만들어지는가?

- 대량 파괴 무기에 관한 이 보고서를 얼마나 신뢰할 수 있는가?

- 아들의 수학 선생님이 내가 생각하는 것만큼 정말 무능한가? 그 선생님이 전에 가르친 학생들은 기말고사를 잘 봤을까?

- '내 죽음에 관한 보도는 매우 과장됐다'(미국 소설가 마크 트웨인Mark Twain이 1897년 자신의 사망설을 부인하며 남긴 글이다 – 옮긴이)는 주장이 가능한 주장인가?

2. 단순히 스스로 정한 한계가 있는가?

때로는 문제 서술문을 읽는 것만으로도 해결책에 불필요한 한계를 긋고 있었다는 것을 깨닫게 된다. 내 형인 그레거스 웨델 웨델스보그 **Gregers Wedell-Wedellsborg**가 경험한 일이다. 모바일 인터넷의 초창기에, 그레거스는 덴마크 방송사 TV2에서 일하고 있었는데, 직원들 중 몇 명이 아이디어를 제안했다. ('휴대폰으로 볼 수 있는 콘텐츠를 개발하면 어떨까요?')

그레거스는 좋은 아이디어라고 생각했지만, 문제가 있었다. 당시에는 모바일 콘텐츠가 미지의 영역이었기 때문에 그것으로 수익을 창출하는 모델이 확립돼 있지 않았고, TV2는 당시 예산 삭감 위기에 직면해 있었다. 그래서 모바일 콘텐츠를 그해 예산 항목에 넣기가 쉽지 않았다. 다음 해에는 어쩌면 가능할지도 몰랐다.

하지만 누군가 그 돈이 TV2의 재원에서 나와야 한다고 말했을 때, 그레거스는 문제가 너무 좁게 규정됐다는 것을 재빨리 알아차렸다. 프로젝트를 시작하기 위해서는 정말로 약간의 현금이 필요할 뿐이었다. 그 돈을 다른 곳에서 구할 수는 없을까? 그는 팀원들에게 TV2 밖에 자금을 지원해 줄 동업자들이 있는지 찾아보라고 말했다.

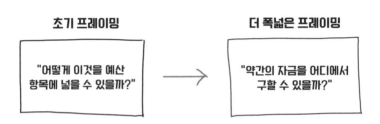

초기 프레이밍	더 폭넓은 프레이밍
"어떻게 이것을 예산 항목에 넣을 수 있을까?"	"약간의 자금을 어디에서 구할 수 있을까?"

팀은 결국 자금을 마련할 수 있었다. 덴마크 이동통신사는 TV2가 모바일 콘텐츠를 개발하는 데 매우 관심이 많았다. 대량의 영상 콘텐츠가 데이터 트래픽에서 얻는 그들의 수익을 늘리고 스마트폰의 판매량도 늘릴 것이기 때문이었다. 실험이 진행됐고 마침내 TV2의 모험적인 사업이 모바일 시장으로 진출했으며, 거의 비용을 들이지 않고 시장의 선두 자리를 차지했다.[8]

스스로 한계를 정한 것은 아닌지 확인하려면 문제 프레이밍을 검토하고 이렇게 질문해 보라. '우리는 이것을 어떻게 프레이밍하고 있는가? 너무 좁은 시야로 보고 있지는 않은가? 해결책에 꼭 필요한 것도 아닌 제약을 가하고 있지는 않은가?'

3. 문제 프레이밍에 해결책이 '반영'됐는가?

몇 년 전 나는 MBA 선택과목을 가르치면서 학생들에게 혁신 프로젝트를 수행하게 했다. 그때 한 팀이 자신들의 프로젝트를 이렇게 서술했다.

> 우리는 학교에서 더 건강한 식습관을 장려할 수 있도록 더 나은 영양 교육을 개발하고 싶습니다.

서술문에는 명백한 가정이 포함돼 있다. 즉 사람들은 지식이 부족하기 때문에 건강에 더 좋은 음식을 먹지 않는다는 것이다.[9] 이는 의심스러운 문제 프레이밍이다. 대부분의 경영대학원 학생들은 어떤 음식이 건강에 좋고 나쁜지 알고 있다. '감자튀김이 채소 맞지?' 누구도 이런 질문을 하지 않는다.

이런 식으로 사람들은 흔히 특정한 해결책 쪽을 가리키는 방식으로 문제를 프레이밍한다. 다음은 나와 함께 일했던 한 기업에서 양성평등 신장을 목표로 계획을 세우면서 작성한 문제 서술문이다.

문제
우리는 여성 지도자들에게 실질적이고 가시적인 롤모델이 되기에 충분한 권한을 주지 않았다.

'여성 롤모델을 더 많이 만들자'라는 해결책이 초기 문제 서술문에 반영

돼 있다는 것에 주목하라. 핵심은 이 특정 진단이 옳았는지가 아니다. 중요한 것은 질문을 통해 프레이밍을 **인지하는** 것이다.

리프레이밍을 하지 않는 사람들은 다음과 같은 추가 질문을 할 수도 있다. '**롤모델이 되는 여성이 더 많아지려면 어떻게 해야 할까?**' 그리고 그렇게 함으로써 도움이 되지 않거나 차선인 프레이밍에 갇히기도 한다.

그에 반해 리프레이밍이 훈련된 사람들은 이렇게 질문한다. '**영향을 미치는 다른 요소들이 있는가? 승진 과정은 어떤가? 비공식적인 인맥은 어떤가? 여성이 고위급 의사결정자에게 노출될 기회가 적지 않은가?**'

단지 이런 질문을 하는 것만으로도, 설사 첫 문제 진단에서 무엇도 바뀌지 않더라도 좋은 해결책을 고를 가능성이 더 커진다.

4. 문제가 분명한가?

앞의 사례에서는 충분히 명확한 문제 서술문을 가지고 있었고, 그것은 리프레이밍 과정에서 좋은 출발점이다. 그에 비해 한 고객이 작성한 이 서술문을 살펴보자.

문제는 새로운 고객을 확보하여 수익성을 개선해야 한다는 것이다(수익 증대).

이 서술문은 사실 문제가 아니다. 이는 어디에서 수익이 나올지에 대해 구체적인 내용을 조금 추가한, 문제처럼 쓰인 목표다. 이러한 '문

제' 서술문이 일반적으로 의미하는 바는 **팀**이 아닌 **고객들**이 중요하게 생각하는 문제를 찾아야 한다는 것이다. 예를 들어, '새로운 고객이 등록하도록 유도할 수 있는 것은 무엇인가?' '새로운 고객들을 주저하게 하는 것은 무엇인가?'

두 번째 예는 다른 회사에 유능한 직원들을 너무 많이 빼앗기고 있던 회사의 서술문이다.

목표
안타까운 인원수 감소율을 14퍼센트에서 10퍼센트 이하로 낮춘다.

문제
지난 5개월 동안 여러 가지 시도를 해봤지만, 감소율을 낮추지 못했다.

전형적인 고충 서술문이다. '우리는 5개월 동안 계속해서 무언가를 시도했지만, 어떤 결과도 얻지 못했다.' 이는 리프레이밍을 시도하기 좋은 상황일 수도 있다. 해결책이 존재한다면, 시행착오를 거듭하며 다시 5개월을 보내는 대신에 문제를 다시 생각함으로써 다른 방향을 찾을 수 있을 것이다. 뒤에서 더 자세히 다룰 리프레이밍 전략 두 가지를 미리 살펴보면 가능한 일이다.

목표를 재검토하라. 추구할 더 나은 목표가 있는가? 예를 들어, 인원수 감소를 막는 대신 떠난 직원들을 다시 경쟁사에서 데려오기 위해 할 수 있는 일이 있는가? 직원들이 회사에 있는 동안 그들을 더 잘 활용할 방법을 찾을 수 있는가? 떠날 가능성이 적은 직원을 뽑기 위해 채용 관행을 재검토할 수 있는가? 특정한 사람이 교육하는 데 투자한 금액을 회수하기 전에 그만두는 경향이 있다면 애초에 그런 사람을 채용하는 것을 중단해야 하지 않을까?

긍정적인 예외(밝은 점)를 주목하라. 사람들이 왜 떠나는지 묻는 대신에 왜 남아 있는지 물을 수 있다. 대체 우리 회사의 무엇 때문에 훌륭한 인재들이 더 많은 돈과 더 흥미로운 제안을 거절하는 것일까? 약점을 고치려고 노력하기보다 강점을 발전시킬 수 있을까? 회사 내에 인원이 줄어들지 않는 집단이 있는가? 그들에게서 무엇을 배울 수 있을까? 또는 '더 매력적인' 회사에서 데려온 사람들은 어떤가? 그 사람들을 우리 회사로 오게 만든 것은 무엇인가? 그들의 전 직장에 있는 동료 인맥을 더 잘 활용할 방법은 없을까? 아니면 그들을 회사의 비공식 대사로 만들 수는 없을까?

5. 누구에게 문제가 있는가?

문제를 서술할 때 완전한 문장으로 표현해야 하는 이유 중 하나는, 작지만 중요한 세부 사항을 발견할 수 있기 때문이다. 그러한 세부 사항 중 하나는 **우리, 나, 그들**과 같은, 문제의 **위치를 밝히는** 단어들의 존재 여부다.

문제가 순전히 다른 사람들 때문에 발생한다고 생각하는가? '**문제는 야간에 근무하는 직원들이 진짜 게으르다는 것이다.**' 또는 문제 소유자도 문제에 어느 정도 책임이 있지는 않은가?('우리는 **여성 지도자들이 실질적이고 가시적**

인 롤모델이 되기에 충분한 권한을 주지 않았다.')

문제가 문제 소유자가 관리할 수 있는 범위를 벗어나 더 권한이 많거나 급여를 많이 받는 사람들에게 위임하는 방식으로 프레이밍되는가? '우리는 CEO가 그에 대해 진지해지지 않는 한 혁신할 수 없다.' 가장 심각한 경우는 인적 요소를 찾을 수 없을 때다. '문제는 우리 회사의 문화가 너무 엄격하다는 것이다.'

7장 〈자신의 행동 돌아보기〉에서 이에 대한 실마리를 얻을 수 있을 것이다. 문제가 발생하는 데 자신이 어떤 원인을 제공했는지 확인하는 방법, 실행 가능성이 더 높은 프레이밍을 찾는 방법 등을 공유하려 한다.

6. 강한 감정 표현이 있는가?

우리가 지금까지 분석한 서술문들은 대부분 중립적으로 쓰였다. 꼭 냉정한 것은 아니었지만, 프로젝트 팀의 정맥을 타고 엄청난 감정이 맹렬히 타오르는 느낌을 정확하게 전달하지 않았다. 그 서술문들과, 뭐랄까 허허실실하는 유형은 아니었던 한 경영자가 휘갈겨 쓴 이 문제 서술문을 비교해 보라.

계획적 사고방식이 없는 사람들이 제멋대로 만든 비효율적인 과정

감정적으로 과잉된 말을 항상 파고들어라. 앤트워프 경영대학원 교

수 스티븐 포엘먼스Steven Poelmans의 유용한 소언이다. **제멋대로** 혹은 약간 더 미묘한 표현인 **계획적 사고방식이 없는 사람들**(번역: 멍청이들) 같은 말은 논리적·사실적 차원에서만 문제를 해결하기가 힘들 것이라는 사실을 암시한다.

더욱이 다른 사람들은 어리석거나, 이기적이거나, 게으르거나, 무신경하다는 가정은 항상 다시 한번, 더 깊이 들여다볼 가치가 있다. 처음에는 완전히 바보 같아 보이던 행동이 상대방의 현실을 알고 보면 완전히 상식적인 경우가 종종 있다(그렇지 않은 경우라면 물론 당신의 의혹이 충분히 정당화될 것이다). 리프레이밍 전략 가운데 '다른 사람의 관점에서 보기' 부분에서 이 주제에 대해 좀 더 자세히 알아볼 것이다.

7. 잘못된 타협이 있는가?

가장 교활한 문제는 타협으로 모습을 드러내며, 미리 정의된 둘 이상의 선택지 중에서 선택할 것을 요구한다. **A를 원합니까, B를 원합니까?**

제대로 프레이밍되지 않은 타협은 의사결정자에게는 전형적인 함정이다. 더 나은 선택지들은 배제됐을지도 모르는데도, 선택지가 다양하다는 이유만으로 완성도가 높고 선택의 자유가 주어졌다는 착각을 일으킨다.[18]

어떤 상황에서는 선택지를 프레이밍하는 사람들이 의도적으로 우리를 어떤 결과 쪽으로 조종하려 한다. 예컨대, 미국의 정치인 헨리 키신저Henry Kissinger의 유명한 농담이 있다. 현상 유지를 원하는 관료들은 정책 입안자에게 세 가지 선택지를 제시한다. '핵전쟁, 현재의 정책, 굴복.'[11]

하지만 제시된 선택지들이 의도적으로 조작한 결과가 아닐 때가 더 많다. 그보다는 단순히 누구나 직면하고 있는 '자연스러운' 양자택일의 타협일 것이다. **고품질을 원합니까, 저비용을 원합니까? 앱이 사용하기 쉬워야 합니까, 사용자 정의 옵션이 많아야 합니까? 마케팅 캠페인에서 마케팅 대상이 폭넓은 것을 원합니까, 정밀한 것을 원합니까?**

문제 해결 분야의 학자 로저 마틴Roger Martin은 창조적인 생각을 하는 사람들은 그러한 타협을 미루는 경향이 있다고 기록했다. 다른 사람들이 비용 편익 분석을 하고 가장 고충이 덜한 선택지를 고를 때 전문 문제 해결사는 그 문제를 좀 더 심도 있게 탐구하고 더 나은, 새로운 선택지를 만들어 내려고 노력한다.

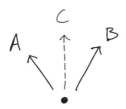

그 출발점은 다음과 같이 질문하며 틀을 깨려고 노력하는 습관이다. **이 선택은 얼마나 틀에 박혀 있는가? 다른 선택지는 없을까? 해결하려는 문제가 무엇인가?**

다음은 내가 만난 가장 인상적인 문제 해결사가 잘못된 타협을 어떻게 처리했는지에 관한 이야기다.

음식을 원하는 힙스터 고객들

연쇄창업가serial entrepreneur(새로운 회사를 계속해서 설립하는 기업가를 의미하는 신조어 – 옮긴이) 애슐리 앨버트Ashley Albert는 플로리다를 방문했다(플로리다라는 점에서 눈치챈 사람도 있겠지만, 바비큐 대회 심사위원 자격을 얻기 위해서였다). 그곳에 머무는 동안 동네 공원에 있는 셔플보드 경기장 일부가 젊은 힙스터들에게 점령당했다는 것을 눈치채게 됐다. 그들은 셔플보드를 엄청나게 즐기는 것 같았다.

그것을 계기로 애슐리와 동업자 조너선 슈나프Jonathan Schnapp는 힙스터가 많은 브루클린의 고와너스 인근에 로열 팜스 셔플보드 클럽을 열고 유사한 사업을 시작했다. 그리고 곧바로 어려운 선택의 기로에 서게 됐다. 셔플보드 클럽 안에서 음식을 제공해야 할까?

손님을 대접해 본 경험이 있는 사람이라면 누구든지 이것이 중대한 결정이라고 말할 것이다. 음식을 판매하는 일은 엄청나게 번거로운 일이다. 위생 검사, 직원 추가 채용, 그 밖에도 많은 행정적 부담을 감당해야 한다. 심지어 별로 수익도 나지 않는다. 음료, 특히 주류에서 돈이 벌린다. 이 상황을 종합하면 애슐리와 조너선은 음료수만 판매하는 편이 나았다.

문제는 힙스터들이 클럽에서 먹을 것을 자주 찾는다는 것이었다. 로열 팜스에 먹을 것이 없으면 손님은 겨우 한두 시간만 머무르다가 떠나버릴 것이었다. 그러면 장사가 안 된다. 애슐리와 조너선은 저녁 내내 머물며 힙스터 특유의 장시간의 구애 의식에 필수적인 음주를 통해 수익을 안겨줄 사람들이 필요했다.

이 딜레마에 직면한 대부분의 사업가들은 결국 울며 겨자 먹기로 음식 판매에 따라오는 행정적 부담을 받아들이게 된다. 일부는 음식을 제공하지 않는 쪽을 선택하지만, 결국 그들은 저녁 시간에 가게가 거의 비어버리는 상황을 맞게 된다. 애슐리는 세 번째 선택지를 찾을 수 있는지 알아보기로 했다. 그녀는 내게 이렇게 말했다.

"우리에게 제시된 두 선택지가 모두 좋지 않았어요. 그래서 다른 문제에 대해 브레인스토밍을 시작했죠. **'어떻게 하면 음식 판매에 따라오는 번거로운 일 없이 혜택만 얻을 수 있을까?'** 배달 서비스를 이용한다든지 인근 식당의 배달 서비스와 제휴한다든지 하는 기존 선택지 중에서는 여러 가지 이유로 선택할 수 있는 것이 거의 없었어요. 하지만 우리는 계속 그 문제를 궁리했고, 결국 새로운 아이디어가 떠올랐어요. 그건 제가 알기로 누구도 해보지 않은 일이었죠."

이제 로열 팜스에 들어가면 브루클린 사람들이 셔플보드를 즐기는 모습이 보일 것이다. 수염을 기른 사람이 있을 것이다. 데님을 입은 사람도 있을 것이다. 패션이 독특한 사람들도 넘쳐날 것이다. 그리고 클럽의 오른쪽 모퉁이에 특이한 무언가가 보일 것이다. 애슐리와 조너선이 만든 차고로 통하는 입구다. 그 차고에 뉴욕의 어디에서나 볼 수 있는 푸드트럭이 밤마다 자리를 잡고 힙스터들에게 식사를 제공하고 있다. 힙스터들은 언제든 원할 때 배를 채울 수 있고, 일행과 음주를 즐길 수

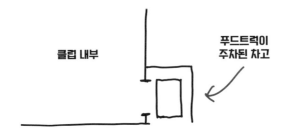

클럽 내부

푸드트럭이
주차된 차고

있다.

정말 기발한 해결책이었다. 음식은 전적으로 푸드트럭이 담당하며 조리도 모두 푸드트럭 안에서 이루어진다. 로열 팜스는 행정적 부담을 떠안지 않아도 되는 것이다. 푸드트럭 운전자가 보유한 식품 영업 허가로 복잡한 일들이 해결됐다. 더구나 애슐리와 조너선은 요일과 계절에 따라 다른 종류의 음식을 선택할 수 있는 자유까지 얻었다.

푸드트럭 주인에게도 저녁 내내 떠나지 않는 고객이 있다는 건 좋은 일이었다. 특히 겨울철에는 더욱 그랬다. 애슐리와 조너선은 술값으로 많은 돈을 벌었기 때문에 한산한 밤에는 트럭 주인에게 최소한의 수익을 보장해 줄 수도 있었다.

그러나 손님이 없는 밤은 거의 없었다. 내가 이 글을 쓰고 있을 때, 애슐리는 셔플보드 클럽으로 상당한 수익을 올렸고 시카고에 2호점도 차렸다. "왜 시카고입니까?" 그녀는 이렇게 대답했다. "날씨가 나쁜 곳이어야 사람들이 실내에 있고 싶어 하죠."[12]

세부 사항은 나중으로 미뤄라

여기에서 공유한 일곱 가지 질문은 대체로 도움이 되는 것들이지만, 그 질문들만 물어볼 수 있는 것은 절대 아니다. 리프레이밍에 더 능숙해질수록 그런 패턴들에 대해 점점 더 많이 알게 되고, 문제 프레이밍 함정에 빠지지 않을 수 있다.

문제 서술문 초기 검토가 끝나면, 이 과정에서 프레이밍 단계가 완료된다(고리를 기억하라. 프레이밍, 리프레이밍, 앞으로 나아가기). 다음 단계(리프레이밍)를 시작하기 전에 이 단계에서 하지 **말아야** 할 것에 대해 이야기하고 싶다. 목표 설정이나 행동 변화, 또는 유사한 분야에 약간의 경험이 있다면, 이 장에서 활용한 서술문을 더 구체적이고 실행 가능하게 수정하고 싶어 참을 수 없는 지경에 처해 있을 가능성이 있다. **"무슨 목표가 '더 건강한 식습관'이야? 너무 막연하잖아! '매일 과일을 세 조각 이상 먹어라'가 더 좋을 것 같은데."**

그런 세부 사항을 더 명확하게 하려는 본능은 좋다. 행동 변화에 대한 수십 년간의 연구 결과에 따르면 목표가 구체적이고, 측정할 수 있고, 목표에 도달하기 위해 요구되는 행동이 더 명확할수록 목표를 달성할 가능성이 훨씬 커진다.**13** 막연함은 변화의 적이다.

그러나 현시점에서는 구체성에 대한 갈망을 받아들이면 함정에 빠질 수 있다. 너무 빨리 세부 내용에 초점을 맞추면 그 속에서 길을 잃어 무엇보다 중요한, 문제 프레이밍에 대한 질문을 잊어버릴 위험이 상당하다. 안으로 뛰어들기 전에 줌아웃(영화 촬영 기법의 하나로 줌 렌즈를 써서 피사체를 축소하는 것. 피사체에서 멀어지는 것처럼 보인다-옮긴이)해야 한다. 올바른 문제를 보고 있다는 확신이 들기 전에는 서술문의 세부 내용을 고치지 말라. 이것이 우리가 다음 장에서 다섯 가지 구체적인 리프레이밍 전략 중 첫 번째를 탐구하면서 살펴볼 내용이다.

문제를 프레이밍하기

문제를 리프레이밍하려면 먼저 프레이밍을 해서 착수할 대상을 만들어야 한다.
프레이밍하기 위해

- 다음과 같이 질문하라. '해결하려는 문제가 무엇인가?' 이것이 리프레이밍
  과정의 시작점이다. 또 이렇게 질문할 수도 있다. '올바른 문제를 해결하고
  있는가?' 혹은 '잠시 문제를 다시 살펴보자.'
- 가능하다면 몇 개의 문장으로 문제를 설명하는 문제 서술문을 빠르게 써라.
  서술문의 길이를 짧게 유지하고 완전한 문장으로 써라.
- 서술문 옆에 주요 이해관계자의 목록을 작성하라. '문제와 관련된 사람이
  누구인가?'

첫 번째 프레이밍이 끝나면 빠르게 검토하라. 특히 다음 질문에 대해 생각해 보자.

- **서술문이 사실인가?** 엘리베이터가 정말 느린가? 무엇과 비교해서? 서술문이 사실이라는 것을 어떻게 아는가?
- **단순히 스스로 정한 한계가 있지는 않은가?** TV2에서 팀은 예산 항목을 추가해야 한다고 가정하는 대신 '어디에서 돈을 구할 수 있을까?'를 생각했다.
- **문제 프레이밍에 해결책이 '반영'됐는가?** 종종 문제가 특정한 해답을 가리키도록 프레이밍된다. 반드시 나쁜 것은 아니지만, 알아차리는 것이 중요하다.
- **문제가 분명한가?** 어떤 문제들은 사실 문제가 아니다. 목표일 수도 있고, 문제로 위장한 고충일 수도 있다.
- **누구에게 문제가 있는가?** 우리, 나, 그들과 같은 단어는 누가 문제를 '소유'하는지 시사한다. 언급되거나 연루되지 '않은' 사람은 누구인가?
- **강한 감정 표현이 있는가?** 감정적인 말은 일반적으로 더 깊이 탐구해야 할 부분이다.
- **잘못된 타협이 있는가?** 당신에게 제시된 선택지를 누가 정의했는가? 주어진 것보다 더 나은 대안을 만들어낼 수 있는가?

초기 검토를 마쳤다면, 1단계(프레이밍)가 끝나고 문제를 리프레이밍할 준비가 된 것이다.

Chapter 04

프레임 밖을 보기

즉석 퀴즈

19세기 프랑스의 수학자 에두아르 뤼카*Édouard Lucas*는 몇몇 동료 수학자들에게 문제를 냈다. 수학 실력과는 상관없이 1분 안에 풀 수 있는 문제였지만, 동료 중 누구도 답을 맞히지 못했다.

　당신은 수학을 전문적으로 연구하는 수학자들보다 더 잘 맞힐 수 있을까? 덧붙이자면, 이것은 난센스 퀴즈가 아니다. 단어들을 창의적으로 재해석하거나 책을 거꾸로 보거나 이 페이지를 레몬주스에 담가 숨겨진 글씨를 찾을 필요는 없다.

답이 생각나지 않는다고 바로 뒷장을 넘겨보지는 않기를 바란다(세세한 내용까지 생각하고 싶지 않다면, 그냥 직관적으로 빠르게 추측해 보자).

뉴욕-르아브르 문제

선박회사 봉주르는 미국 뉴욕과 프랑스의 도시 르아브르 사이에 직항로를 운영하고 있고, 매일 두 도시에서 각각 배가 한 척씩 출항한다. 구체적으로는 매일 정오에 뉴욕에서 배가 르아브르를 향해 출발하고 동시에 르아브르에서 배가 뉴욕을 향해 출발한다. 횡단하는 데는 어느 방향으로든 정확히 7일 밤낮이 걸린다.

문제는 다음과 같다. 오늘 봉주르 배를 타고 뉴욕을 떠나면 르아브르에 도착하기 전에 해상에서 봉주르 배를 몇 척 만나게 될까? 같은 회사의 배, 해상에서 만난 배만 계산해야 한다(항구에서 만난 배는 세지 않는다).

답을 정했는가?

여섯 척이나 여덟 척으로 대답하는 사람들도 있겠지만, 조금이라도 신중하게 생각한 사람들 대부분은 틀림없이 답은 일곱 척이라고 결론을 내린다. 따라서 당신이 일곱 척이라고 답했다면, 훌륭하게 대답한 축에 든다.

하지만 애석하게도 모두 정답이 아니기 때문에 당신 역시 틀렸다. 답은 13척이다. 그렇다. 13척이다. 자세한 설명은 잠시 미뤄두겠다.

제한된 프레임의 위험

뉴욕-르아브르 문제[1]는 문제 해결 과정에서 흔히 만나게 되는 함정을 분명하게 보여준다. 바로 문제를 너무 좁게 프레이밍하는 위험이다.

요컨대, 우리는 문제에 다가갈 때 상황을 중립적으로 보지 않는다. 오히려 혼란스러운 상황에서 의식적인 자아가 문제를 살펴보기 전에, 잠재의식이 곧장 문제의 특정 부분 주위로 프레임을 그리는 것과 유사하다.

이 첫 번째 프레이밍은 엄청난 결과를 가져온다. 프레임 **내부의** 모든 것이 신중하게 검토된다. 그러나 프레임 밖의 모든 것은 어떠한 관심도 받을 수 없다. 사실 프레이밍 과정은 대체로 잠재의식적(연구자들은 '자동적automatic'이라는 용어를 사용해 왔다)이고, 우리는 보통 우리가 전체 그림을 보는 것이 아니라는 사실도 알지 못한다.[2]

이제 뉴욕-르아브르 문제에서 이것이 어떻게 작용하는지 살펴보자.

몇 척인지 계산하기

사람들은 대부분 이 문제에 대해 대략 이런 식으로 생각한다.

- 항해는 7일 밤낮이 걸리므로 그 기간에 총 여덟 척의 배가 르아브르에서 출발한다는 것을 계산할 수 있다. (이것을 확인하는 한 가지 방

법은 요일을 순서대로 써 보는 것이다. 다음 그림을 참고하라.)

● 마지막 여덟 번째 배를 제외한 나머지 배들은 모두 해상에서 만나게 된다. 마지막 배는 막 항구에 도착할 때 출발하기 때문에 세지 않아야 하고, 그래서 최종적인 답은 일곱 척이다.

이 계산은 맞지만, 여기서 계산이 끝난 것은 아니다. 우리가 뉴욕을 떠나는 시점에 먼저 출항해서 **이미 해상에** 있는 배들을 계산하지 않았다. 이 미완성 프레이밍과 올바른 프레이밍이 다음의 그림으로 표현되어 있다.

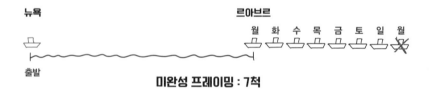

미완성 프레이밍 : 7척

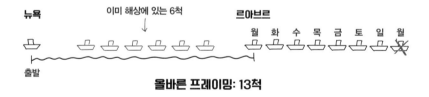

올바른 프레이밍: 13척

자, 혹시 당신이 답을 맞혔다면 축하한다! 어느 정도는 우쭐하고 흡

족해할 자격이 있다. 하지만 (대부분의 사람들처럼) 틀렸다면 잠시 멈추고 깊이 생각해 보아야 한다. '왜 저 배 여섯 척을 놓쳤을까?' 어쨌든 문제의 문맥에 악의가 전혀 없었던 것은 아니다. 당신은 지금 문제 해결에 관한 책을 읽고 있고, 이 책의 요점은 우리가 문제를 올바르게 프레이밍하지 않는다는 것이다. 그런 상황을 감안하면, 당신은 어딘가에 함정이 있다는 것을 **알고 있다**.[3]

사람들이 왜 틀리는지 이해하려면 무의식적인 프레이밍의 효과보다 더 크게 영향을 미치는 것이 있음을 알아야 한다. 의미 있게 봐야 할 것은 뉴욕-르아브르 문제에는 **프레임 안에** 곰곰이 생각해야 하는 '눈에 띄는' 문제가 있고, 그것이 답을 빨리 알아내고 싶은 우리의 관심을 사로잡는다는 점이다. 초기 프레이밍을 살펴보면서 우리의 머릿속에는 즉시 이러한 질문들이 떠오른다. **'음, 일주일 동안 출항하는 배가 일곱 척인가, 여덟 척인가? 마지막 배는 어떻게 되지? 그 배는 항구에서 만나는 것 같은데? 아니, 다시 한번 세어봐야겠다.'** 그리고 믿음직한 손가락을 꺼내 세기 시작한다.

프레임 안에 해결할 분명한 문제가 있다고 생각한 우리는 즐겁게 그 생각으로 뛰어드느라 문제에서 우리가 전혀 주의를 기울이지 않은 부분에 질문하는 것을 잊어버린다.

전략: 안으로 뛰어들기 전에 프레임 밖을 보라

문제 해결 전문가는 어떻게 이런 함정을 피할까? 그들은 의도적으로 앞에 놓인 것의 세부 사항을 파헤치지 않으려고 노력한다. 그보다는 마음속으로 '줌아웃'하고, 더 큰 상황을 검토하며 이렇게 질문한다. **'현재 문**

제의 서술문에서 빠진 것은 무엇이지? 우리가 고려하지 않은 요소가 있나? 프레임 밖에 우리가 지금 관심을 기울이지 않은 무언가가 있나?'

다양한 분야의 전문가들이 줌아웃하는 습관을 가지고 있다. 한 예로 디자인 연구가 키스 도스트Kees Dorst는 디자인 전문가에 관한 연구에서 디자인 전문가가 고객과 함께 일할 때 "핵심적인 모순을 정면으로 다루는 대신 그 주변의 문제에 초점을 두는 경향이 있고, 문제에 대해 더 넓은 맥락에서 단서를 찾는다"는 사실을 발견했다.[4]

의사들도 마찬가지다. 리사 샌더스Lisa Sanders가《위대한, 그러나 위험한 진단Every Patient Tells a Story》에 썼듯이, 좋은 의사는 특정 질환에만 초점을 맞추지 않는다.[5] 환자, 증상, 병력을 전체적으로 본다. 그렇게 함으로써 다른 의사들이 때로는 수 년 또는 수십 년 동안 놓친 단서를 찾는다.

경영과학 분야의 전문가들도 줌아웃을 연습한다. 시스템 사고라 불리는 영향력 있는 훈련법의 영향으로 제조, 작업장 안전과 같은 분야의 문제 해결 전문가들은 사건의 직접적인 원인을 넘어 더 높은 차원의 시스템적 원인을 찾도록 훈련 받는다.[6] '그래, 개가 당신의 숙제를 먹어치웠다. 그러나 누가 숙제를 개밥그릇에 넣고 개밥과 섞어 놓았는가?'

이런 접근 방식은 모두 눈에 보이는 세부 사항을 파헤치기 전에 프레임 밖을 본다는 중심적인 개념을 공유한다. 다음은 문제를 너무 좁게 프레이밍하는 것을 피할 수 있게 하는 네 가지 전술이다.

1. 자신의 전문 지식을 넘어서서 보라

철학자 에이브러햄 캐플런Abraham Kaplan은 1964년 《연구 수행The Conduct of Inquiry》이라는 책을 내면서 다음과 같은 '도구의 법칙'을 만들었다. "어린아이에게 망치를 주면 두드릴 수 있는 모든 것을 찾아다닐 것이다."[7]

유쾌하고 인상적인 캐플런의 이 법칙은 목수들과 함께 지낸 아동을 연구한 결과가 아니라 과학자들을 관찰한 결과다. 구체적으로 말하면, 그는 과학자들이 그들에게 가장 능숙한 기법이 무엇이든 그 기법에 맞게 문제를 프레이밍한다는 것을 발견했다.

과학자들만 그런 것은 아니다. 사람들은 대부분 자신의 '망치'에 맞게, 즉 자신이 선호하는 도구나 분석적 관점에 맞게 문제를 프레이밍하는 경향이 있다. 어떤 경우에는 그렇게 늘 선택하는 해결책이 효과가 없어서 결국 접근법을 다시 생각하게 될 것이다. 하지만 선호하는 해결책이 먹혀들 때 결과는 더 나빠질 수 있는데, 깊은 고민 없이 늘 손에 쥐는 망치를 선택해버리기 때문에 앞으로 나아가는 훨씬 더 좋은 방법을 발견하지 못한다.

다음은 내가 브라질에서 임원들로 구성된 팀과 겪은 일이다.[8] CEO는 팀에게 회사 주가에 대한 시장의 인식을 개선할 방법에 대해 아이디어를 달라고 요청했다.

임원들의 재정적 전문 지식을 토대로 팀은 주가에 영향을 미쳤던 다양한 지렛대들의 목록을 빠르게 작성했다. 주가수익률 예측, 부채비율, 주당순이익 등. 물론 이 중 어느 것도 CEO에게 새롭지 않았고, 이 요소들이 특별히 영향을 주기 쉬운 것도 아니었기에 팀은 약간 의기소침해졌다. 하지만 내가 임원들에게 줌아웃하고, 그들의 문제 프레이밍에 무엇이 빠졌는지 생각해 보라고 유도했을 때 새로운 것이 나왔다.

(직접 맞혀 보고 싶다면 여기서 잠시 멈추고 팀이 어떤 해결책을 내놓았을지 생각해 보라. 힌트를 주자면 인사부 임원이 내놓은 통찰에서 해결책을 찾았다.)

⫸→

인사부 임원은 물었다. "누가 애널리스트와 이야기합니까?"

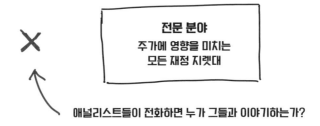

외부의 금융 애널리스트가 정보를 얻으려고 회사에 전화하면 보통 중간 관리자 역할을 하는 직책의 리더와 통화하게 된다. 그리고 그 직원

들 중 누구도 애널리스트와 소통하는 법을 훈련 받은 적이 없었다. 이 의견이 나오자마자 팀은 CEO에게 제시할 새롭고 잠재력 있는 권고 사항을 발견했음을 깨달았다.

이 이야기는 리프레이밍 과정에 외부인을 초대할 때의 힘을 보여주기도 한다. 주가 문제가 명백하게 재정적인 문제로 보였기 때문에 재정에 밝은 사람들만 회의에 참여하도록 유도됐을 수도 있다. 인사부 임원(재정 전문가가 아니었다)을 회의에 포함한다는 결정 덕분에 그 문제를 더 인간 중심적인 관점에서, 즉 재정적 프레이밍을 넘어서서 볼 수 있었다.

하지만 그저 외부인을 회의에 참여시키는 것으로 항상 충분한 것은 아니다. 그들이 대안적인 프레이밍을 생각해 내도록 적극적으로 요청해야 한다. 줌아웃 전략과 무엇을 놓쳤는지 질문하는 것은 외부인이 아이디어를 떠올리도록 돕는 강력한 방법이다.

망치 내려놓기

캐플런의 도구의 법칙에 대해 한마디 하자면, 늘 선택하는 해결책이 반드시 나쁜 것은 아니다. 늘 선택하는 해결책으로 무작정 해결하는 것이 문제가 되는 상황이 있는 것이다. 예를 들어, 단 한 번의 시도로 상황을 바로잡아야 할 때, 또는 당신이 믿고 있는 해결책이 잘못 적용되면 해가 될 가능성이 있을 때가 그렇다.

하지만 이런 시나리오들을 제외하고는 당신이 가장 잘 아는 망치로 손을 뻗는 것이 항상 실수인 것은 아니다. 오히려 우리는 특정한 도구가 과거에 우리가 마주했던 문제에 대부분 효과적으로 작용했기 때문에 그 도구를 선호하고는 한다. 알 수 없는 문제에 직면하면 가장 잘 아는 도구로 시작하는 것이 타당한 선택일 수 있다.

망치가 효과가 없는 것이 분명한데도 계속 망치를 사용할 때 진짜 실수가 일어난다. '아내는 내가 아무리 호통을 쳐도 제때 외출 준비를 마치는 법이 없어요. 휴, 다음에는 더 심하게 호통을 쳐야 할 것 같아요. 처음 50번의 실패는 통계학상 오차일 수 있잖아요.'

직면한 문제가, 선호하는 해결책으로는 여러 번 해결에 실패했던 문제라면 문제를 리프레이밍해야 할 좋은 기회다. 범죄소설 작가 리타 메이 브라운-Rita Mae Brown도 말했다. "정신이상은 계속 같은 행동을 반복하면서 다른 결과를 기대하는 것이다."[9]

2. 이전의 사건을 살펴보라

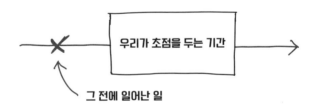

당신이라면 다음 상황에 어떻게 대응할지 생각해 보라.

십 대 딸이 학교에서 일찍 돌아왔는데 화가 난 기색이 역력하다. 무슨 일이냐고 묻자 딸이 선생님과 소리 지르며 싸웠다고 대답한다. 싸움이 점점 커져서 끝내는 딸이 교실을 뛰쳐나온 것이다. 이것은 딸답지 않은 행동이다. 딸은 평소에 꽤 예의 바르다.

이 사건을 더 잘 이해하려면 딸에게 어떤 질문을 해야 할까?

이런 상황에서 부모는 보통 '눈에 보이는' 세부 사항으로 좁힌다. '싸움이 어떻게 시작됐는데? 선생님이 뭐라고 하셨어? 너는 뭐라고 대답했어? 그게 왜 그렇게 화가 났어?' 두 사람의 대화에 대한 이 세밀한 분석에 근거해서 결론이 도출된다. **'딸이 점점 더 반항적으로 변하고 있어. 결국 우리 아이도 전형적인 사춘기구나.'** 어쩌면 선생님을 탓할 수도 있다. **'교실에 있던 어른으로서 상황을 더 잘 처리했어야 하는 거 아닌가? 학교에 더 좋은 선생님들이 계셔야 하는데!'**

하지만 전문적인 교육을 받은 학교 상담교사들은 아마 딸에게 다른 질문을 할 것이다. '오늘 아침 먹었는지 기억하니?' 놀랍게도 교양 있는 논의와 큰 싸움 사이의 차이점은 종종 연관된 사람들의 공복 상태 여부에 있다(또 다른 흔한 차이점은 수면 시간이다).[18]

배를 세는 문제처럼, 아침 식사 사례는 현재 관심을 기울이는 기간 전에 무슨 일이 일어났는지를 의식하면, 때로는 문제를 새롭게 조명하게 된다는 걸 보여준다.

- 지난번에 직원 중 한 사람이 혁신을 위해 노력했던 때 무슨 일이

일어났는가?

- 고객이 우리에게 오기 전에 어떤 해결책을 적용하려 했는가?
- 최근에 숲속의 이 외딴 오두막을 빌렸던 십 대 아이들에게 무슨
  일이 일어났는가?

물론 이 접근 방식은 과할 수 있다. 너무 멀리 되돌아가면 바꾸기 힘
든 뿌리 깊은 역사적 요인까지 생각하게 될 수도 있다. 그렇지만 시간적
관점에서 문제를 너무 좁게 프레이밍하는 것은 아닌지 생각해 보라.

3. 숨겨진 영향을 찾아라

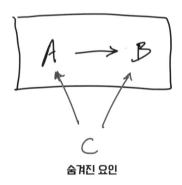

숨겨진 요인

교수에게 논리적 함정에 대해 물으면 아마 **상관관계를 인과관계로 오인한다**
라는 관용구를 듣게 될 것이다. 단지 두 가지 일이 함께 발생하는 경향
이 있다고 해서 반드시 한 가지 일이 다른 일의 원인이라는 의미는 아니

다. 진짜 범인인 제3의 근본적인 요인이 있는 경우가 많다(과학자들은 이 것을 '혼재변수confounding variable'라고 부른다). 다음은 혼재변수의 대표적인 예다.

마시멜로 테스트가 실제로 보여준 것은 무엇인가?

평소에 대중 과학서를 즐겨 읽는다면 마시멜로 테스트[11]에 대해 익히 들어봤을 것이다. 그 실험에서 스탠퍼드 대학교의 심리학자 월터 미셸 **Walter Mischel** 팀은 어린아이를 한 명씩 마시멜로 앞에 앉히고 말했다. "15분 동안 마시멜로를 먹지 않으면 하나 더 줄 거야." 그런 다음 방에 서 나가 무슨 일이 일어나는지 몰래 지켜보았다.

미셸과 동료들은 욕구 충족을 뒤로 미루는 아이의 능력이 청년기의 성공을 강하게 예견한다고 주장했다. 유혹을 물리친 아이들은 성취도 가 높고 건강한 청년이 되었다. 의지력이 약한 아이들은 그렇게 되지 못 했다. 덜 건강했고, 다른 일련의 측정에서도 더 잘하지 못했다.

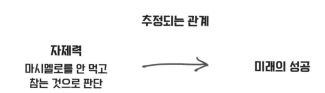

교훈: 아이들이 성공하길 바란다면 의지력을 가르쳐라. 연구 결과가 보여주는 것은 정말 그뿐일까?

타일러 와츠Tyler Watts, 그레그 던컨Greg Duncan, 하오난 콴Haonan Quan
의 최근 연구에 따르면 이 이야기의 교훈은 이게 다가 아니다. 미셸과
동료들은 최초 연구를 스탠퍼드 대학교 졸업생을 부모로 둔 90명의 미
취학 아동을 대상으로 진행했다. 이후에 진행한 새로운 연구에서 와츠
와 동료들은 어린이 900명을 대상으로 이론을 검증했다(결정적으로 특권
층 출신이 아닌 아이들까지 포함했다).

결과: 실제로는 의지력보다는 돈과 관련된 것이었다.

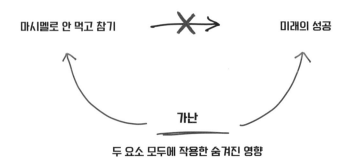

두 요소 모두에 작용한 숨겨진 영향

자세한 설명과는 미묘한 차이가 있지만, 핵심 내용은 다음과 같다.
가난한 아이들은 내일이면 음식이 없을지도 모르고, 어른들이 약속을
항상 지킬 수 없는 환경에서 자랐기 때문에 마시멜로를 더 빨리 먹어치
웠다. 이에 비해 부유한 아이들은 예측할 수 있는 미래에 익숙했고, 그
것은 음식이 절대 부족하지 않은 미래였다. 그리고 어른들이 일반적으
로 약속을 지킨다는 사실을 경험으로 알았다.

연구자들이 이 점을 고려하자 마시멜로를 안 먹고 참은 것과 미래의 성공 사이의 관계가 훨씬 불분명해졌다. 아이들이 성공하도록 돕는 것과 욕구 충족을 미루도록 가르치는 것이 반드시 관련이 있는 것은 아니다.

다음은 피에르라는 재무이사가 내게 들려준 이야기로, 숨겨진 인과관계의 요소를 찾는 비즈니스 사례다. 피에르는 주요 은행 중 하나인 자신의 회사에서 면접 과정을 조사하라는 요청을 받았다. 은행은 훌륭한 브랜드를 가지고 있었고, 매우 재능 있는 사람들에게 많은 입사지원서를 받았다. 그러나 면접에 응한 지원자 다수가 그 은행에서 일하지 않겠다는 선택을 했다.

처음에 팀은 몇 가지 요인을 조사했다. '면접이 너무 힘들었나? 보수 체계가 경쟁력이 없었나? 은행 측에서 누가 면접을 진행했는지가 문제가 됐나?' 그 가설 중 어느 것도 이 현상을 설명하지 못하는 것 같았다.

피에르가 프레임 밖을 보고 숨겨진 요인을 찾은 뒤에야 수수께끼가 풀렸다. 사람을 많이 채용하지 못했던 면접은 모두 **은행의 낡은 사무실 건물**에서 이루어졌다. 이에 비하면 은행의 현대적인 신사옥에서 면접을 본 지원자들은 회사를 좋아했고, 대체로 그 은행을 최우선 순위로 선택했다. 피에르가 이를 알아낸 후에는 모든 지원자들이 계약서에 서명을 마친 뒤에야 낡은 사무실을 마주하게 됐다.

4. 상황의 새로운 측면을 찾아라

방금 살펴본, 이전의 사건과 숨겨진 영향을 찾는 두 전술은 원인이 되는 요소 찾기라고 이해할 수 있다.

그와 같은 원인들은 프레임 밖에 '숨겨질' 수 있는 요소들만 있는 것이 아니다. 불분명한 해결책을 찾는 것은 때때로 물건이나 상황의 특성에 대해 주의 깊게 생각하는 것에 달려 있다. 이제 문제 해결계의 고전적인 문제를 함께 생각해 보자.

전구 문제

새로 이사 간 집 지하실에는 전구가 세 개 있지만, 어떤 이유에서인지 스위치가 1층에 있다. 그리고 세 스위치에는 각각 어떤 전구의 스위치인지 표시돼 있지 않다. 그런데 무릎이 아파서 계단을 이용하는 횟수를 최소화하고 싶다. 문제는 바로 이것이다. 어떤 스위치가 어떤 전구와 연결되는지 알아내려면 지하실에 몇 번이나 들어가야 할까? 분명히 말하자면 전구는 모두 정상이고, 각 스위치는 한 전구에만 영향을 미치며, 처음에는 전구 세 개가 모두 꺼져 있는 상태다.

이 문제를 한번 스스로 풀어보고 싶다면, 읽는 걸 잠시 멈추고 생각해 봐도 좋다.

$$\ggg\!\!\rightarrow$$

조금만 생각해 보면 아마 두 번 만에 할 수 있다는 것을 깨달을 것이다. 알아낸 것을 제거함으로써 마지막 짝을 알아낼 수 있기 때문에 세 번이나 내려갈 필요는 없다. 지금까지는 순조롭다.

하지만 한 번만 내려가고도 해결할 방법이 있다. 이 방법을 알아낼 수 있겠는가? 다시 말하지만, 난센스 퀴즈가 아니고 구멍을 뚫거나, 배선을 바꾸거나, 거울을 이용해 정교한 시스템을 구축하는 등의 별난 행동과도 관계가 없다. 해결책은 간단하고, 현실적이고, 문제 서술에서 언급하지 않은 물품이나 사람을 포함하지 않는다.

한번 맞혀 보길 바란다. 하지만 주의할 점은 이 해결책은 알아내기가 더 어렵다는 것이다. 한 가지 힌트를 준다면, 한 번만 내려가는 해결책은 관련된 사물의 어떤 특성에 달려 있다. 빛을 발하는 것 외에 전구가 가진 다른 특성이 무엇인지 생각해 보라.

한 번만 내려가는 해결책

다음은 한 번만 내려가 전구 문제를 해결하는 방법이다.[12]

1. 스위치 중 두 개를 켠다.
2. 일 분 동안 기다린다.
3. 켜져 있는 스위치 중 하나를 끈다.
4. 계단을 내려가서 꺼져 있는 전구를 '만져 보라'. 둘 중 하나는 따뜻할 것이다.

대부분의 사람들은 두 번 내려가는 해결책보다 이 해결책이 훨씬 덜 분명하다고 생각한다. 하지만 우리 모두는 전구가 켜져 있으면 따뜻해진다는 것을 알고 있다. 그러면 왜 이 해결책을 찾기가 훨씬 더 어려울까?

프레임은 우리가 볼 수 있게 한다

우리의 잠재의식은 문제를 프레이밍할 때 가능한 한 효율적으로 일을 처리하려고 애쓰기 때문에(이를 인지적 구두쇠라고 부르는 연구자들도 있다[13]) 가장 필수적인 특성이라고 여기는 것만 프레이밍에 포함되도록 허용한다.

예를 들어 당신은 전구 문제를 곰곰이 생각하고 있을 때 아마도 벽지 색깔이나 지금이 여름인지 겨울인지 따위를 조금도 생각하지 않았을 것이다. 그것들이 모두 문제를 해결하는 것과는 관련이 없어 보였기 때문에 지극히 합리적으로 당신의 정신은 그냥 그러한 부분을 생각하는 것을 시도조차 하지 않았다. 그 대신에 해결책을 찾을 때까지 당신이 스위치인가 뭔가를 조작하면서 이리저리 생각해 볼 수 있도록 문제를 간소화해서 표현한 것, 즉 정신 모형을 만들었다.

그리고 프레임은 우리가 보지 못하게 한다

간소화는 좋은 것이다. 빠르게 문제의 본질적인 부분을 줌인하는 능력이 없으면 우리는 계속 벽지에 대해 끝없이 생각하면서 인테리어 업자들만 기쁘게 했을 것이다. 하지만 이는 도움이 될 수도 있는 현실 세계의 요소나 특성을 배제했다는 의미이기도 하다.

여기에서 원인이 되는 요소는 기능적 고착functional fixedness[14]이라 불리는 것으로, 물건의 가장 흔한 용법(전구는 빛을 만든다)에 집중하고 새로운 용법(전구는 열을 만들기도 한다)은 간과하는 우리의 경향을 말한다.

그렇게 숨겨진 측면을 발견하기 위해 다음과 같이 질문하라.

- 상황과 관련된 물건은 무엇인가?
- 그 물건들은 어떤 다양한 특성을 지니고 있는가? 기존의 방식과 다른 방식으로 사용될 수 있는가?
- 그 밖에 이용 가능한 것은 무엇인가?

다음은 상황의 숨겨진 측면을 발견하고 이용함으로써 문제가 어떻게 해결되는지를 보여주는 간단한 예다.

당신이 디즈니랜드에서 테마파크 바깥쪽의 거대한 주차장을 관리하는 주차요원이라고 상상해 보자.[15] 매일 1만 가족 이상이 도착하고, 주차하고, 입구로 향한다.

대규모 주차장의 각 구역은 사람들이 집에 갈 때 자신의 차량을 찾을 수 있도록 알아보기 쉽게 표시돼 있다. '우리 차는 도널드 덕 구역의 7B 자리에 있어.' 하지만 매주 약 400가족이 햇볕에 그을리며 갖가지 경험을 하면서 멍해지고, 미키마우스 귀를 붙인 채 지나치게 흥분한 아이들에게 시달린 끝에 어디에 차를 두었는지 잊어버리고 만다. 이 문제를 어떻게 해결할 수 있을까?

첫 번째로 살펴볼 것은 이런 종류의 문제가 전에 해결된 적이 있는지 여부다(이는 뒤에서 다룰 '밝은 점' 전략의 핵심이다). 페덱스나 무역항의 컨테이너 시설과 같은 배달 서비스를 보면 GPS 추적 장치, 번호판 인식, 그 밖의 유사한 기술을 활용한 여러 가지 해결책을 찾을 수 있다.

하지만 그것들은 이 문제에 적용하기에는 돈이 많이 드는 해결책일 수 있다. 바로 이용 가능하고 새로운 기술이 필요 없는 더 현명한 해결책이 있을까?

물론 있다. 디즈니랜드의 주차요원은 사람들이 주차장 번호는 잊어버리더라도 일반적으로 기억하는 한 가지 정보가 있다는 것을 깨달았다. 바로 도착 시간이다.

기자 제프 그레이Jeff Gray는 캐나다 신문 〈글로브앤드메일The Globe and Mail〉에 이렇게 썼다. "디즈니랜드 직원은 아침에 주차장의 각 줄이

가득 차는 시간을 간단히 적어 둔다. 고객이 언제 도착했는지만 알면, 직원은 고객의 차를 찾아줄 수 있다."

≫→

이 책을 읽으면서 자신의 문제를 해결해 보려고 마음먹었다면, 이제 실행에 옮길 시간이다. 작성한 문제 서술문을 꺼내, 하나 이상의 문제에 이 전술들을 적용해 보라(다음 장으로 넘어가기 전에 얼마나 시간을 할애할지는 각자가 결정하면 된다).

자신의 문제에 적용해 보지 않기로 했다면, 다음 세 쪽은 그저 이 장의 내용을 환기하는 부분이라고 생각하고 그냥 넘어가도 좋다.

프레임 밖을 보기

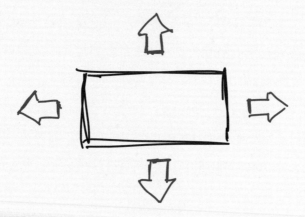

문제를 대할 때 프레임 밖을 봐야 한다는 것을 기억하라.

- 눈에 보이는 세부 사항에 연연하지 말라.
- 현재의 문제 프레이밍에서 놓쳤을 수 있는 것에 대해 생각하라.

일반적인 검토를 마쳤다면 이 장에 설명된 네 가지 전술을 적용해 보자. 다음은 이를 요약한 내용이다.

1. 자신의 전문 지식을 넘어서서 보라

도구의 법칙을 기억하라. 우리는 선호하는 해결책에 맞춰서 문제를 프레이밍하는 경향이 있다. '브라질 팀'에서 재정 분야에 전문성을 가진 사람들은 주가와 관련된 재무지표에 초점을 맞추고 의사소통 측면을 간과했다.

다음 질문을 생각해 보자.

- 당신이 선호하는 '망치', 즉 잘 적용할 수 있는 해결책 유형은 무엇인가?
- 어떤 유형의 문제가 당신의 망치에 잘 맞는가?
- 문제가 그런 유형이 아니었다면, 다른 해결책은 무엇인가?

2. 이전의 사건을 살펴보라

딸이 선생님과 소리 지르며 싸운 문제를 떠올려 보라. 그 이전의 사건이 문제의 원인일 수 있다. '딸이 오늘 아침에 밥을 먹었던가?'

다음을 생각해 보자.

- 시간적 관점에서 문제를 어떻게 프레이밍하고 있는가?
- 살펴보고 있는 시기 이전에 뭔가 중요한 일이 일어났는가?
- 특정 문제에서 당신이 놓쳤던 시기 이후에 어떤 일이 일어났는가? 예를 들어, 사람들이 미래의 결과가 두려워서 특정한 방식으로 행동하는가?

3. 숨겨진 영향을 찾아라

마시멜로 테스트, 그리고 연구자들이 가난의 영향을 어떻게 간과했는지 기억하라. 또는 피에르가 은행의 사무실 건물이 채용에 미쳤던 영향을 어떻게 알아냈는지 생각해 보라.

다음을 생각해 보자.

- 이해관계자들이 어디에서 어떤 영향을 받는지 놓치고 있는 것은 없는가?
- 관련된 사람들에게 영향을 미치는 더 높은 차원의 조직적 요소가 있는가?

4. 상황의 새로운 측면을 찾아라

'전구' 문제를 생각해 보라. 덜 두드러지는 특성(전구는 열을 발산한다)이 대부분의 사람들이 떠올리는 해결책이 아닌 더 효율적인 해결책으로 이어진다.

- 살펴볼 수 있는, 문제나 상황의 새로운 측면이 있는가?
- 도움이 될 수 있는 자료, 또는 사용할 수 있는 다른 요소들이 있는가?
- 기능적 고착이 어떤 영향을 미치고 있는가?

마지막으로, '프레임 밖에' 당신이 관심을 기울이지 않은 다른 부분이 있는가? 인센티브? 감정? 잊고 있던 사람이나 집단? 이에 대해 잠시 생각해 본 뒤에 다음 장으로 넘어가라.

목표를 재검토하기

왜 목표를 의심해야 할까?

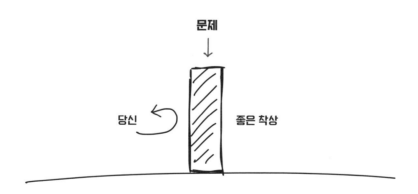

우리는 흔히 문제를 장애물로 생각한다. 돈, 행복, 달콤한 복수처럼 우리가 원하는 것에 도달하지 못하도록 방해하는 것으로 여긴다.

문제를 장애물로 생각하는 것은 직관적으로 옳게 느껴진다. 우리는 모두 관료제, 비협조적인 동료, 일부 바보 같은 뇌물방지법에 의해 제지당한 경험이 있다. 하지만 그런 사고방식에는 감지하기 어려운 함정이 있다. 초점을 장애물에 두면('그것을 어떻게 극복하지?') 더 중요한 것, 즉 우리가 도달하려는 목표에 대해 깊게 생각할 수 없다.

사실 대부분의 목표는 이상하게도 철저한 검토를 면제받는다. 다음 중 골라 보라. '경쟁에서 이기기, 사업 확장하기, 혁신 주도하기, 리더로 승진하기.' 경솔하게도, 이 모든 것이 추구할 가치가 있는 적절한 목표인 것으로 추정된다. 교육 받기, 이성 친구 만나기, 집 사기와 같은 업무 외적인 목표들도 마찬가지다. 이러한 목표들은 우리의 문화적 서사에 깊이 뿌리박혀 있고, 그 결과 우리는 흔히 목표에 의문을 품는 것을 잊는다.

위의 목표들이 실제로는 나쁘고, 필사적으로 피해야 하는 것은 아니다. 사실 대부분의 경우에는 좋은 목표다. 하지만 항상 그렇지는 않다.

때때로 근본적인 돌파구에 이르는 비결은 장애물을 분석하는 것이 아니라 다음과 같은 질문을 하는 것이다.

- 올바른 목표를 추구하고 있는가?
- 추구할 더 나은 목표가 있는가?

이것이 **목표 재검토**의 본질이다. 이제, 마테오라는 리더의 이야기를 살펴보자.

더 나은 목표 찾기

마테오가 검토팀의 팀장 자리를 인계받았을 때 팀원들은 전임 팀장이 정한 중요하고 다소 야심 찬 목표를 달성하기 위해 열심히 일하고 있었다. 그 목표는 **응답 시간을 절반으로 단축하는 것**이었다.

검토팀은 중요한 중앙데이터시스템을 운영하고 있었다. 매일 회사 내부의 많은 사람이 검토팀으로 여러 가지 자잘한 데이터 변경을 요청해 왔다. 검토팀은 변경해도 괜찮은지 확인한 후에 요청을 처리하며, 기본적으로 데이터베이스에 대한 정보처리 기관 역할을 하고 있었다.

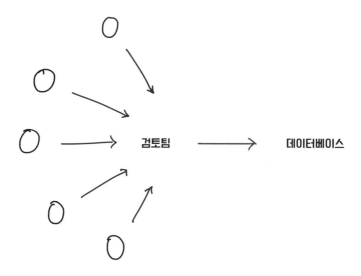

회사 창립 초기에는 검토 과정이 순조로웠다. 그러나 회사가 커지고 변경 요청이 증가할수록 변경이 처리될 때까지 2주를 대기해야 할 정도

로 검토팀의 일에 과부하가 걸리기 시작했다.

문제를 해결하기 위해 전임 팀장은 팀원들을 모아놓고 팀이 달성할 핵심 목표를 설정했다.

'현재의 응답 시간은 허용될 수 없습니다. 요청을 두 배 빠르게 처리하고 응답 시간을 일주일로 단축해야 합니다.'

이는 잘 규정된 도전적 목표의 전형적인 예다. 도달하고 싶은 최종 상태가 명명백백하고, 그것이 왜 중요한지 모든 사람이 분명히 알고 있다. 목표 덕분에 팀은 열심히 일했다.

몇 달 후, 전임 팀장이 떠나고 마테오가 팀을 인계받았다. 전임 팀장은 마테오에게 이렇게 말했다. **'팀은 일주일 목표를 잘 달성해 가는 중이니 그냥 맡겨 두게. 목표를 달성할 수 있을 거야.'**

마테오는 일이 계속 진행되도록 마음 편히 내버려 두고 목표가 결국 달성되었을 때 승리를 선언할 수 있었다. 하지만 그는 그렇게 하지 않았다. 대신 근본적으로 훨씬 더 좋은 결과를 가져올 일을 했다.

"팀원 모두 요청을 더 빨리 처리하려고 열심히 일하고 있었습니다. 그러나 그것이 꼭 추구해야 할 옳은 목표였을까요? 이 질문을 떠올렸을 때 진짜 목표는 **팀**의 일 처리 속도가 아니었다는 것을 깨달았습니다. 목표는 데이터베이스를 변경하는 **업무**에 걸리는 시간을 줄이는 것이었죠. 원래의 목표는 큰 가정을 전제로 하고 있었습니다. 즉 모든 것이 우리 팀을 통과해야 하고, 수동으로 승인돼야 한다는 것이었죠. 우리 팀에 초점을 맞추는 것에서 물러나자 앞으로 나아갈 또 다른 방법이 있다는 것이 분명해졌습니다. 비교적 간단한 변경은 팀의 개입 없이 직접 실행할 수 있도록 허용하는 방법이었죠."

직접 접근 인터페이스 구축하기

마테오가 새롭게 초점을 맞추면서 검토팀은 요청받았던 데이터 변경의 유형을 살펴보기 시작했다. 요청의 약 80퍼센트가 단순하고, 검토 없이 실행해도 무방한 것으로 밝혀졌다. 그래서 검토팀은 그러한 요청들에 대해 검토팀 외부 사람들이 임의로 데이터를 변경할 수 있도록 직접 접근 인터페이스를 만들자는 아이디어를 생각해 냈다.

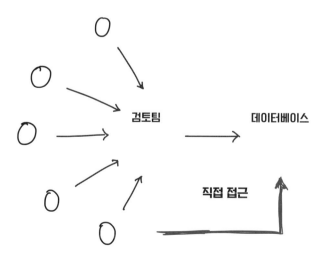

분명히 말하자면, 직접 접근이라는 해결책은 실행하기가 쉽지 않았다. 마테오의 팀은 회사 내 다른 조직이 이를 사용할 수 있도록 직원들을 훈련시켜야 했는데, 그 일을 하루 업무량을 처리하는 동시에 해내야 했다. 마테오는 팀원들이 시간 여유를 확보할 수 있도록 다른 사업 부문에 이렇게 말했다. "몇 달 동안은 우리 팀이 평상시보다 **더 느릴** 것입니다. 하지만 이 시간이 끝나면 여러분에게도 이것이 훨씬 더 나은 해결책이 될 것입니다."

마테오의 약속은 지켜졌다. 몇 달 후 단순한 변경 요청은 직접 접근 인터페이스를 통해 대기 없이 바로 처리할 수 있게 됐다. 검토팀은 이제 시간이 더 많아졌기 때문에 '직접 접근'으로 처리하기에는 너무 복잡한 변경 요청도 더 빨리 해결할 수 있었다. 마테오가 목표를 의심한 결과 팀은 일주일 안에 응답한다는 원래 목표를 더 훌륭한 결과로 이끌어냈다.

⋙→

마테오 이야기는 목표 재검토의 힘을 보여준다.[1] 달성하려던 것을 의심함으로써 때로는 훨씬 더 나은 결과로 나아가는 방법을 찾을 수 있다. 여기 사용할 수 있는 다섯 가지 전술이 있다.

1. 더 상위 단계의 목표를 명확하게 하라

목표는 실제로 여행의 단순한 도착점처럼 고립돼 존재하는 것이 아니다.[2] "베이컨을 얻으면 영원한 행복이 뒤따른다." 문제 해결 분야의 학자 민 바사더Min Basadur가 주장했듯이, 목표에 대해 생각하는 더 좋은 방법은 목표를 더 낮은 단계에서 더 높은 단계의 '좋은 것'으로 가는, 계층 구조나 인과관계 사슬의 일부분으로 보는 것이다.[3]

승진을 원하는 사람을 예로 들어 보자. 아마도 승진은 그 자체로 끝나는 것이 아니라 그 사람이 원하는 다른 무언가(즉 하나 이상의 더 상위 단계의 목표, 예를 들어 돈을 더 많이 벌거나 더 존경받는 것)를 성취하는 수단이다. 다음은 승진하고 싶은 욕구 이면에 있는 상위 단계의 더 중요한 목표를 어떻게 기술하는지를 보여주는 예시다.

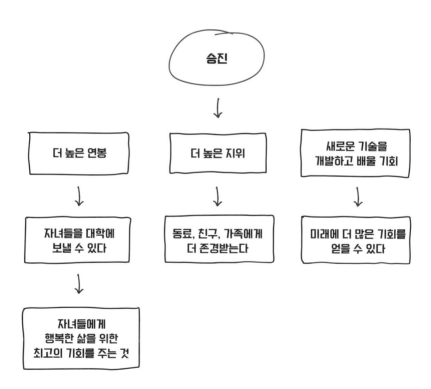

그림은 두 가지 중요한 사실을 분명하게 보여준다. 첫째, 목표를 달성함으로써 얻으려는 것이 단 하나뿐인 경우는 드물다. 보통 우리가 중요하게 생각하는 여러 가지 다른 결과가 있다.

둘째, 더 상위 단계의 목표 중 일부는 목적을 위한 수단일 수도 있다. 예시에서 돈을 더 많이 버는 것은 그 사람에게 그저 일반적인 목표가 아니다. 그것은 자녀들을 모두 대학에 보내는 것과 둘 중 한 명에게는 갈 수 없다고 말해야 하는 것의 차이다. 경영과학에서는 이러한 목표를, 더 가까운 목표 또는 **단기 목표**와 구별하기 위해 **장기 목표**라고 부르기도 한다. 광고업계에서는 일반적으로 "혜택의 혜택을 이해하는 것"이라고 표현하는데, 그것은 의뢰인이 바라는 결과이기도 하다. 이것은 다 같은 개념이다. 디자이너는 특징과 이점을 구별하고, 협상가는 입장과 이해를 구별하고, 정책통은 생산량과 성과를 구별한다.

당신의 문제든 다른 누군가의 문제든, 문제에 관한 모든 대화에서 더 상위 단계의 목표를 확실하게 드러내야 한다. 이를 위해 다음과 같이 질문하라.

- 목표가 무엇인가?
- 그 목표가 왜 중요한가? 그 목표에 도달하면 무엇을 성취할 수 있는가?
- 그 밖에 목표에 도달하면 도움이 되는 다른 중요한 것이 있는가?

때때로 더 상위 단계의 목표를 명확하게 하면 창의적인 해결책으로 곧장 이어질 수 있다. 로저 피셔Roger Fisher, 윌리엄 유리William Ury, 브루스 패튼Bruce Patton이 그들의 고전《Yes를 이끌어내는 협상법Getting to Yes》에서 이야기한 협상 연구 분야의 다음 사례를 보라.

캠프 데이비드 협정

널리 알려진 대로, 1978년 미국 대통령 지미 카터Jimmy Carter가 이집트 대통령과 이스라엘 총리를 캠프 데이비드로 초청했을 때, 더 상위 단계의 목표를 드러내는 발상 덕분에 양국이 평화조약을 맺을 수 있었다. 《Yes를 이끌어내는 협상법》에 기술된 것처럼 시나이반도를 둘러싼 영토 분쟁과 관련된 갈등이 있었다. 시나이는 원래 이집트의 영토였지만 1967년 육일전쟁 이후로 이스라엘의 점령 아래 있었다. 이집트는 모든 영토를 되찾기를 원했다. 이스라엘은 최소한 일부라도 유지하기를 원했다. 양국이 공식적으로 밝힌 목표(협상가들은 이것을 '입장position'이라고 부른다)는 근본적으로 양립할 수 없었고, 그 결과 국경선을 정하려는 시도가 모두 실패로 돌아갔다.

하지만 양국 각각의 **이해관계**가 명확해지자 교착상태가 해결됐다.[4] 이집트는 땅의 **소유**에 관심이 있었다. 그와 달리 이스라엘은 **안보**를 원했다. 이스라엘은 국경 바로 건너편에 이집트 탱크들이 줄지어 서 있는 상황을 우려하고 있었고, 시나이를 침략에 대한 완충지로 생각했다. 그 차이점에서 해결책이 나왔다. 시나이를 이집트의 땅으로 하되 비무장지대로 만들어 이집트 군대가 주둔할 수 없게 한 것이다.

이 이야기에서처럼, 더 상위 단계의 목표를 명확히 하는 것은 둘 이상의 당사자가 있는 갈등을 해결하는 데 유용하다.

하지만 이 전술은 단 한 사람이 관련된 문제에도 적용할 수 있다. 사람들은 대체로 **자신의 목표를 완전히 이해하지 못하기** 때문이다. 심리치료사 스티브 드세이저는 이렇게 말했다. "고객들은 보통 막연하거나 서로 양립할 수 없는 목표 또는 스스로 설명할 수 없는 목표를 가지고 찾아온다. 그중에서도 가장 어렵고 당황스러운 것은 일부 사람들이 문제가 언제 해결되는지를 어떻게 알 수 있는지도 모른다는 점이다."[5]

더 상위 단계의 목표를 명확하게 할 때는 일반적으로 가장 중요한 목표를 두세 가지 밝히는 것으로 충분하다. 좋은 해결책을 거부하는 경우는 거의 없는데, 일곱 번째로 중요한 목표에 집중하는 게 아니기 때문이다.

계층에서 **위로**, 즉 더 상위 단계의 목표를 향해 올라갈 때도 마찬가지다. 도움이 되는 리프레이밍은 처음 몇 단계의 추상적 개념 안에 숨어 있는 경향이 있다. 지나치게 멀리 가면 목표가 리프레이밍 목적으로는 거의 쓸모없을 정도로 너무 상위 단계가 된다(하지만 그러한 목표들은 개인적 가치관이나 기업의 목적 진술과 같은 일반적인 의사 결정을 이끌 수 있다).

2. 논리를 의심하라

A를 하면   ─ ? →   반드시 B로 이어진다?

목표 맵(승진 예시와 같은)은 단순히 좋은 것들의 목록 그 이상이다. **세상이 돌아가는 방식에 대한 당신의 생각**[6]을 나타내는 모형이기도 하며, 당신이 작용하고 있다고 믿는 핵심적인 인과관계 메커니즘을 보여주는 도구가 되기도 한다. 이 인과관계가 때로는 잘못된 것이기 때문에 드러내는 것이 중요하다.

그 쉬운 예로 십 대를 생각해 보자. 지혜로운 연장자로서 우리 모두 동의할 수 있는 것은 십 대들이 거의 모든 것에 대해 오해하고 있다는 것이다. 약간 단순화한 이 직업적 성공 모형을 보라.[7]

학교를 그만둔다 ⟶ **유명한 예술가가 된다** ⟶ **성공한 인생**

어른들은 어쩌면 반 고흐를 예로 들어 일이 어떻게 풀렸는지 강조함으로써 이 모형의 논리적 비약을 지적하며 즐거워할지도 모른다.

예술가가 된다 ⟶ **미쳐서 귀를 자른다** ⟶ **사후에 유명해진다**

하지만 세상이 어떻게 돌아가는지에 대해 안 좋은 모형을 가지는 건 청소년들만이 아니다. 숙련된 전문가들도 (자신의 전문 분야에 관한 것일 때조차) 나쁜 논리에 사로잡힐 수 있다. 다음은 헨리크 워들린에게서 들은 사례다.

재무 기능 다시 생각하기: 지급 기간이 길수록 좋은가?

제품이나 서비스를 대기업에 공급해 본 적이 있다면 아마 Net-30(30일 이내 지급), Net-60(60일 이내 지급), Net-90(90일 이내 지급)과 같은 용어가 익숙할 것이다. 이는 며칠 만에 회사가 대금을 지급해야 하는지를 명시한 용어다.

대기업 입장에서는 90일 이내 지급 정책이 3개월 동안 무이자로 대출받은 것과 같기 때문에 종종 힘으로 밀어붙여서 지급 기간을 더 길게 정하고, 종종 공급업체에 가능한 한 늦게 대금을 지급하고는 한다. 기본적으로 대부분의 대기업 재무 담당자의 머릿속에는 이러한 목표 모형이 있다.

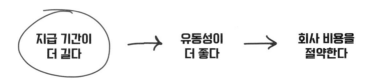

이 모형의 논리는 논쟁의 여지가 없어 보인다. 하지만 실제로 지급 기간이 길면 더 좋을까? 워들린은 이렇게 설명했다.

"대금을 지급하는 데 3개월이 걸린다면 사실상 거래 상대를 큰 공급업체로 제한하는 것과 같습니다. 돈을 그렇게 늦게 받으려면 충분한 현금을 보유한 업체여야 하기 때문이죠. 대체로 훨씬 더 값싼 프리랜서는 그러한 지급 조건으로 살아남을 수가 없습니다. 따라서 전면적인 Net-90 정책은 실제로 회사가 가장 비싼 판매상을 이용하도록 종속시킬 수 있습니다."[8]

그러한 논리로 워들린이 조언한 여러 대기업은 양쪽의 장점을 합친 계단식 지급 시스템을 도입했다.

이와 유사한 논리적 비약[9]을 피하려면 당신의 목표 모형을 살펴보고 다음과 같이 질문하라.

- 우리의 주요 가정이 실제로 사실인가? 명시한 목표가 우리가 궁극적으로 원하는 결과로 반드시 이어지는가?
- 가정이 대체로 사실일지라도 그것이 적용되지 않는 특수한 상황이 있는가? 어떻게 성공할지에 대한 우리의 생각을 개선하거나 바꿔야 하는가?

특히 이 단계에서는 외부인이 논의에 참여하는 것이 도움이 될 수 있다. 애나 에베센Anna Ebbesen은 레드 어소시에이츠Red Associates의 센스메이킹 전문가로서 이렇게 말했다.

"사실과 가정 사이에는 미세한 차이가 있을 수 있습니다. 때때로 가정은 생각에 깊이 뿌리박혀 있어서 우리는 그것을 사실로 착각하죠. 또 어떤 경우에는 가정이 원래 사실이었지만 뭔가가 바뀌어서 사실이 아니게 됐을 수 있습니다. 그렇게 가장 근본적인 가정은 알

아보기 어렵습니다. 이를 확인하기 위해서는 흔히 일종의 외부 의
견이 필요합니다."[18]

3. 중요한 목표를 달성하는 다른 방법이 있는지 물어라

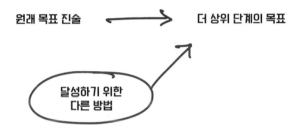

더 상위 단계의 목표를 파악했다면 핵심 질문을 탐구할 수 있다. 당면한
목표가 그것을 달성하기 위한 가장 좋은 방법인가? 아니라면 우리가 정
말 중요하게 생각하는 성과를 거둘 수 있는 다른 방법이 있는가?

앞에서 간략하게 정리했던, 승진에 대한 개인적 목표를 살펴보자.
승진의 중요한 목표는 자녀들의 대학 등록금 마련과 같은 정말 중요한
목표를 달성할 수 있도록 '더 높은 연봉'을 받는 것이다.

가장 눈에 띄는 것은 **연봉**이라는 단어의 의미가 지나치게 좁다는 사실이다. 이는 자금은 급여를 통해 모아야 한다는 생각을 시사하여 돈에 대한 우리의 생각을 제한하고 있다(3장에서 단순히 스스로 정한 한계에 대해 논의했던 것을 기억하라). '향후 5년간 ~달러를 모은다'가 더 유용한 목표가 될 수 있다.

그렇게 하면 승진 외에도 목표를 달성하는 다른 방법을 찾을 수 있다. 다음은 새로 세운 더 유용한 목표로 나아가는 몇 가지 방법을 정리한 그림이다.

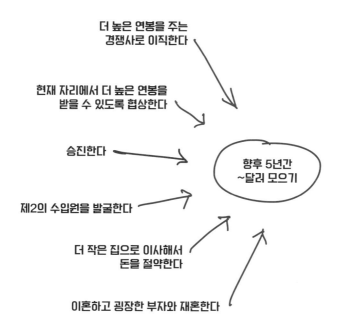

창의성과 문제 해결 연구의 권위자인 로버트 스턴버그Robert Sternberg
의 다음 전술은 기억할 만한 실제 사례다.

지긋지긋한 상사에게서 벗어나는 방법

스턴버그는《지혜, 지능 그리고 창의성의 종합Wisdom, Intelligence, and
Creativity Synthesized》에서 직장은 좋아했지만 상사는 싫어했던 한 임원의
이야기를 들려준다. 그 임원은 상사를 너무 경멸한 나머지 헤드헌터에
게 연락해 동종 업계에서 새 일자리를 찾기로 했다. 헤드헌터는 임원의
우수한 실적 덕분에 다른 곳에서 비슷한 일자리를 찾기는 쉬울 거라고
설명했다.

하지만 그 임원은 그날 저녁, 우연히도 리프레이밍 전문가였던 아
내와 이야기를 나눴고 더 나은 접근 방식을 찾았다. 스턴버그는 이렇게
썼다. "그는 헤드헌터에게 돌아가 상사의 이름을 알려줬다. 헤드헌터는
임원의 상사에게 맞는 새 직장을 찾았고, 상사는 무슨 일이 일어나고 있
는지 전혀 알지 못한 채 그 제의를 받아들였다. 그 임원은 그 후 상사의
자리로 승진했다."[11]

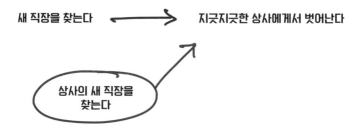

4. 분명한 목표도 의심하라

어떤 목표는 너무나 자명하게 좋아 보여서 이를 검토하는 것이 어리석게 느껴진다. 무언가를 더 빠르게, 더 저렴하게, 더 안전하게, 더 멋있어 보이게, 더 효율적으로 만들고 싶지 않은 사람이 어디 있겠는가? 그러나 사실 이러한 목표의 바로 그 명백함이 우리를 잘못된 방향으로 이끌 수 있다. 그 자체만으로는 좋은 목표처럼 보이는 것이 더 큰 그림으로 볼 때는 반드시 옳은 일은 아닐 수 있기 때문이다. 인텔의 사례를 보자.

사람들은 대부분 컴퓨터 프로세서 때문에 인텔을 안다. 그러나 인텔이 휠체어를 탄 우상인 이론물리학자 스티븐 호킹Stephen Hawking을 위해 한 일[12]은 덜 알려져 있다. 인텔의 공동창업자 고든 무어Gordon Moore가 1997년 한 회의에서 호킹을 만난 이후로 인텔은 2년마다 호킹의 휠체어 소프트웨어를 무료로 업데이트했다.

그 임무의 가장 중요한 부분은 그 물리학자가 세상과 소통할 수 있도록 맞춤 설계한 문자-음성 변환 컴퓨터를 개선하는 것이었다. 1997년에는 호킹이 그 시스템으로 1분에 한두 단어만 타이핑할 수 있었고 대화는 극도로 느리게 진행됐다. 인텔 팀은 우리가 스마트폰을 통해 익히 알고 있는 일종의 문자 자동 완성 알고리즘을 이용해 속도를 급격하게 높일 수 있었다.

몇 년 후 또다시 업데이트를 할 시기가 돌아왔다. 그때 인텔 팀에 속해 있던 디자이너 크리스 데임Chris Dame은 당시를 이렇게 회상한다. "우리는 스티븐에게 이전 모델보다 훨씬 더 빠르게 대화할 수 있는 새로운 버전의 소프트웨어를 보여줄 수 있어서 매우 자랑스러웠어요. 그래서 그가 **'더 느리게 만들어 줄 수 있나요?'**라고 물었을 때 정말 놀랐죠."

나중에 밝혀진 바로는, 호킹은 멀티태스킹을 하고 있었다. 호킹이 문장을 만드는 동안 다른 사람들은 그와 대화를 계속 이어가거나 또는 그들끼리 자연스럽게 대화를 나누었다. 호킹은 그 대화를 좋아했으며 타이핑할 때 간혹 사람들과 눈을 마주쳤다. 새롭게 '개선된' 시스템으로는 그럴 수가 없었다. 호킹은 빠르게 문장 작성을 하는 동안 자신이 컴퓨터에 '얽매여 있다고' 느꼈다. 더 빠른 속도는 인텔 팀의 주요한 목표였지만, 실은 호킹에게 좋은 목표는 아니었던 것이다.

세상은 이렇듯 직관에 어긋나는 예로 가득하다. 수십 년 전에 만든 것처럼 보이는 저 심야의 TV 홈쇼핑 광고들?[13] 그 광고들은 일부러 아마추어처럼 보이게끔 제작하는데, 그렇게 하면 화려하고 수준 높아 보이는 광고들보다 물건이 더 잘 팔리기 때문이다. 비행기 도착 출구에서 수화물 찾는 곳까지 걸어가는 그 긴 복도? 그 덕분에 항공사는 수화물 꺼내는 시간을 벌 수 있고, 탑승객은 컨베이어 앞에서 기다리는 시간이 짧아진다(사람들은 오래 걷는 것보다 오래 기다리는 것을 더 싫어한다).

진정성과 그 밖의 나쁜 것들

목표에 의문을 제기하지 못하는 것은 어떤 단어들이 긍정적인 의미만 가지고 있기 때문이기도 하다. **진정성**을 예로 들어보자. 제정신을 가진 사람이라면 누가 더 진정성 있고 싶지 않겠는가?(**'훌륭한 발표였어, 케이트, 하지만 다음번에는 좀 덜 진정성 있게 해 줄 수 있을까?'**) 바로 그 단어 자체가 그 방향이 바람직하다고 말해 주는 것이다.

그렇지만 진정성 역시 나쁜 목표가 될 수 있다. 새로운 직장에 리더 역할로 이직한다고 하자. 리더가 되는 것은 당연히 대부분의 사람들에게 자연스러운 일이 아니다. 프랑스의 인시아드 경영대학원 교수 허미니아 아이바라Herminia Ibarra가 지적한 것처럼, 처음에는 '진정성 있게' 느껴지지 않을 수도 있는 새로운 행동을 시도해야 한다.[14] 그것이 사실 인간이 발전하는 과정의 핵심적인 부분이다. 진정성이라는 목표를 무작정 고수하다 보면 스스로를 과거의 고정된 자신에 가두게 될지도 모른다.

다른 많은 예가 존재한다. 독창성도 그 자체로는 훌륭한 특성이다. 그러나 위험을 회피하려 하는 의사결정자에게 **독창적**이라는 것은 해보지 않았기에 검증되지 않은 방향이며, 파멸할 가능성이 있는 길이라는 의미이다. (속편과 리메이크작에 대한 영화계의 선호도를 생각해 보라. 새로운 영화에 투자할 사람을 찾고 싶다면, '소송을 피할 정도로만 다른 것'이 더 나을지도 모른다.)

업무 외적으로, 개인의 행복을 목표로 생각해 보라. 일상의 행복을 최대화하는 것이 언제나 좋은 생각일까? 긍정심리학의 창시자 마틴 셀리그먼은 진정한 행복은 단지 긍정적인 감정을 더 많이 갖는 것이 아니라고 주장했다.[15] 진정으로 성취감을 느끼는 삶은 달성하기 어려운 목표를 추구하는 것과 타인에게 긍정적인 영향을 미치는 것을 포함한다.

5. 하위 목표도 검토하라

지금까지는 더 상위 단계의 목표에 초점을 맞췄다. 하위 목표를 살펴보는 것 또한 가치가 있는데, 하위 목표는 우리가 목표로 향하기 위해 활용하는 중간 단계를 의미한다.

승진 예시에서 하위 목표는 다음과 같을 것이다.

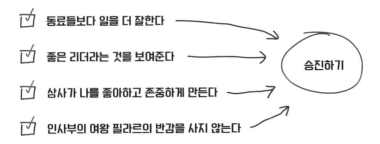

상위 목표가 그렇듯 하위 목표 역시 세상의 작동방식에 대한 당신의 정신 모형 중 일부다. 그래서 하위 목표도 잘못되거나 불완전할 수 있고, 다시 생각해야 할 수도 있다. 논란의 여지가 없는 다음의 직업적 야망을 보라.

행복하게 다닐 수 있는 직장 구하기

계속 읽기 전에 이 목표에 관한 당신의 정신 모형에 대해 잠시 생각해 보자. 직장에 만족하는 주요 요인이 뭐라고 생각하는가? 다음에 직장을 옮길 때 무엇을 고려해야 하고, 어떤 직장을 찾아야 할까?

벤저민 토드Benjamin Todd와 윌 매캐스킬Will MacAskill이 설립한 영국의 비영리단체 '8만 시간'에 따르면 사람들은 대체로 직장에서의 행복이 다음의 두 가지 요소에서 나온다고 생각한다. 돈을 많이 주는 것, 스트레스가 적은 것.

하지만 무엇이 실제로 직업을 사랑하게 만드는지에 대한 연구에서는 다른 결과가 나왔다. 직업 만족도에 대한 60가지의 연구를 검토한 결과에 근거하여 토드와 매캐스킬은 직업적 행복으로 이끄는 여섯 가지 요인[16]을 제시했다.

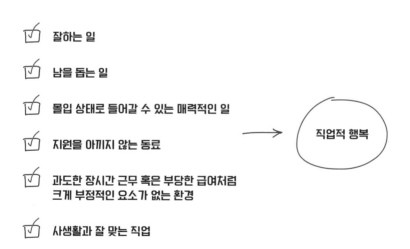

올바른 목표를 향해 나아가고 있는지 확인하고 싶다면, 상위 목표와

하위 목표 모두를 명확히 해야 하고, 가정한 것을 날카롭게 의심해야 한다. (알고 있겠지만 목표, 하위 목표, 상위 목표라고 부르는 것은 다소 자의적이다. 용어에 너무 중점을 두지 말라. 이는 단지 어느 계층에서 시작하게 되는지를 반영하는 것이다. 중요한 것은 처음에 살펴보기로 선택한 목표에서 '위'와 '아래' 모두를 탐색하는 것이다.)

목표를 재검토하기

문제 서술문을 검토해 보자.

- 목표를 적는 것으로 시작하라. **'성공은 어떤 모습일까? 달성하려는 목표가 (또는 목표들은) 무엇인가?'**

- 그다음에는 상위 목표를 명확히 하기 위해 목표 맵을 그려라(승진 예시처럼).

- 원한다면 하위 목표에 대해서도 맵을 그릴 수 있다. **'목표를 달성하기 위해 어떤 단계가 필요한가, 또는 어떤 단계가 도움이 되는가?'**

맵을 그릴 때 지침이 더 필요하다면 다음의 내용을 참고하라. 민 바사더의 연구에 근거해, 맵에 열거된 각 목표에 이러한 질문들을 적용해 보라.

- 이렇게 질문함으로써 상위 목표가 드러나게 하라. '**왜 이 목표를 이루고 싶은가? 이점이 무엇인가? 목표 이면에 있는 목표는 무엇인가?**'

- 이렇게 질문함으로써 하위 목표가 드러나게 하라. '**이 목표에 도달하지 못하게 막는 것이 무엇인가?**'

- 이렇게 질문함으로써 다른 목표들도 찾아라. '**그 밖에 무엇이 중요한가?**'

맵을 그렸다면 너무 좁게 규정된 목표는 없는지 빠르게 검토하라('더 높은 연봉이 필요해' 대 '향후 5년간 ~달러가 필요해'의 예시를 기억하라). '**단순히 스스로 정한 한계가 있는가?**'를 물어라. 목표 프레이밍이 진짜 필요한 것이 아닌 특정 해결책을 암시하지 않는지 확인하라.

그다음에 이 장에서 다뤘던 나머지 전술을 적용하라.

논리를 의심하라

재무팀 입장에서 Net-90 지급 정책이 반드시 옳았던 것은 아니라는 사실을 떠올려 보라. 다음과 같이 질문하라.

- 우리의 가정이 실제로 사실인가? 당면한 목표가 우리가 궁극적으로 원하는 결과로 반드시 이어지는가?

- 가정이 대체로 사실일지라도 그것이 적용되지 않는 특수한 상황이 있는가? 어떻게 성공할지에 대한 우리의 생각을 바꾸거나 개선해야 하는가?

중요한 목표를 달성하는 다른 방법이 있는지 물어라

한 임원이 자기 대신 상사를 다른 직장으로 보내기 위해 헤드헌터를 이용했다는 로버트 스턴버그의 이야기를 기억하라. 로리 와이즈의 이야기(1장)도 떠올려 보라. 동물보호소의 개를 더 많이 입양시키는 대신 가족들이 애초에 동물보호소로 개를 보내지 않도록 돕는다는 이야기였다.

비슷한 방식으로, 이렇게 질문하라.

- 추구할 더 나은 목표가 있는가?
- 더 상위 단계의 목표를 달성할 다른 방법이 있는가?

분명한 목표도 의심하라

너무 분명하게 좋아 보여서 의심하면 안 될 것 같은 목표가 있는가? 그래도 의심하라. 그리고 '진정성, 독창성, 안전'처럼 긍정적인 의미의 단어들을 경계하라.

하위 목표도 검토하라

아직 하지 않았다면 하위 목표에 대해서도 맵을 그리고, 똑같이 철저하게 검토하라. 뭐가 잘못됐을까? 뭘 잊고 있을까?

Chapter 06

긍정적인 예외 주목하기

긍정적인 예외 사례의 힘

타니아 루나Tania Luna와 브라이언 루나Brian Luna는 별문제가 없었다면 행복했을 신혼 시기에, 되풀이되는 문제 때문에 괴로워하고 있었다. 둘은 청소, 지출, 반려견 돌보기 같은 사소한 일로 크게 싸우곤 했다. 모든 커플이 가끔은 싸우지만, 타니아와 브라이언은 둘 사이의 갈등이 너무 자주, 필요 이상으로 격렬해진다고 느꼈다.

그런 일이 몇 번 반복되자 그들은 문제를 분석하기 시작했다. 왜 싸움이 그렇게 심각해졌을까? 타니아는 내게 이렇게 말했다. "우리는 처음에 '어떻게'와 '왜'에 초점을 맞췄어요. 누가 무슨 말을 했는지를 곱씹고, 가치관과 성장 과정 같은 심오한 것에서 원인을 찾으려고 했죠."

이때 나타나는 패턴이 있다. 우리는 인간관계 문제에 관해서는 대체로 오래된 과거에서 그 이유를 찾으려 하는데, 그것은 아마도 지그문트 프로이트Sigmund Freud에게 영향을 받았기 때문일 것이다. **'우리의 어린 시절에 뭔가가 있었을 거야.'**

그런 프레이밍이 사실일 수는 있지만, 이에 대해서는 우리가 할 수 있는 일이 거의 없다. '가치관' 프레이밍도 마찬가지다. **'여보, 우리는 그냥 가치관이 다른 거야. 나는 앞으로 나아가는 것에 가치를 두고 당신은 바보같이 구는 것에 가치를 두는 거지. 이렇게 오해가 풀려서 다행이야.'** 타니아와 브라이언의 사례에서 그런 유형의 프레이밍은 도움이 되지 않았다.

도움이 된 것은 긍정적인 예외 사례에 대한 분석이었다. 타니아는 이렇게 설명했다.

"어느 날 우리가 아침 식사를 하면서 생활비에 관해 이야기했는데, 대화가 아주 매끄럽게 흘러갔고 힘들지도 않았어요. 밤에 생각했을 때는 말도 못하게 복잡하고 속상할 것 같은 주제였는데, 잠을 자고 밥을 먹고 나니까 이야기하기가 쉬웠죠. 그래서 우리는 잠시 이야기를 멈추고 무슨 일이 일어나고 있는지 다시 생각해 봤어요. 우리가 말다툼했던 대부분의 상황에 어떤 공통점이 있었는지 금방 깨달았죠. 말다툼은 밤 10시 이후에 꾸준히 벌어지고 있었어요. 우리는 가치관이 달라서 싸운 게 아니었어요. 졸리고 배고프고 피곤하다 보니 예민해져서 싸웠던 거예요."[1]

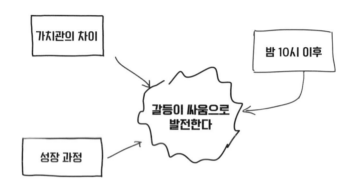

타니아와 브라이언은 리프레이밍을 통해 '10시 규칙'을 만들게 됐다. 간단히 말하면 다음과 같다.

"우리는 밤 10시 이후에 심각하거나 논쟁을 불러일으키는 주제라면 어떤 것도 꺼내지 않기로 했어요. 그리고 우리 중 누군가 싸움을 걸면 다른 한 명은 그냥 '10시!'라고 말하고, 그러면 모든 말다툼은 중단돼야 하죠. 그 규칙은 우리에게 가장 알맞은 문제 해결 도구였고, 그 덕분에 우리는 10년 가까이 매우 행복한 결혼 생활을 하고 있어요."

이 이야기는 문제를 해결하는 방법이 한 가지가 아닐 때가 많다는 이 책의 핵심 내용을 뒷받침한다. 이를테면, 타니아와 브라이언이 부부 치료를 받기로 결정했더라도 문제를 해결했거나 적어도 대처할 방법을 찾았을 가능성이 충분히 있다. 그들은 우연히 다른 질문, **'우리는 언제 문제가 없을까? 밝은 점이 있는가?'**에 주의를 기울임으로써 앞으로 나아갈 더 좋은 방법을 찾았다.

전략: 밝은 점을 주목하라

밝은 점 전략의 요점은 문제가 그렇게 심각하지 않거나 아예 없을 수도 있는 상황이나 장소를 찾는 것이다.[2] 그런 긍정적인 예외 사례에 주목 함으로써 문제를 새로운 관점에서 바라볼 수 있고, 실행 가능한 해결책을 즉시 얻게 될 수도 있다.

밝은 점 접근 방식은 두 분야에서 그 기원을 찾을 수 있다. 하나는 의학 분야다.[3] 의사들은 부모에게 **'그렇게 아프지 않을 때가 있나요?'**라고 묻는 것의 힘을 오래전부터 알고 있었다.

다른 하나는 공학 분야인데, 의학 외의 분야에서는 처음으로 문제 진단을 위한 공식적인 프레임워크를 만들었다. 이 분야에서는 찰스 케프너Charles Kepner와 벤저민 트레고Benjamin Tregoe가 밝은 점 전략을 대중화했다. 그들은 1965년 출간된 근본 원인 분석에 관한 영향력 있는 책에서, 문제를 해결하려면 **'문제가 아닌 곳은 어디인가?'**라고 질문하라고 가르쳤다.[4] 그때 이후로 밝은 점 질문이 모든 문제 해결 프레임워크의 필수 요소가 되었다.

밝은 점 전략을 쓰면, 리프레이밍 자체는 별로 복잡하지 않다.[5] 보통은 밝은 점을 **찾는** 것이 어렵다. 때로는 그러한 지점들이 다소 놀라운 곳에 있기 때문이다. 다음은 밝은 점을 찾을 수 있게 도와주는 네 가지 질문이다.

1. 과거에 그 문제를 한 번이라도 해결한 적이 있는가?
2. 집단 내에 긍정적인 아웃라이어outlier가 있는가?
3. 또 누가 이런 종류의 문제를 처리하는가?
4. 문제를 널리 알릴 수 있는가?

1. 과거에 그 문제를 한 번이라도 해결한 적이 있는가?

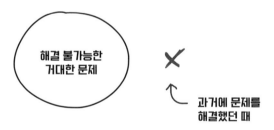

만약 당신이 1970년대에 심리치료를 받았다면, 몇 년 동안 치료사를 계속 만나며 과거를 탐구하는 시간을 보냈을지 모른다. '그러면 어머니의 어머니인 외할머니는 어땠죠? 외할머니의 뿌리 깊은 결핍은 무엇이

었을까요?' 치료사는 동굴 잠수부처럼 당신의 마음 가장 내밀한 곳으로 들어가는 과정을 되풀이했을 것이다.

1980년대 초에 밀워키에 있던 작은 치료사 집단이, 지금은 **해결 중심 단기 치료**solution-focused brief therapy[6]라고 불리는 새로운 접근법을 발견했다. 스티브 드세이저와 그의 아내 인수 킴 버그Insoo Kim Berg가 이끄는 이 단체는 놀라운 사실에 주목했다. 타니아와 브라이언이 아침에 매끄럽게 대화한 것처럼, 그들의 고객들 중 다수가 **자신의 문제를 적어도 한 번은 해결한 적이 있다**는 것이다. 타니아, 브라이언과 유일하게 달랐던 것은 고객들은 밝은 점을 확실히 알아차리지 못했기 때문에 거기서 교훈을 얻지 못했다는 점이다.

이 경우에는 동굴 속으로 들어갈 필요가 없었다. 치료사의 역할은 고객이 밝은 점을 찾도록 안내하고 같은 행동을 다시 적용하도록 격려하는 것이었다. 그 접근법을 이용해 밀워키 집단은 평균 여덟 번의 치료만으로도 고객들이 앞으로 나아가도록 도울 수 있었다.

밝은 점을 찾는 방법

밀워키 집단의 통찰을 당신의 문제에 적용하려면 다음과 같이 하라.

- 과거를 돌아보라. 단 한 번이라도, 문제가 발생하지 않았거나 평상시보다 덜 심각한 때가 있었는가?
- 그렇다면 그 밝은 점을 주의 깊게 조사하라. 문제를 새롭게 조명할 수 있는 단서가 있는가?

- 분석에서 단서를 찾지 못한 경우, 그때의 행동을 반복할 수 있는가? 밝은 점으로 이어진 상황을 재현할 수 있는가?
- 현재 문제에서 밝은 점을 찾을 수 없다면 **비슷한** 문제를 해결한 적이 있는지, 그것이 어떤 단서를 줄 수 있는지 생각해 보라.[7]

경험에서 나온 세 가지 법칙

과거에서 밝은 점을 찾을 때 이 세 가지 지침을 기억하라.

예외적이지 않은 예외 사례를 찾아라. 일 때문에 스트레스가 많다면, 4개월간 휴가를 갔던 때를 회상하는 것은 별로 도움이 되지 않는 밝은 곳이다. 문제가 발생한 상황과 비슷해야 도움이 된다. 최근에 일이 그렇게 스트레스를 유발하지 않은 날이 있었는가? 그날은 무엇이 달랐는가?

아주 긍정적인 예외 사례도 조사하라. 문제가 없었던 때만 찾으려고 하지 말라. 상황이 훨씬 더 좋았던 때도 조사하라. 일에서 정말로 에너지를 **얻었던** 날이 있었는가? 예를 들어, 스트레스를 더 잘 다룬다는 것은 스트레스를 일으키는 것들을 피하는 것에만 국한된 것이 아니다. 스트레스 요인에 대처할 수 있도록 정신적으로 더 여유를 가질 수 있게 당신의 하루에 더 긍정적인 요소들을 추가하는 것을 포함한다.[8]

문제가 발생했지만 문제가 되지 않았던 때는 언제인가? 문제가 나쁜 **영향**을 주지 않는 것도 밝은 점이다. 스트레스 문제에 대해서는 이렇게 물을 수 있다. 스트레스를 받았지만 영향을 받지 않았던 날이 있었는가? 그때 당신은 무엇이 달랐는가?

예를 들어, 투숙객에게 매번 완벽한 숙박 서비스를 제공할 수 없다는 것은 호텔 업계에 잘 알려져 있는 사실이다. 실수는 언제든 나올 수 있다. 주문한 음식이 늦게 도착할 수도 있다. 드라이클리닝 맡긴 옷이 잘못 배달될 수도 있고, 방 열쇠가 최악의 순간에 작동하지 않을 수도 있다. 하지만 그러한 실수들이 항상 부정적인 결과를 가져오는 것은 아니다. 호텔 지배인 라켈 루비오 히구에라스는 내게 이렇게 말했다.

"보통은 손님이 실수 때문에 그렇게 화내는 것이 아닙니다. 정말 중요한 것은 호텔 직원이 어떻게 실수를 처리하느냐는 것이죠. 직원이 즉시 반응을 보이며 바로잡으려고 하면, 손님들은 실제로 실수가 아예 없었을 때보다 호텔을 **더 높게** 평가할 거예요."[9]

법률회사에서 장기적 성장을 생각하는 법

다음은 앤더스라는 변호사의 업무상 사례다. 앤더스는 자신의 법률 회사에서 동업자들과 새로운 계획, 즉 **'어떻게 우리 사업을 장기적으로 성장시킬 수 있을까?'**에 대해 브레인스토밍을 하곤 했다.[10] 기대되는 아이디어가 많이 나왔고, 모두들 탐구할 가치가 있다는 데 동의했다.

하지만 그들의 좋은 의도는 오래가지 못했다. 회의가 끝나면 실망스럽게도 앤더스를 포함한 모든 사람이 다시 단기 프로젝트에만 집중했다. 다른 많은 회사에서 유사한 일이 벌어진다. 앤더스의 법률 회사 사람들도 다음 분기 실적을 어떻게든 끌어올리는 데 집중하다 보니, 이들이 미래에 대해 가졌던 포부는 몇 번이고 허무하게 무너져 내렸다.

밝은 점을 찾아야 한다고 생각하게 됐을 때, 앤더스는 끝까지 추진했던 장기 계획 하나를 떠올릴 수 있었다. 그 계획은 무엇이 달랐을까? 그 회의에는 평소와 달리 동업자들 말고도 떠오르는 별과 같은 존재로 여겨지던 동료 하나가 참석했다. 그리고 결국 그 동료가 아이디어를 실행으로 옮겼다.

거기까지 생각이 미치니 즉시 행동 방침이 생각났다. 앞으로는 브레인스토밍 회의에 동업자뿐 아니라 유능한 동료들을 포함시킨다는 것이었다. 동료들은 전략을 논의하는 자리에 초대됐을 때 자부심을 느꼈고, 동업자들과는 달리 장기 프로젝트를 진행하는 것에 분명한 단기적 보상이 있다고 여겼다. 바로 동업자들에게 깊은 인상을 주고 동료들과의 경쟁에서 우위를 점하는 것이었다.

2. 집단 내에 긍정적인 아웃라이어가 있는가?

자신의 과거에 밝은 점이 없다면 어떻게 해야 할까? 그때는 바로 가까이에 있는 또래 집단에서 확인해야 한다.

- 우리 직원들의 참여도는 형편없다. **반면에 두 리더는 잘하고 있는 것 같다.**

- 모든 곳에서 판매량이 감소하고 있다. **아, 5퍼센트 증가한 이 작은 시장은 예외다.**

- 우리 부모님은 사람을 정말 피곤하게 한다! **하지만, 여덟 명의 다른 형제들은 부모님과 꽤 잘 지내는 것 같다.**

정말 어려운 문제조차도, 충분히 큰 집단을 살펴보면 종종 대처할 방법을 찾은 아웃라이어들이 있다. 국제 원조 단체에 속해 있는 개척자들이 보여주었듯이, 그런 아웃라이어들은 문제를 리프레이밍하는 기반이 될 수 있다. 다음은 긍정적 이탈 접근법의 창시자 중 한 명인 제리 스터닌**Jerry Sternin**이 연구한 사례다.

문맹인 부모가 아이를 학교에 계속 보내도록 설득하기

스터닌의 팀 중 일부가 시골 지역인 아르헨티나 미시오네스주에서 학교 교장과 교사로 구성된 집단과 협업한 적이 있었다. 그들이 마주한 문제는 중퇴생과 관련이 있었다. 그 지역에 사는 아이들 중 56퍼센트만이 초등학교를 졸업했던 것이다(전국 평균 86퍼센트와 비교되는 수치다).

큰 이유 중 하나는 부모 중 상당수가 가난하고 문맹이었다는 데 있었다. 부모가 교육을 받은 적이 없었기 때문에 대체로 아이들을 학교에 보내는 것에 별로 신경을 쓰지 않는 것 같았다. 교육이 아이의 미래에 얼마나 중요한지 부모에게 호통을 치는 것은 도움이 되지 않았다. 학교는 매우 한정된 자원을 가지고 있었기 때문에 교사들은 대부분 할 수 있는 일이 많지 않다고 생각했다.

스터닌의 팀은 교사들이 밝은 점을 검토하도록 도왔다. 그러자 문제를 다른 각도에서 바라볼 수도 있다는 것을 알게 됐다.[11] 그들은《긍정적 이탈The Power of Positive Deviance》에 이렇게 기록했다.

"초기 문제 프레이밍은 종종 형식적으로만 이뤄졌음이 밝혀진다. 경험으로 알게 된 것이 있다면 문제 리프레이밍이 보통 도중에 이뤄진다는 것이다. 공동체가 문제를 자기 것으로 인식할 수 있는 가장 확실한 방법은 사람들이 문제를 자신의 말로 자신의 현실에 근거를 두어 프레이밍하는 것이다."

그렇게 하기 위해 스터닌 팀은 교사 집단에 몇 가지 흥미로운 자료를 제시했다. 그 지역의 학교 대부분이 같은 문제를 가지고 있었지만 예외인 학교가 세 곳 있었다. 두 학교는 전국 평균을 상회하고 있었으며, 학생 유지율은 90퍼센트에 이르렀다. 세 번째 학교는 100퍼센트를 기록했다. 세 학교 중 어느 곳도 재원을 더 가지고 있지 않았다. 무슨 일이 일어나고 있었을까?

답은 교사의 행동에 있었다. 지역 전체적으로 교사 대다수가 문맹 부모를 딱딱하고 정중한 태도로 대했다. 그에 반해 밝은 점인 학교에서는 새 학기가 시작되기 전에 연간 '학습 계약'을 작성함으로써 교사들이 부모와 관계를 맺으려고 노력했다. 그러한 개입을 통해 다음과 같은 중요한 통찰을 얻게 되었다. 어떤 경우에는 아이들이 학교에서 배운 것이 **부모에게 즉시 직접적인 혜택이 될** 수 있었다. 팀원들은 이렇게 말했다. "아이들은 읽고 더하고 빼는 법을 배워서 부모가 국고보조금을 이용하고, 농작물로 벌어들인 금액이나 마을의 가게에 빚진 이자를 계산하도록 도울 수 있었습니다."

이 깨달음을 통해 교사들은 부모에게 다른 방법으로 협조를 요청할 수 있게 됐다. 아이를 학교에 보내는 것은 단지 미래에 아이에게 막연한 이점을 주려는 것이 아니었다(가난할 때는 너무 멀게 느껴질 수 있는 혜택이다). 교사들은 부모에게 분명하고 즉각적인 가치가 될 수도 있는 부분을 부각시켰다. '딸을 학교에 계속 보내면 연말에는 딸이 계산하는 일을 도울 수 있다.'

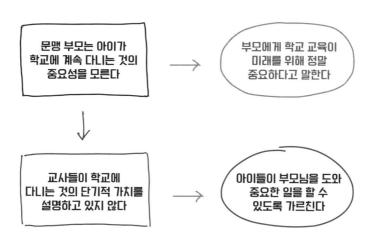

통찰의 결과, 지역 내 두 학군에서 밝은 점 학교의 접근 방식을 도입하기로 결정했다. 그리고 1년 후 학생 유지율이 50퍼센트 증가했다.[12]

또래 집단에서 그와 비슷한 밝은 점을 찾으려면 이렇게 질문하라. '우리가 아는 사람 중에 문제를 해결한 사람, 또는 적어도 문제를 처리하는 더 나은 방법을 찾은 사람이 있는가?'

3. 또 누가 이런 종류의 문제를 처리하는가?

나는 다양한 산업에 종사하는 청중을 대상으로 강의할 때 종종 사람들에게 현재 겪고 있는 문제 하나를 떠올려 보라고 요청한다. 그리고 나서 그 문제를 다른 산업에 종사하는 사람들과 소규모 그룹에서 리프레이밍하는 연습 시간을 갖게 한다.

처음에 사람들은 대부분 그렇게 하는 목적을 알지 못한다. '이 사람들이 내게 무슨 도움이 되겠어? 내 문제는 매우 특수하고 특정 산업에 국한된 문제야. 이곳의 누구도 이런 문제를 접해 본 적이 없잖아. 그래, 단 한 번도 없겠지. 이

5분은 시간 낭비일 뿐이야.'

짧은 토론을 하고 나서 어떤 이야기가 오갔는지 듣다 보면 한 그룹도 예외 없이 이런 말이 나온다. "우리 모두가 똑같은 문제를 겪고 있다는 사실을 알게 됐어요!"

물론, 그들은 똑같은 문제를 겪고 있는 것이 아니다. 세부 사항은 늘 다르지만, 세부 사항 너머를 보면 많은 문제가 작가이자 인지과학자인 더글러스 호프스태터Douglas Hofstadter가 '개념의 골격conceptual skeleton'13이라고 부르는 것을 공유하고 있다. 즉 그것들은 같은 **종류**의 문제다. 그래서 사람들이 이렇게 말하는 것이다. '나도 똑같은 문제를 겪고 있어!'

밝은 점을 찾을 때 세부 사항은 종종 별로 중요하지 않다. 자신의 문제와 정확히 일치하는 것을 찾지 않아도 된다. 사실상 덜 하는 것이 더 하는 것이다. 즉 문제를 '덜' 세부적으로 규정함으로써 다른 데서 더 쉽게 밝은 점을 찾을 수 있다. 다음은 보스턴컨설팅그룹의 헨더슨연구소 소장이자 문제 해결 분야의 지도적인 사상가인 마틴 리브스Martin Reeves의 말이다.

"세부 사항부터 시작해야 한다. '이 문제에서 관찰 가능한 주요 특성은 무엇인가?' 하지만 그 과정이 끝나면 세부 사항에서 조금 떨어져 문제를 더 추상적으로 표현할 방법을 발견해 문제를 개념화해야 한다. 그렇게 함으로써 이렇게 질문할 수 있다. '**또 어디에서 이런 종류의 문제를 보았는가?**'"14

이는 보스턴컨설팅그룹 문제 해결 과정의 핵심 단계로, 다른 산업에서 해결책과 밝은 점을 찾게 한다. 이 단계를 직접 실천하고자 한다면 다음과 같이 질문하라.

- 나는 어떤 종류의 문제에 직면해 있는가? 어떻게 그 문제를 더 폭넓고 일반적으로 생각할 수 있을까?
- 또 누가 이런 종류의 문제를 처리하는가? 그들에게서 무엇을 배울 수 있을까?

다음은 이러한 접근법을 이용한 팀의 이야기다.

화이자의 다문화 문제 해결하기

조던 코언Jordan Cohen은 의료계의 대기업인 화이자에서 일하면서 화이자웍스pfizerWorks라는 성공적인 내부 서비스를 개발했다.[15] 화이자웍스를 통해 화이자 직원들은 자료 조사, 슬라이드 준비, 시장 연구처럼 업무에서 지루한 부분을 골라내어 가상의 분석가 팀에게 아웃소싱할 수 있었다.

화이자웍스가 일을 맡기는 분석가 중 일부는 인도 첸나이에 있었다. 그리고 이런 종류의 서비스치고는 독특하게도 분석가들은 본사를 통해 의사소통하는 대신, 미국과 그 외 지역에 있는 화이자 직원들과 직접 소통하곤 했다.

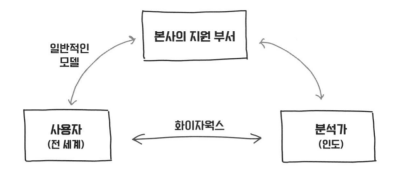

그 방식은 화이자웍스를 훨씬 더 빠르고 비용 효율적인 기업으로 만들었지만 큰 문제를 야기하기도 했다. 조던의 팀원 중 한 명인 세스 아펠Seth Appel이 내게 이렇게 말했다.

"뉴욕에 있는 화이자 직원이 첸나이 팀으로 보고서에 대해 질문하는 메일을 보냈지만 담당자가 사무실에 없었어요. 자, 만약 당신이 서양의 의사소통 규범에 익숙한 누군가에게 메일을 보냈다면 다음과 같이 공손한 답장을 받을 겁니다. '친애하는 케이트에게, 메시지 주셔서 감사합니다. 하지만 죄송하게도 귀하의 프로젝트 책임자 산토시는 지금 사무실에 없습니다. 하지만 그가 그쪽 시간으로 내일 오전 8시에 돌아오면, 즉시 응답할 수 있도록 메시지를 확실히 전달하겠습니다.'"

하지만 케이트는 그 대신에 이러한 한 줄짜리 답장을 받곤 했다. '산토시는 지금 자리에 없습니다.'

그 답장은 많은 분노와 혼란을 야기했다. '뭐 이런 메시지가 다 있어? 내 보고서를 책임지는 사람이 아무도 없는 거야? 제시간에 답변을 받을 수 있을까? 그가 나중에라도 메시지를 전달받기는 하는 건지 다시 물어봐야 하나?' 사회학자이자 중요한 리프레이밍 사상가인 어빙 고프먼Erving Goffman이 꽤 오래전인 1960년대에 지적했듯이, 문화적 규범은 그것을 깨뜨리기 전까지는 거의 느낄 수 없다.[16]

이 문제를 어떻게 해결할 수 있었을까? 그들의 산업 내에서 밝은 점을 찾는 것은 도움이 되지 않았다. 당시에는 어디에서도 분석가들이 사용자들을 직접 상대하도록 허용하지 않았다. 그래서 조던과 세스는 이 문제를 더 개념적인 수준으로 프레이밍했다.

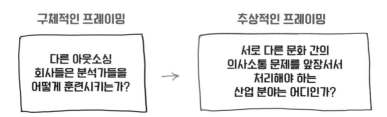

구체적인 프레이밍	추상적인 프레이밍
다른 아웃소싱 회사들은 분석가들을 어떻게 훈련시키는가?	서로 다른 문화 간의 의사소통 문제를 앞장서서 처리해야 하는 산업 분야는 어디인가?

답을 직접 맞혀 보고 싶다면 여기서 잠시 멈춰 질문에 답해보고, 그들이 결국 어떤 종류의 해결책을 찾았을지 생각해 보라.

⟫→

세스와 조던은 서비스업에서 밝은 점을 발견했다. 인도에 근거지를 둔 대형 국제 호텔 체인에서는 프런트 데스크와 안내 서비스를 맡을 직원이 필요했고, 그 직원은 현지인을 포함해 다양한 문화권에서 온 사람들과 의사소통할 수 있어야 했다.

세스와 조던은 호텔이 프런트 데스크 직원을 어떻게 훈련시켰는지 알아내어 분석가들에게 같은 접근법을 쓸 수 있었다. 그러나 그 대신에 훨씬 더 간단한 접근법을 생각해 냈다. '그 호텔에서 일하는 사람을 고용하라.' 세스는 이렇게 말했다.

> "우리 팀은 크게 두 가지 기술이 필요했어요. 일을 할 수 있는 분석 기술과 의사소통할 수 있는 문화적 기술이죠. 그리고 우리는 숙련된 분석가를 고용해 의사소통하는 방법을 가르치는 대신에 다른 문화권과 의사소통하는 데 능숙한 사람들을 고용해 필요한 분석 기술을 가르치는 편이 더 쉽다는 것을 깨달았습니다. 그래서 그렇게 했고, 그게 통했던 것이죠."

4. 문제를 널리 알릴 수 있는가?

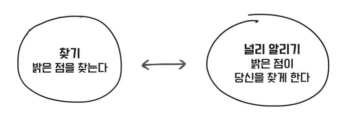

바로 앞에서 다룬 접근 방식은 한 가지 분명한 문제점이 있다. 어디에서 밝은 점을 찾을지에 대해 조금은 알아야 한다는 것이다. 조던 팀은 '**또 누가 다양한 문화 간 의사소통에 문제를 겪고 있을까?**'라고 질문함으로써 대형 호텔과의 연관성을 어렵지 않게 찾아낼 수 있었다. 그러나 도움이 되는 밝은 점이 들어본 적도 없는 산업 내에 존재한다면 어떨까?

그런 경우 다음과 같은 또 다른 접근 방식을 취할 수 있다.

문제를 널리 알려라.**17** 연구 결과에 따르면, 문제를 널리 공유하고 다른 집단에 제시하면 누군가 당신이 몰랐던 밝은 점을 연결해 줄 가능성이 커진다. 다음은 간단한 실천 방법들이다.

- 점심시간에 다른 부서 사람들과 동석해 당신의 문제를 공유하라 (그들에게 어떤 문제가 있는지도 물어라).
- 회사 인트라넷 또는 그와 비슷한 사내 채널에 문제를 공유하라.
- 다른 산업에 종사하는 친구에게 이야기하라(문제가 기밀이 아닐 때에 한해).
- 공개적으로 알릴 수 있는 문제라면 소셜 미디어를 통해 조언을 구하는 것을 고려해 보라.

더 큰 문제, 특히 연구개발 부문에서의 문제는 더 진보된 방법으로 널리 알릴 수 있다. 몇 가지 온라인 문제 해결 플랫폼을 통해 문제를 공유함으로써 전 세계적인 '해결사' 공동체에 도움을 요청하는 방법이 있다. 또 다른 플랫폼은 당신을 전문가 네트워크와 연결해 주거나 당신을 위한 공개적인 아이디어 대회를 열어 줄 수도 있다. 하지만 그런 방법들을 생각하기 전에 더 간단한 방향을 우선 시도해 보라. 이어지는 이야기에서 볼 수 있듯이, 변화를 위해 항상 많은 것이 필요한 건 아니다.

E-850 사례

세계적 과학 기업 DSM의 연구원들이 E-850이라 불리는 새로운 형태의 접착제를 발명했다.[18] 당시에는 확실한 성공작처럼 보였다. E-850이 대부분의 경쟁 제품보다 더 잘 붙고 환경친화적이어서 DSM은 고객들의 관심을 사로잡을 자신이 있었다.

그러나 문제가 생겼다. E-850은 테이블 표면으로 사용되는 합판 종류를 만들기 위해 얇은 나무판을 여러 겹 붙이는 용도로 주로 사용됐다. 하지만 연구원들이 E-850으로 붙인 합판을 코팅하려 하면 가장자리가 떨어지기 시작하곤 했다.

문제가 해결되기 전에는 접착제를 시장에 내놓을 수 없었다. 불행하게도 해결하기 쉽지 않은 문제였다. 연구개발팀은 2년이 지나도록 그 문제를 해결하지 못했다.

그때 DSM 직원 스테번 즈베링크Steven Zwerink, 에릭 프라스Erik Pras, 테오 페르베이덴Theo Verweerden이 문제를 널리 알리기로 결정했다. 그들은 문제 상황을 설명하는 파워포인트 자료를 만들어 각종 소셜 미디어 채널에 공유했다. 사람들의 참여를 유도하기 위해 해결책에 1만 유로(한화 약 1400만 원)의 보상금도 걸었다. 이는 DSM이 제품을 출시할 수 있을 때의 잠재적 이득과 비교하면 아주 적은 금액이었다.

두 달 후 팀은 기쁜 소식과 함께 두 번째 자료를 공개했다. 많은 사람이 문제에 응답을 주었고, 그중 다섯 사람이 낸 구체적인 의견이 합쳐져서 연구원들이 해결책을 찾는 데 도움이 됐다.[19] 그 결과 DSM은 마침내 E-850을 시장에 내놓을 수 있었고, 큰 성공을 거두었다.

덧붙이자면, DSM 사례는 해결책이 생각보다 더 가까이 있을 수도 있다는 사실을 분명히 보여줬다. 해결책을 찾는 데 도움이 된 다섯 명 중 세 명은 DSM에서 일하고 있었다. 한 사람은 과학자였고 또 한 사람은 주요 고객 관리자였다. 나머지 한 사람은 회사 내 특허사무실에서 일하는 수습 변호사였다. 이처럼 문제를 널리 알리면 예상치 못한 곳에서 조언을 들을 수 있다.

문제를 널리 알리는 세 가지 팁

다음은 문제 해결 웹사이트 이노센티브InnoCentive의 창립자인 드웨인 스프래들린Dwayne Spradlin이 이야기한 것으로, 문제를 널리 알릴 때 참고할 만한 세 가지 조언[20]이다.

- 전문용어를 사용하지 말라. 반드시 다른 산업에 종사하는 사람들도 이해할 수 있게 설명하라.
- 배경을 충분히 설명하라. 이 문제를 해결하는 것이 왜 중요한가? 현재 핵심적인 제약 조건은 무엇인가? 이미 시도해 본 것은 무엇인가?
- 해결책을 너무 구체적으로 명시하지 말라. '더 저렴하게 우물을

파는 방법을 알고 싶다'라고 쓰는 대신 '120만 명에게 깨끗한 식수를 제공해야 한다'라고 써라(이 문제에 대한 해결책에는 우물이 포함되지 않을 수도 있다).

>>>→

밝은 점 전략에서 익숙하지 않은 부분은 그 전략이 필요하다는 인식이다. 지금까지 보았듯이, 많은 밝은 점이 우리가 이미 알던 곳에 존재한다. 그리고 **우리 자신의 과거에서** 발견할 수도 있다(이 사실은 아직도 내게 큰 놀라움을 준다). 어쨌든 당신은 그것들을 무의식적으로 찾을 수 있다면 더 좋겠다고 생각할 것이다.

그럼에도 불구하고 우리는 그렇게 할 수 없다. 우리는 모두 **부정 편향** **negativity bias**[21]이라고 불리는 현상 때문에 괴로워하고 있다. 이는 사람들이 좋은 것보다 나쁜 것에 더 신경을 쓰기 쉽다는 단순한 생각을 과학적으로 표현한 것이다. 문제에 직면할 때 우리는 무엇이 잘못되고 있는지에 집중하게 되고, 그래서 잘 작동하고 있는 것에서 필요한 내용을 배우지 못한다.

밝은 점 전략은 이 부정 편향을 바로잡기 위한 것이다. 반대로 생각하고 긍정적인 쪽으로 주의를 돌림으로써(무엇이 잘되고 있는가?) 앞으로 나아가는 새로운 방법을 찾을 수 있다. 밝은 점 전략을 써야 한다는 것을 꼭 기억하라.

긍정적인 예외 주목하기

당신의 문제 서술문을 다시 살펴보라. 각 문제에 밝은 점이 있는지 생각해 보라.

과거에 그 문제를 한 번이라도 해결한 적이 있는가?

우리는 흔히 우리가 과거에 해결했던 문제로 고심한다. 타니아와 브라이언은 아침 식사를 하며 어렵지 않게 의견을 나눴던 경험을 통해 그들의 싸움이 어느 정도는 대화를 나눈 시간대 때문에 일어났다는 것을 깨달았다. 그 점을 염두에 두고, 단 한 번이라도 이런 적이 있었는지 생각해 보라.

- 문제가 없었을 때

- 문제가 덜 심각했을 때

- 또는 문제가 발생했지만, 평상시처럼 부정적인 영향을 미치지 않았을 때

이런 밝은 점에서 배울 수 있는 것이 있는가? 그렇지 않다면 밝은 점으로 이어진 행동이나 상황을 재현할 수 있는가?(요컨대, 효과가 있는 것을 여러 번 다시 시도할 수 있는가?)

집단 내에 긍정적인 아웃라이어가 있는가?

아르헨티나 미시오네스 주의 문맹 부모 이야기를 떠올려 보자. '아웃라이어' 학교 세 곳을 조사함으로써 부모의 학습 관여 문제를 프레이밍하는 더 나은 방법을 발견할 수 있었다.

- 또래 집단에 문제를 해결한 사람이 있는가? 그들이 무엇을 다르게 하고 있는지 알아낼 수 있는가?

또 누가 이런 종류의 문제를 처리하는가?

다른 산업에서 밝은 점을 찾으려면, 화이자웍스 팀이 문제를 더 포괄적이고 추상적인 용어로 기술함으로써 어떻게 호텔 산업에서 밝은 점을 찾을 수 있었는지에 대해 마틴 리브스가 주장한 내용을 기억하라. 같은 방법으로 문제를 해결해 보자.

- 어떻게 당신의 문제를 더 추상적인 용어로 기술할 수 있는가?
- 외부의 다른 산업에서 또 누가 그런 종류의 문제를 처리하는가?
- 비슷한 상황에 있지만, 이런 문제가 '없을' 것 같은 사람은 누구인가? 그들은 무엇을 다르게 하고 있는가?

문제를 널리 알릴 수 있는가?

DSM 사례에서 어떻게 그 기업이 간단한 파워포인트 자료를 이용해 문제를 널리

알리고 해결책을 찾을 수 있었는지를 떠올려 보라. 문제를 해결한 누군가를 찾을

수 없다면, DSM처럼 할 수 있지 않을까?

자신의 행동 돌아보기

아이들과의 만남

어린아이들에게도 리프레이밍을 가르칠 수 있을까?

이 질문 때문에 나는 뉴욕 웨스트체스터에 있는 프로젝트 기반의 혁신적인 학교 허드슨랩스쿨Hudson Lab School까지 가게 됐다. 설립자 케이트 한Cate Han과 스테이시 셀처Stacey Seltzer가 내가 하는 일을 알게 됐고, 그 학교의 학생들을 대상으로 리프레이밍 워크숍을 열어보라고 내 도전 의식을 북돋웠다. 그래서 나는 어느 따뜻한 8월 아침에 그곳에서, 잠시도 가만히 있지 못하는 5~9세의 어린아이들에게 리프레이밍을 가르치게 됐다.

아이들의 문제

그 나이대 아이들에게 어떤 종류의 문제가 있는지 궁금한 사람도 있을 것이다. 자, 다음은 워크숍에서 아이들이 작성한 문제를 그대로 가져와 거꾸로 쓴 글자, 과일주스를 엎지른 것, 모든 이응을 구불구불한 작은 하트로 대신한 것에 대해서만 살짝 수정한 것이다.

"내가 갖고 싶었던 바위에 다른 주인이 있었다."

"에레브(비디오 게임에 나오는 괴물)를 이길 수 없다."

"여동생이 나보다 작아서 때릴 수 없다."

그렇다. 이러한 심오한 실존적 문제들이 작은 인간의 세계를 구성하고 있었다. (다른 사람의 바위를 원하는 문제는 펠로폰네소스 전쟁 이래 거의 모든 인간 갈등의 밑바닥에 잠재해 있다고 말할 수 있다.) 그리고 내가 스테이시와 케이트, 그리고 그 동료들과 함께 수업을 시작했을 때 아이들, 특히 더 어린 아이들의 경우 대다수가 리프레이밍이라는 개념을 이해하는 데 어려움을 겪고 있다는 것을 분명히 알 수 있었다.

마이크라는 아이를 예로 들면, 그 아이의 형은 싸울 때 가끔 그를 때린다고 했다. 마이크의 문제 서술문은 간단명료했다.

'나는 결코 복수할 수 없다.'

마이크가 선택한 해결책도 서술문처럼 간단했다.

'먼저 머리를 때려라.'

워크숍을 통해 마이크는 대안적인 접근 방식을 생각해 내는 것이 도움이 될 수도 있다는 것을 깨달았다. 아이는 곰곰이 생각한 끝에 다음과 같은 해결책을 내놓았다.

'때리지 마라.'

마이크의 기특한 노력에도 불구하고 그의 마음이 첫 번째 해결책 쪽으로 기울고 있다는 본능적인 기류가 느껴졌다. 나는 마이크와 형의 갈등이 계속 추론보다는 현실 정치를 통해 해결됐을 것 같다는 생각이 든다.

그럼에도 불구하고 예외는 있었다. 잠시 마이크와 같은 반 친구인 이사벨라라는 일곱 살 소녀의 입장이 되어, 소녀가 자신의 문제를 어떻게 리프레이밍할 수 있는지 생각해 보자.

'다섯 살짜리 여동생 소피아가 자꾸 위층에서 텔레비전을 같이 보자고 조른다. 정말 짜증 난다.'

이사벨라는 처음에 여동생의 성격이 문제라고 성급하게 결론을 내렸다. 소피아는 짜증 나는 사람이고, 그렇기 때문에 불쌍한 언니를 괴롭히는 걸 즐기는 것이다.

이렇게 생각함으로써 이사벨라는 이른바 기본적 귀인 오류fundamental attribution error[1]를 분명하게 보여줬다. 이는 심리학에서 잘 알려진 현상으로, 본성이 나쁜 사람이라서 나쁜 짓을 한다고 무의식적으로 결론짓는 것을 말한다. '우리 남편은 이기적이야.' '우리 고객들은 멍청해.' '저쪽 편에 투표하는 사람들은 세상이 망하길 바라는 거야.'

그 관점은 떠올리기 쉽고(사실상 우리는 그런 생각을 무의식적으로 한다), 제멋대로 행동하는 것에 면죄부를 준다. 이사벨라는 아마 계속 그 관점에서 생각했을 것이다. 그러나 소녀는 문제를 의심하기 시작했고, 한 선생님에게 약간의 도움을 받아 두 가지 대안적 프레이밍을 생각해냈다.

리프레이밍 1: **어떻게 하면 소피아 때문에 덜 짜증 날 수 있을까?**
리프레이밍 2: **어떻게 하면 소피아가 덜 외로울 수 있을까?**

첫 번째 리프레이밍에서 이사벨라는 자신에게로 관심을 돌려 어떻게 자신의 감정을 조절할 수 있을지 탐구했다. 두 번째 리프레이밍에서는 '소피아는 그냥 짜증 나는 사람이다'라는 관점을 넘어서서 어느 쪽에도 속하지 않는 놀라운 일을 했다. 더 친절하고 인간적인 관점에서 여동생을 보기 시작한 것이다.

다음 장에서 다른 사람의 관점에서 사건을 보고, 그들을 진정으로 이해하려고 의도적으로 노력하는 일이 어떻게 문제 해결과 연결될 수 있는지 더 자세히 살펴볼 것이다. 그전에 통찰을 이끌어 내는 생각 중 가장 간과되고 있는 생각에 대해 알아보려 한다. 우리 자신이 문제 발생에 어떤 원인을 제공하고 있는지에 관한 이야기다.

거울을 들여다보라: 이 문제가 발생하는 데 나는 어떤 영향을 미쳤는가?

지금까지 다룬 전략들은 모두 프레임 밖에 숨겨져 있는 무언가(밝은 점, 더 상위 단계의 목표, 놓치고 있는 이해관계자)를 보는 것이었다.

이 장에서는 반대로 프레임 안, 주로 잘 보이는 곳에 숨어 있는 요인, 바로 **당신**에 대해 이야기할 것이다. 우리는 문제를 생각할 때 너무 자주 그 상황에서 개인으로서든 집단으로서든 우리 자신의 역할을 간과하고 만다.

아마도 이 사실이 그리 놀랍지는 않을 것이다. 우리는 어린 시절부터 우리 자신이 영향을 미치는 것은 편리하게 생략하고 이야기하도록 배웠다.

갑자기 창문과 꽃병이 깨지고 만다. 동생이 저 혼자 울기 시작한다. 우유가 가득 담긴 유리잔들이 식탁에서 바닥으로 몸을 휙 내던져 일을 벌인다.

연구 결과에 따르면, 이 현상은 성인이 돼서도 변하지 않고 계속된다.[2] 그러한 예는 많다. 이제 나는 1) 입증되지 않은 이야기일 확률이 높지만, 2) 어쨌든 공유하지 않기에는 너무 괜찮은 이야기를 하나 소개하려 한다. 1977년 한 신문 기사에서 운전자들이 자동차 사고를 당한 후에 보험 청구서에 쓴 내용[3]을 주의 깊게 살펴봤다고 한다.

> **"보행자가 내 차에 부딪히더니 차 밑으로 들어갔다."**
>
> **"내 차가 다른 차를 향해 뒤로 미끄러졌을 당시에 합법적으로 주차된 상태였다."**
>
> **"교차로에 다다랐을 때 울타리가 불쑥 솟아올라 내 시야를 가렸다."**

실제 이야기든 아니든 위에 인용된 문장들은 다음과 같은 진실을 정확히 포착하고 있다. 우리는 언제나 우리 자신을 분명하게 보는 데 너무 서툴다. 그리고 문제에 직면했을 때 자신이 한 행동을 조금도 고려하지 못한다.

거울을 들여다보기 위한 세 가지 전술

좋은 소식이 있다. 우리가 자신을 더 정확하게 인식하기 위해 할 수 있는 것들이 있다. 다음은 문제가 발생하는 데에서 당신이 한 역할을 더 잘 알아내기 위한 세 가지 전술이다.

1. 자신이 어떻게 원인을 제공했는지 탐구하라.

2. 문제를 당신이 다룰 수 있는 수준으로 축소하라.

3. 외부에서 당신을 어떻게 보는지 알아보라.

하지만 경고하자면, 이 전략은 다른 전략들보다 더 고통스러울 수 있다. 프레임 밖을 보거나 목표를 재검토하는 것은 아주 힘든 일이 아니며, 밝은 점을 찾는 것은 긍정적이고 즐거울 수 있다. 그러나 거울을 오래 그리고 열심히 들여다보며 우리가 문제 발생에 어떤 역할을 했는지 정직하게 마주하는 것은 불편할 수 있다. 치과 가는 일을 피하듯 어떤 사람들은 이 일을 피하려고 온갖 노력을 다할 것이다.

내가 건네줄 조언은 이것뿐이다. 불편을 감수하라. 고통스러운 진실을 인정하는 능력이 때로는 가장 자유롭고 편안한 해결책으로 향하는 길이 될 수 있다. 사실 내가 만난 가장 뛰어난 문제 해결사는 자기반성의 고통을 포용하거나 받아들이기만 하지 않았다. 적극적으로 그것을 찾았다.[4] 이 과정을 통해 앞으로 나아갈 수 있다는 것을 알기 때문이다.

1. 자신이 어떻게 원인을 제공했는지 탐구하라

데이트 앱이나 데이트 웹사이트를 이용해 본 적이 있는가?[5] 있다면 사람들이 작성한 프로필이 시간이 지나면서 앱에 대한 그들의 경험이 반영되어 달라진다는 사실을 알아차렸을 것이다.

사람들이 처음에 프로필을 작성할 때는 평범하고 행복하면서도 무

의미한 말을 쓴다. '저는 강아지, 오토바이, 그리고 바닷가에서 산책하는 것을 좋아해요.' 하지만 얼마 지나지 않아 프로필에 그들이 어떤 만남을 경험했는지 알려주는 세부 정보가 추가된다.

- 메시지 보낼 때 '잘 지내?'라고만 써서 보내지 마세요.
- 실물과 다른 사진은 올리지 마세요.
- 실물이 사진과 다르면 술값은 본인이 내세요.

그리고 '드라마(관계 내에서 극적인 상황이 자꾸 벌어지는 것 – 옮긴이) 사절'인 사람들이 있다. 데이트 앱 프로필에 '드라마 쪽은 제 취향이 아닙니다'라고 적거나 '드라마 사절!!!!!'이라고 적는 사람들[6]이다. 누군가의 프로필에서 이 문구, 특히 굵은 글씨로 쓰여 있는 문구를 본다면 그들이 지난 관계에서 많은 드라마를 경험했다고 추측할 수 있다.

왜 이런 일이 일어날까? 그들이 정말 결백하다면 그동안 운이 나빴거나 극적인 관계를 맺는 경향이 있는 사람들이 많이 사는 지역에 우연히 살게 됐다고 원인을 추측해 볼 수 있다. 하지만 그와 동시에 그들이 상대를 더 애타게 해서 괴롭히고 있을 가능성을 의심하지 않을 수 없다. 즉 **그들은 드라마를 유발하는 사람이거나** 적어도 같이 만드는 사람이다.

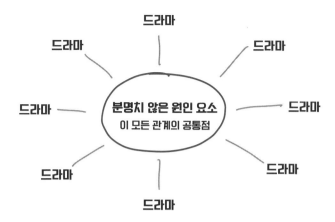

최소한 그들은 드라마를 만들지는 않더라도 드라마를 만드는 파트너를 선택하는 경향이 있을 것이다. 그러므로 어쩌면 데이트 상대를 고르는 데 사용하는 필터링 방법을 재검토할 필요가 있다.

자신의 행동이 문제를 발생시키는 데 어떻게 일조하는지에 대해 우리의 삶이 때때로 이와 비슷한 단서를 보여줄 수 있기에 이 사례를 공유한다. '아무도 내게 솔직한 피드백을 주지 않는다. 아, 내가 시종일관 징징거리던 남자를 해고하기 전까지는 그렇지 않았다.'

문제에 직면하면 다음과 같이 질문하는 시간을 가져라. '나 자신의 행동이 그 문제에 어느 정도 원인을 제공하고 있을 수도 있는가?'

- 우리가 보내는 거의 모든 아이디어가 본사/법률/규정에 의해 거부당하고 있다! 아이디어를 생각하거나 제안하는 방식을 재고해야 할까?
- 영업 사원들이 정말 얼렁뚱땅 일한다. 그들의 보고서에는 오류가

많고 그마저도 늦게 제출한다. 보고 양식을 간소화해야 하는 것은 아닐까? 이 일을 다르게 처리할 수 있을까?

- 우리 직원들은 협업을 잘하지 못한다. 우리는 리더로서 직원들이 그렇게 행동하는 데 어떤 영향을 주었는가?
- 나는 아이들에게 전자 기기를 내려놓으라고 끊임없이 말해야 한다. 내 휴대폰으로 뭔가를 확인하면서 아이들에게는 이렇게 말하는 것이 타당한가?

'탓'이라는 말을 피하라

당신도 아마 느끼겠지만, 거울 들여다보기를 실행으로 옮기는 것은 어려울 수 있다. 여러 사람이 관련돼 있을 때는 두 배로 어렵다. 왜냐하면 문제가 종종 같은 방에 있는 누군가 때문에 발생하기 때문이다(더 나쁜 경우는 문제가 같은 방에 앉아 있는 '누군가'일 때다).

한 가지 유용한 방법은 '탓'이라는 말을 피하고 그보다는 '원인 제공'이라는 개념에 관해 이야기하는 것이다. 이 조언은 하버드 협상 프로젝트의 더글러스 스톤Douglas Stone, 브루스 패튼, 쉴라 힌이 함께 쓴 경영 고전《우주인들이 인간관계로 스트레스 받을 때 우주정거장에서 가장 많이 읽은 대화책Difficult Conversations》에 나온다. 쉴라는 내게 이렇게 말했다.

" '누구 탓인지'를 묻는 것은 실제로, '누가 망쳤고 누가 처벌을 받아야 하나?'라고 묻는 것이기 때문에 문제가 될 수 있습니다. 탓이라는 말은 누군가 객관적으로 '잘못된' 일을 했음을 시사합니다. 예컨대, 규칙을 어기거나 무책임하게 행동한 것을 말하죠. **원인 제공**은 그렇게 추정하지 않습니다. 당신이 원인을 제공한 행동 중 많은 부분이 합리적일 수는 있지만, 그렇더라도 도움이 되지 않았다는 것을 의미합니다. 원인 제공은 더 진보적인 관점이기도 합니다. 우리가 다음에 더 잘하기 위해 무엇을 변화시켜야 하는지를 말해 주기 때문이죠. 그리고 결정적으로 그것은 잘못이 일반적으로 두 사람 이상이 행동한 결과라는 것을 나타냅니다. **'그래요. 당신이 길을 잘못 들어서 우리가 비행기를 놓쳤어요. 하지만 공정하게 말하면 만약 내가 늦게 출발하는 비행기로 예약했다면 실수를 만회할 시간적 여유가 있었을 거예요.'"[7]**

그러나 잘못에 여러 사람이 원인을 제공했다는 것이 모두 똑같이 잘못했음을 의미하지는 않는다. 그 결과를 초래한 것은 여전히 주로 한 사람의 행동일 수 있다. 하지만 중요한 것은 문제를 하나의 시스템으로 보는 것이다. 그러한 넓은 시각을 가진다면 단순히 한 사람의 행동에 초점을 맞추는 대신, 그 상황에 적용할 수 있는 개선 방안을 찾게 된다. 타의 추종을 불허하는 스웨덴 통계학자 한스 로슬링Hans Rosling은 이렇게 말했다. "우리는 누구의 얼굴을 가격할지 일단 결정하고 나면 다른 곳에서 원인을 찾기를 멈춘다."[8]

다음은 석유 및 가스 산업에서 책임자로 일하는 존이 공장을 경영하면서 어떻게 이 방법을 실행으로 옮겼는지에 관한 이야기다.

"공장에서 뭔가 잘못되면 관련 당사자들은 그 상황에 대해 보고하고 문제를 개선할 방법을 생각해 내기 위해 내 사무실로 불려왔어요. 그 상황에서는 사람들이 자연스럽게 자신에게 책임을 물을까 봐 걱정하며 어느 정도 방어적인 태도를 보입니다. 미래의 문제를 예방하는 데 정말 좋지 않은 방법이죠. 그래서 나는 항상 정해진 질문으로 대화를 시작하는 습관을 들였습니다. '**회사가 어떤 점에서 당신을 실망시켰는지 말해 주세요.**'"[9]

그 질문은 사람들에게 강력한 영향을 미쳤는데, 사장이 그저 책임을 물을 누군가를 찾는 것이 아니라는 점을 깨닫게 했기 때문이다. 존의 태도 덕분에 그들은 외부적인 원인뿐 아니라 자신이 어떻게 원인 제공을 했는지를 탐구했고, 그것은 문제의 재발을 어떻게 막을지에 대한 건설적인 대화로 이어졌다. 책임 소재가 아닌 원인 제공에 초점을 맞춤으로써, 그리고 잘못에는 다양한 원인이 있을 수 있다는 가능성을 열어둠으로써 존과 직원들은 힘을 합쳐 공장을 크게 개선할 수 있었다.

2. 문제를 당신이 다룰 수 있는 수준으로 축소하라

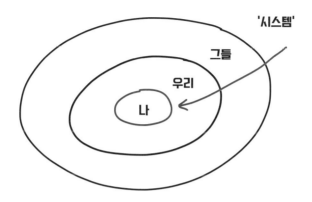

당신이 정말 아무것도 할 수 없는 수준에서 문제를 프레이밍하고 싶다는 생각은 매우 강력한 유혹이다.

- CEO가 그것을 진짜 우선순위로 두겠다고 결정할 때까지 우리는 혁신할 수 없다.
- 더 빠른 업무 속도? 그것을 이루려면 우선 우리 회사의 IT 시스템을 대대적으로 정비해야 할 것이다.
- 내가 새 노트북과 몇 가지 전문가용 글쓰기 소프트웨어를 살 수 있다면, 그리고 이탈리아에 있는 호숫가의 작은 오두막집에서 반년의 안식 기간을 가질 수 있다면 당선작이 될 소설을 쓰기 시작할 것이다.[18]

시스템 수준에서 해결돼야 할 문제 프레이밍을 고집하는 것은 '불가능한 것을 하려는' 노력이나 완전한 체념을 통한 무기력으로 이어질 수 있다. 작가이자 칼럼니스트인 데이비드 브룩스David Brooks는 이렇게 말했다. "문제를 엄청나게 처리하기 힘든 것처럼 보이게 하는 것은 당신과 문제 사이에 벽을 세우는 일이다. 이 행동은 문제를 해결하는 대신 당신과 문제를 분리시킬 것이다."[11]

이러한 현상에 맞서려면 문제가 아무리 커 보이더라도 당신 수준에서 할 수 있는 일들이 있을 때가 많다는 사실을 기억하라. 결정적인 전술은 이렇게 질문하며 문제를 축소하는 것이다. **'문제의 일부분에 내가 뭔가 할 수 있는 일이 있지 않을까? 상황을 좀 더 좁게 봄으로써 문제를 해결할 수 있지 않을까?'**

'사악한' 문제: 부패

부패를 생각해 보라. 부패로 몸살을 앓는 나라에서 살아본 적이 있다면 알겠지만, 이 사회적 병리는 문화적 규범('**다른 사람들도 다 그렇게 하니까 나도 그렇게 해야겠다**')을 포함해 사회의 거의 모든 측면에 작용하고, 이와 싸우는 것은 매우 어려운 일이다. 부패는 '사악한 문제wicked problem'[12]로 불려왔다. 그것은 '정말 멋진 문제'를 나타내는 서퍼들만의 서핑 용어 같은 것이 아니고, 거의 해결할 수 없을 정도로 너무 복잡한 문제를 나타내는 용어다.

하지만 부패한 시스템 안에 있는 사람들은 때때로 그들 수준에서 반격할 방법을 찾는다. 한 가지 고무적인 사례가 우크라이나의 보건의료 시스템에서 나왔다.[13] 언론인 올리버 벌로Oliver Bullough가 설명했듯이,

예전에 우크라이나 병원의 공급망은 부패의 온상이었다. 병원이 약이나 의료 장비를 사야 할 때마다 여러 명의 부패한 중간상이 현금을 빼돌렸기 때문에 가격이 엄청나게 부풀려졌고 장비는 누락됐다. 그런 일은 어떤 비즈니스에도 악영향을 미치겠지만, 병원에서 일어날 때는 환자들이 불필요하게 고통받고 때로는 죽기도 한다.

마침내 우크라이나 보건부의 일부 공무원들이 정책 변경을 강행했고, 상황은 갑자기 훨씬 좋아졌다. 어떻게 그럴 수 있었을까? 그들은 약 구입을 국제연합의 외국 기관으로 아웃소싱했고, 그렇게 함으로써 부패한 중간상들을 일거에 모조리 배제할 수 있었다. 벌로에 의하면, 그 계획은 수백 명의 생명을 구했고 2억 2200만 달러(한화 약 2600억 원)를 절약하는 성과를 거두었다.

우크라이나는 여전히 심각한 부패 문제로 고통받고 있다. 그러나 한 가지 작은 방법으로 문제의 일부분이 해결됐다. 관료, 회계사, 의료 전문가들이 현재 상태를 받아들이는 대신 그들 수준에서 무엇을 할 수 있는지 알아보기로 결정한 결과였다. 같은 방법으로, 당신이 직접 뭔가를 할 수 있도록 문제를 리프레이밍해 볼 수 있지 않을까?

3. 외부에서 당신을 어떻게 보는지 알아보라

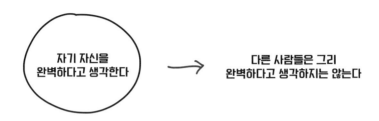

조직심리학자 타샤 유리크Tasha Eurich는 《자기통찰Insight》에서 내적 자기인식과 외적 자기인식의 중요한 차이점에 관해 이야기한다.[14]

- 내적 자기인식은 자신의 감정을 살피는 것이다. '자기 자신을 아는 것'으로 이해할 수 있다. 자신의 가치관, 목표, 생각, 느낌을 잘 아는 것이다.
- 외적 자기인식은 **다른** 사람들이 자신을 어떻게 보는지에 대해 인식하는 것이다. 자신의 행동이 당신과 관계를 맺고 있는 사람들에게 어떤 영향을 미치는지 알고 있는가?

유리크는 두 가지 특성이 반드시 연결되는 것은 아니라고 주장한다. 누군가는 6개월 동안 산꼭대기에 머무르며 자신의 핵심 가치와 신념에 대해 조용히 명상하고 내려와서도 주위에 있는 모든 사람이 자신을 오만하고 속을 털어놓지 않는 사람이라고 생각한다는 사실을 전혀 모를 수 있다. (이 지점에서 '예전에 나도 이런 상사랑 같이 일한 적이 있지!'라고 말하는 사람들이 있다. 이 장에서 이야기하는 정신에 입각해 말하자면, 당신이 이렇게 말하는 사람 중 하나라면 당신의 하급자 중 누군가도 어쩌면 당신을 그렇게 느끼지 않았을지 생각해 보자.) 인간관계에 관한 문제를 해결하려면, 당신이 다른 사람들에게 어떻게 이해되고 있는지를 더 잘 인식하기 위해 노력하라.

나에 대한 생각을 묻는 방법

내 친구이자 동료 작가인 사회심리학자 하이디 그랜트 할버슨**Heidi Grant Halvorson**은 이 방법에 대한 간단한 팁을 가지고 있다. 좋은 친구나 동료를 찾아 그에게 물어라. '사람들이 나를 처음 만났을 때 어떤 인상을 받을 것 같아? 그리고 그게 내 진짜 모습과 어떻게 다르다고 생각해?'

하이디는 이렇게 말했다. "그 질문을 통해 당신이 알지 못했던 자기 자신의 여러 측면에 대해 어떤 즉각적인 통찰을 얻게 될 것입니다. 그리고 그들에게 그들 자신이 아니라 모르는 사람이 어떻게 느낄지를 물음으로써 덜 긍정적인 의견도 공유할 수 있게 합니다."[15] ('저기, 밥, 사람들은 네가 그저 전반적으로 평범하다고 보고, 완전히 무능력하다고 오해할 수도 있을 것 같아.')

어쨌든 이 전술이 지금까지 공유했던 다른 전술들과는 다르다는 사실을 알 수 있을 것이다. 이 전술은 당면한 문제보다 당신 자신에 더 초점을 맞춘다. 외적 자기인식을 개선함으로써 당신은 현재의 문제는 물론 당신이 만날 미래의 모든 문제에 대해 우위를 차지할 수 있다[16](이것을 하이디의 질문을 이용함으로써 얻을 수 있는 추가적인 인센티브로 생각하라).

권력 때문에 못 보는 것을 극복하기

동료에게서 솔직한 피드백을 얻는 것이 어렵다면, 당신이 이끄는 사람들에게서 피드백을 얻는 것은 더 어려울 수 있다. 이는 단지 힘의 불균형 때문에 그들이 솔직한 피드백을 줄 가능성이 작아지기 때문만은 아니다. 컬럼비아 대학교의 심리학자 애덤 갈린스키Adam Galinsky와 그의 동료들은, 권력을 가지는 것이 다른 사람들의 관점을 이해하는 능력을 떨어뜨린다[17]고 설명했다.

이를 바로잡고 직원들과 관련된 문제에 대해 정말로 정확한 관점을 얻으려면, 외부인들을 이용해야 할 수도 있다. 다음은 그렇게 했던 한 회사의 사례다.

사용자 편의성 문제 리프레이밍

스티븐 호킹의 휠체어 소프트웨어 업데이트 작업을 했던 디자이너, 크리스 데임을 떠올려 보라. 몇 년 전에 크리스는 포춘 500 기업에서 문제 해결을 돕게 됐다.[18] 구체적으로 말하면, 최근에 고객사는 직원들이 여러 프로젝트에 걸친 지식과 자원을 공유할 수 있도록 소프트웨어 플랫폼을 샀다. 문제는 아무도 그 시스템을 이용하지 않는다는 것이었다. 크리스는 이렇게 말했다.

"고객사는 직원들과 나눈 대화를 근거로 사용자 편의성에 문제가 있다고 생각하면서 우리를 찾아왔습니다. 직원들은 이렇게 말했어요. '정보를 입력하기가 너무 번거로워요.' '저는 정말 그것을 쓸 시간이 없어요.' 그 문제 프레이밍은 시스템을 단순하게 바꿀 것을 요구하고 있었고, 그것은 결국 우리가 해야 할 일이었죠."

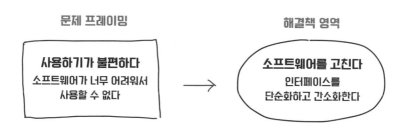

하지만 크리스는 문제 진단을 점검하는 것의 중요성을 알았다.

"내 경험에 따르면, 고객이 문제를 이야기할 때 다섯 번 중 네 번은 그 문제에 다시 생각해야 할 부분이 있어요. 그리고 다시 그 네 번 중 한 번은 그들이 처음에 해결하려고 초점을 맞췄던 문제가 완전히 잘못된 문제였던 적이 많았습니다."

그런 이유 때문에 크리스는 작은 워크숍을 여러 번 열어 고위 간부가 아닌 직원들만 참석하게 하고 함께 문제를 탐구하기 시작했다.

"일단 직원들이 나 같은 외부인과 비공개를 전제로 자유롭게 대화할 수 있게 되자 전혀 다른 문제가 드러나기 시작했어요. 무엇보다도 직원들은 지식과 정보를 공유하지 않는 편이 고용 보장에 도움이 된다고 여겼어요. 가지고 있는 정보를 나누는 것으로는 직장 생활에서 어떠한 혜택도 얻을 수 없으며, 오히려 자기 자리를 다른 사람에게 빼앗길 위험만 커진다고 느낀 것이죠."

크리스는 이것이 단순한 느낌이 아니었다는 것을 알게 됐다. 그 회사는 직원들에게 주로 참여한 프로젝트를 기준으로 보상하고 승진 기회를 주었다. 결과적으로 모든 직원이, 성공하는 프로젝트에 참여하기 위해 늘 경쟁했고, 다른 사람을 돕는 것에는 아무런 장려책이 없었던 것이다.

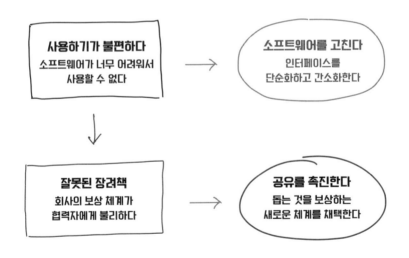

그러한 통찰 덕분에 고객이 장려책 체계를 바꾸도록 설득했다. 회사는 새로운 측정 기준인 '전문가 등급'을 만들어 얼마나 많은 동료를 도

왔는지, 그리고 도움을 받은 동료들이 얼마나 만족했는지를 측정했다. 이 전문가 등급은 조직 내의 모두에게 공개되어, 다른 사람의 일에 크게 기여한 사람을 인정하는 문화를 만들었다. 그리고 결정적으로 경영진이 직원의 승신을 결정할 때에도 전문가 등급이 반영되기 시작했다. 이 새로운 해결책이 시행되자마자 직원들이 지식 공유 플랫폼을 사용하기 시작했고, 큰 성과를 거둘 수 있었다.

기업의 자기인식

타샤 유리크와 하이디 그랜트 할버슨은 개인에 관해 말했지만, 이는 기업에도 꽤 잘 적용되는 이야기다. 기업은 강한 기업 문화를 가지고 가치관을 분명하게 나타낼 수 있지만, 다른 사람들(특히 고객과 미래의 직원들)이 기업을 실제로 어떻게 보는지에 대해서는 무지할 수 있다.

이미지는 아첨하지 않는 경우가 많다. 공평하든 불공평하든(나는 불공평할 때가 많다고 생각한다) 큰 기관, 특히 영리 기업뿐 아니라 정부 조직을 국민들은 일반적으로 부정적인 시각에서 바라본다. 내 동료 패디 밀러Paddy Miller는 이렇게 말하기를 좋아했다. "대기업이 착한 역할로 나왔던 할리우드 영화를 마지막으로 본 게 언제지?"

대기업에서 일하는 사람들이 이 현실을 마주하면 사기가 떨어질 수 있다. 생명을 구하기 위해 헌신적으로 일하는 제약회사의 직원들은 일부 소비자들이 자신이 다니는 회사를 담배회사보다도 믿을 수 없다고 생각한다는 사실을 실감할 때 몹시 괴로워한다. 좋은 일을 하려고 공직에 나선 사람들은 정치인과 공공 부문에 대한 몹시 진부한 고정관념을 마주하게 된다. 크게 성장한 스타트업은 아마 스스로를 야비한 기존 업체들과 싸우는 지리멸렬하지만 일 잘하는 외부인이라고 계속 생각하겠지만, 소비자들은 그들을 점점 더 기존 업체들처럼 바라본다.

이 모든 사례에서 거울을 철저하게 들여다보는 것은 감당하기 고통스러운 과정일 것이다. 하지만 그렇다고 해도 그것이 상황을 더 좋게 만들기 위한 필수적인 단계라는 것만은 기억하라.

자신의 행동 돌아보기

자신의 문제 서술문을 다시 보라. 각 문제에 대해 다음과 같이 하라.

자신이 어떤 원인을 제공했는지 탐구하라

쉴라 힌과 공동 저자들이 이야기한, 책임 소재보다 원인 제공에 초점을 맞춘다는 생각을 떠올려 보라. 지금 자신이 마주한 문제는 당신을 포함한 여러 사람의 행동의 결과일 수 있다.

- 자신에게 질문해 보라. '이 문제가 발생하는 데에 내가 한 역할은 무엇인가?'

- 당신이 문제에 원인을 제공하지 않았더라도, 그 상황에 다르게 반응할 수 있었을지 생각해 보라(일곱 살 소녀 이사벨라가 어린 여동생과 관련된 문제에 어떤 리프레이밍을 실행했는지 떠올려 보라).

문제를 당신이 다룰 수 있는 수준으로 축소하라

하나의 문제는 동시에 여러 가지 수준으로 존재할 수 있다. 예를 들어 부패는 개인 수준, 조직 수준, 사회 수준으로 존재한다. 모든 문제가 당신의 행동 때문에 일어나는 것은 아니다. 그리고 모든 문제가 당신이 다룰 수 있는 규모로 발생하는 것도 아니다. 하지만 그렇다고 해서 당신 수준에서 문제를 조금도 해결할 수 없다는 의미는 아니다. 너무 커서 해결할 수 없을 것 같은 문제를 마주한다면 이렇게 질문해 보라. 당신 수준에서 무언가 할 수 있도록 문제를 프레이밍할 방법이 있는가?

외부에서 당신을 어떻게 보는지 알아보라

외적 자기인식 개념을 기억하라. 당신은 다른 사람들에게 어떻게 인식되는가? 이에 대해 더 정확하게 조사하려면

- 친구에게 모르는 사람이 당신을 어떻게 볼지 평가해 달라고 부탁하라.
- 당신이 리더라면, 또는 당신이 기업 수준의 문제를 탐구하고 있다면, 조직에 대한 외부의 견해를 얻기 위해 중립적인 외부인의 도움을 받는 것을 고려하라.

마지막으로, 거울을 들여다보기 위한 세 가지 전술을 활용할 때는 불편한 발견을 각오해야 한다. 앞으로 나아가는 가장 좋은 방법을 발견하기 위해서는 약간의 고통을 겪어야 할 수도 있다.

다른 사람의 관점에서 보기

포스터들이 효과가 있었을까?

사무실 건물들을 방문할 때 나는 엘리베이터만 유심히 보는 게 아니다. **회사 내부 직원을 대상으로 하는 홍보용 포스터**, 즉 동료들이 새로운 사내 이니셔티브(특정한 문제 해결 및 목적 달성을 위해 리더가 수립하는 새로운 단계별

계획 – 옮긴이)에 대해 알 수 있도록 복도와 회의실에 붙이는 포스터에도 시선을 빼앗긴다.

세 가지 프로젝트 이야기

193~194쪽에서 그런 포스터들을 스케치한 예시를 볼 수 있는데, 내가 함께 일했던 포춘 500 기업 중 세 곳의 포스터다(193쪽의 두 개는 같은 프로젝트의 포스터다). 세 경우 모두 회사 내부의 한 팀이 웹 기반의 새로운 이니셔티브에 동료들을 끌어들이려고 애쓰고 있었다.

포스터들을 하나하나 살펴보자. 각 포스터가 효과가 있었을지 없었을지 추측해 보라. 사람들이 서비스에 가입했을까? 그런 다음 왜 그렇게 생각했는지 설명하라. 각 포스터에 대해 당신이 '그래, 이건 효과가 있었을 거야' 또는 '아니야, 사람들이 아마도 가입하지 않았을 거야'라고 생각하게 만든 것은 무엇인가? 간단하게 힌트 하나를 주자면, 성공한 것과 실패한 것이 적어도 하나씩은 있다. 물론 아주 적은 정보만 알려줬으므로 추측이 틀리더라도 부끄러워할 이유가 전혀 없다.

포스터 문제의 답은 이 장을 읽어 나가는 동안 하나씩 밝혀질 것이다.

서로를 이해하는 기술

내가 이런 포스터들에 매료된 이유는 이것이 각 팀의 능력을 보여주는 증거이기 때문이다. **영향을 미치려는 상대를 이해하는** 능력 말이다. 다른 사

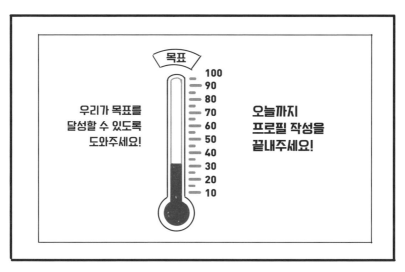

람들이 세상을 어떻게 보는지, 특히 당신과 어떻게 다르게 보는지 알아내는 것은 아마도 리프레이밍의 가장 기본적인 형태일 것이다. 그리고 우리가 직장에서, 가정에서, 그리고 세계적으로 직면하는 많은 문제를 해결하는 데 가장 중요한 능력이다.

나쁜 소식은 우리가 다른 사람이 상황을 어떤 관점에서 보는지 이해하는 데 그다지 능숙하지 못하다는 것이다. 영화 〈매트릭스Matrix〉에 나오는 장면처럼, 이는 마치 우리 자신의 머릿속에 다른 사람의 시뮬레이션을 돌리는 것과 같다. 다만 시뮬레이션이 종종 미숙하고 저성능이기 때문에 친구·고객·동료가 실제로 무엇을 생각하고 느끼는지에 대해 잘못 추측하면, 온갖 곤경에 빠지게 된다.

좋은 소식은 다른 사람을 이해하는 능력이 고정된 불변의 특성이 아니라는 것이다. 연구 결과에 따르면, 다른 사람들에 대한 이해력은 개선될 수 있다.[1] 그리고 그렇게 하면 더 나은 결과로 이어지는 경향이 있다. 그렇다면 어떻게 개선할 수 있을까?

한 가지 방법은 문제의 사람들과 밖으로 나가 함께 시간을 보내는 것이다. 누군가를 더 잘 알고 싶다면, 그 사람과 보내는 개인적인 시간을 늘리라는 것[2]이 깜짝 놀랄 만큼 기발한(그리고 연구 결과로 뒷받침되어야 하는) 아이디어는 아니다.

이러한 노출이 해결책의 전부는 아니다. 주기적인 노출만으로도 충분했다면, 우리 사장님들은 우리를 아주 잘 이해할 것이고 동업자와 가족들은 우리를 완벽하게 이해할 것이다. 하지만 가족 간에도 갈등을 겪는 것을 보면 누군가와 말 그대로 일생을 함께하면서도 여전히 상대방의 관점을 이해하지 못할 수도 있다.

다른 사람의 관점에서 보라

이 지점에서 조망 수용perspective taking이 등장한다. 밖으로 나가 누군가를 알아 가는 것에 시간을 투자하는 물리적 행동이 노출이라면, 인지적 관점에서 노출에 대응되는 개념이 조망 수용이다.[3] 이는 상대방의 입장에 서면 어떨지, 주어진 문제나 상황이 그 사람의 관점에서는 어떻게 보일지 신중히 생각하는 데 정신적 에너지를 쏟는 것이다.

이를 보통 '감정이입'이라고도 부르지만, 조망 수용은 그 이상의 의미가 있다. 연구 문헌에 따르면, **감정이입**은 다른 누군가가 느끼고 있는 것을 같이 느끼는 능력으로 정의된다. 이에 비해 조망 수용은 더 광범위하고 인지적으로 더 복잡한 현상이고, 단지 다른 사람의 즉각적인 감정이 아닌 배경과 세계관을 이해하는 것을 목표로 한다.

그 차이에 대한 예로, 이웃이 울타리를 만들다가 망치에 손가락을 찧었다고 상상해 보라. 감정이입은 이웃이 손가락을 찧었을 때 그의 고통을 느끼는 것이다. 조망 수용은 왜 그가 울타리를 만들어야 한다고 생각했는지 이해하는 것이다(동정이라는 말도 떠올릴 수 있는데, 반드시 이웃의 고통을 느끼지는 않으면서도 불쌍하게 여기거나 처지를 알아주는 것이다.)

조망 수용은 노출을 추가적으로 보완하거나 현실에서 확인하는 형태(다음 장에서 일부 다룰 것이다)가 아니다. 오히려 *그것을 위한* **전제 조건**이다. 만약 이미 사람들을 이해하고 있다고 생각한다면, 왜 그들과 이야기하는 데 시간을 낭비하겠는가? 때때로 조망 수용은 실행 가능한 유일한 선택지일 수 있다. 사람들에게 더 많이 노출될 시간 혹은 기회가 항상 있는 것은 아니기 때문이다(관련된 사람들을 방으로 불러들일 만큼 똑똑한 사람이 있는 경우가 아니라면, 당신은 분명 리프레이밍을 논의하는 단 10분 동안 그런 시간을 가질 수는 없을 것이다).

여기, 조망 수용을 제대로 하기 위한 세 가지 중요한 단계가 있다.

1. 조망 수용을 반드시 하라.
2. 자신의 감정에서 벗어나라.
3. 합리적인 이유를 찾아라.

1. 조망 수용을 반드시 하라

조망 수용에 관해 사람들이 가장 자주 저지르는 실수는 이를 잘못하는 것이 아니다. **조망 수용을 전혀 하지 않는 것이다.** 조망 수용 분야의 선도적 연구자인 니컬러스 에플리Nicholas Epley는 유진 카루소Eugene Caruso와 함께 발표한 논문에서 이렇게 말했다. "정확한 조망 수용의 가장 즉각적인 걸림돌은 애초에 그것을 하지 않는다는 것이다."[4]

많은 연구에서 다른 사람들에 대한 시뮬레이터를 활성화하지 못한 사례가 발견됐다. 기억에 남는 한 사례에서 연구원 야히엘 클라Yechiel Klar와 아일라스 E. 길라디Eilath E. Giladi는 학생들에게 이 질문에 답해 달라고 요청했다. **'평균적인 학생과 비교하면 당신은 얼마나 행복합니까?'**[5] 그러나 학생들은 그 질문에 대답하지 않았다. 그 대신에 다른 학생들이 얼마나 행복할지에 대해 생각하라고 요구하는 부분은 완전히 지워버리고, 훨씬 더 간단한 질문인 '당신은 얼마나 행복합니까?'에 대답하는 것 같았다. 다른 사람의 관점에서 보는 것은 전등 스위치를 켜는 것처럼 **적극적인** 행동이다.

이 논의를 전제로 하고, 여기에 제시된 바로미터 포스터를 다시 생각해 보라. 이런 의사소통 방식을 선택한 것에 대해 어떤 생각이 드는가?

두 가지 실수가 보인다. 하나는 감지하기 어렵다. 목표 달성율이 약 30퍼센트로 설정돼 있다. 이 포스터는 사람들에게 **동료 중 대다수가 이니셔티브에 아직 가입하지 않았다**는 사실을 말해 주고 있다. 심리학자 로버트 치알디니Robert Cialdini가 상세하게 설명했듯이, 특히 이런 유형의 부정

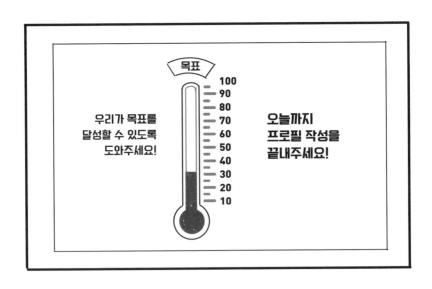

적인 사회적 증거[6]는 가입률을 떨어뜨릴 가능성이 있다.

두 번째 실수는 더 뚜렷하게 드러난다. 메시지가 메시지를 **보내는 사람**의 필요에 대해서만 말하고 있다. 포스터를 제작한 팀은 진정으로 사람들을 도우려고 애쓰고 있다. 하지만 그들이 만든 포스터를 우연히 목격한 사람은 아마도 팀이 오직 그들 자신만을 생각한다고 결론 내릴 것이다. '**우리가** 목표를 달성할 수 있도록 도와주세요?' 회사가 외부 광고에서 이러한 일을 저질렀다고 상상해 보라. '**로레알**L'Oreal – 우리에게 당신의 돈은 소중하니까요.'

만약 사람들이 메시지를 보내는 사람과 자신을 강하게 동일시하거나 목표가 널리 대의명분으로 여겨진다면 이렇게 도움을 요청하는 것이 효과가 있을 수 있다. '우리가 **교통사고 사망자 제로**라는 목표를 달성할 수

있도록 도와주세요.' 그런 경우가 아니라면 메시지를 받는 사람의 필요에 맞춰 메시지를 프레이밍하는 것이 좋다.

포스터를 제작한 사람들은 유능했고, 결국 프로젝트는 성공적이었는데, 어느 정도는 좋은 서비스를 구축하기 위한 그들의 헌신 덕분이었다. 하지만 그들은 이를 전달하려고 노력할 때, 메시지를 받는 사람들의 입장에서 생각하는 대신 무심코 자기중심적인 관점에서 생각했다. 결과적으로 이니셔티브 채택은 그들이 원했던 것보다 더 느리게 진행됐다.

이러한 함정에 빠지는 것을 피하기 위해 무엇보다 중요한 단계는 조망 수용을 반드시 하는 것이다.[7] 그 방법을 살펴보자.

- 프레이밍 단계에서 문제를 작성할 때 이해관계자 목록을 어떻게 작성하라고 했는지 떠올려 보라. 당신이 찾은 각 이해관계자(프레임 밖을 본 후에 추가한 사람들을 포함한다)에 대해 반드시 그들 각각을 이해하는 데 적극적인 노력을 기울여라.
- 리프레이밍 캔버스를 이용하지 않는다면, 어떤 과정을 거치든 반드시 조망 수용 단계를 포함해야 한다.

2. 자신의 감정에서 벗어나라

이해관계자에 대해 의도적으로 생각하는 것은 단지 첫 번째 단계일 뿐이다. 유명한 행동경제학자이자 중요한 리프레이밍 사상가인 대니얼 카너먼Daniel Kahneman과 아모스 트버스키Amos Tversky가 말했듯이, 효과적인 조망 수용을 위해서는 **정박**과 **조정** 두 가지를 모두 거쳐야 한다.[8]

정박은 다른 사람의 입장에 선 당신의 모습을 상상하는 것이다. 다른 사람들이 무슨 생각을 하고, 어떻게 느끼는지 이해하기 위해 '내가 그들의 상황에 있다면 어떻게 느낄까?'라고 질문한다.

정박은 아무것도 하지 않는 것보다는 낫지만, 분명한 약점이 있다. 모든 사람이 당신처럼 생각하는 것은 아니다. 연설을 준비하는 고위 임원을 상상해 보자. '내가 일선에 있는 직원이라면 우리가 발표하려고 하는 조직 개편에 대해 어떻게 느낄까?[9] 글쎄, 조금 떨떠름할 수는 있겠지만 대체로 이것이 가져올 수도 있는 새로운 기회 때문에 정말 설레겠지!' 어쨌든 그 임원은 직장 생활 초창기에 조직 개편 덕분에 첫 번째 큰 기회를 얻었다. 그리고 해고되는 것이 대참사일 수 있는 위치에 있어 본 적이 없다.

여기서 조정이 필요하다. **조정**은 '다른 사람들은 나와 어떻게 상황을 다르게 볼 수 있을까?'라고 물으면서 **당신의 선호, 경험, 감정을 벗어나도록** 조정하는 것을 의미한다.

- 내가 경쟁사 입장이라면 이 점을 더 중요하게 생각할 것이다. '**하지만 경쟁사는 내가 미처 알지 못하는 것에 대해 알고 있을 수도 있다.**'
- 내가 이 지역에 산다면 내 최우선 과제는 지역 학교 개선일 것이다. '**하지만 이곳의 유권자들은 더 큰 문제를 염두에 두고 있을 수도 있다.**'
- 내가 나의 제일 친한 친구라면 내 총각 파티를 위해 파리로 날아가는 아이디어에 너무 신날 것이다! '**하지만 그래, 친구 중 몇 명은 돈이 부족해서 더 싼 곳을 선호할 수도 있다.**'
- 나는 여덟 살 때 이 멋진 빨간 소방차를 가지고 몇 시간 동안 놀았다! '**하지만 요즘 여덟 살짜리 아이들은 인터넷이 연결되지 않는 장난감에 더 심드렁할 수도 있다.**'

사람들은 꽤 잘 정박할 수 있지만, 조정 단계에서 실패한다.**[18]** 예를 들어 연구 결과에 따르면, 정신이 없거나 시간에 쫓길 때 또는 단순히 조정할 필요를 느끼지 못할 때 잘못된 결론에 도달할 확률이 더 높다. 또 집단이 하나의 일관성 있는 실체로서가 아니라 다양한 방식으로 반응할 수 있음을 기억하지 못하는 경향이 있다.

시범 운영 포스터

이제 시범 운영 포스터를 다시 생각해 보라. 이 논의에 비추어 볼 때, 포스터에 대해 무엇을 알 수 있는가?

포스터는 사람들을 행동하게 하는 데 성공하지 **못했다**. 결국 사람들이 많이 사용하지 않아서 사실상 전체 프로젝트가 중지됐다. 전체 이야기는 더 복잡해서 여기에서 모두 다룰 수 없지만, 프로젝트 팀이 동료들은 **프로젝트를 자신들과 같은 방식으로** 보지 않는다는 것을 이해하지 못한 것이 실패의 주요 원인이었다.

포스터가 어떤 말로 행동을 촉구하고 있는지 생각해 보라. '회사에서 최초로 사용하시고……' 분명히 팀은 '내가 직원들이라면, 무엇이 서비스에 가입하도록 동기를 부여할까?'라고 질문함으로써 조망 수용에 **약간의** 노력을 기울였을 것이다(이는 정박에 속한다). 단지, 그들이 도달한 해결책이 다음과 같았을 뿐이다. **'그래, 사람들은 개척자가 되는 것을 좋아해. 그 점을 노리면 좋은 반응을 얻을 수 있을 거야!'**

아마도 팀원들에게는 이것이 진실이었을 것이다(그들은 어쨌든 새로운 프로젝트를 개척했다). 그러나 혁신의 확산 방식에 관한 연구에 따르면, 2.5퍼센트의 사람들만이 새로운 것을 위한 실험용 쥐가 되기를 좋아한다.**11** 25분의 24에 속하는 다른 모든 사람들은 새로운 것에 가담하기 전에 다른 누군가가 이미 시도해서 긍정적인 결과를 얻은 것을 보고 싶어 한다.

또한 포스터가 이니셔티브를 어떻게 제시하는지에 주목하라. '전무후무한 특별한 서비스'라고 표현했다. 분명 이 팀은 완전히 새로운 근무 방식을 도입할 가능성에 대해 들떠 있었다. 그들의 실수는 다른 사람들도 모두 그들처럼 열광하고 있다고 추정한 것이었다. 아침에 일어나서 이렇게 생각하는 사람은 많지 않다. **'내가 지금 정말 원하는 것은 뜨거운 커피 한 잔과 전무후무한 특별한 서비스야.'** 우리 대부분은 그저 일을 끝내려고 노력할 뿐이다.

때로는 프로젝트의 실패가 노출이 충분하지 않다는 증거일 수도 있다. 멀리 떨어진 본사에서 일하는 사람이 현장의 일선 직원들을 진정으로 이해하지 못했다면, 그런 경우에 해당된다. 하지만 프로젝트 팀은 그

들이 가입시키려고 했지만 실패한 사람들과 **같은 사무실에서** 일하고 있었다.**12**

좋은 조망 수용은 진실하고 집중적이며 의도적인 노력이 필요하다. 이해를 돕는 한 가지 비유는 **감정의 중력 우물**emotional gravity well이라는 개념이다. 로켓이 지구의 중력을 극복하고 궤도에 오르려면 에너지가 필요한 것과 마찬가지로 자신의 감정과 관점을 초월하려면 에너지를 쏟아야 한다. 그렇게 하지 않으면 자신의 관점에 꼼짝없이 갇히게 될 것이다. 이를 피하기 위해 다음의 세 가지를 시도하라.

첫 번째 정답에서 멈추지 말라. 다른 사람들이 무슨 생각을 하는지 추측하거나 그들의 동기를 이해하려고 노력할 때, **첫 번째 답이 맞는 것 같아도 그 너머를 보라.**13 니컬러스 에플리와 동료들은 그들의 연구에서 다음과 같은 사실을 알아냈다. "조정은 불충분하게 이루어지는 경향이 있는데, 그 이유 중 하나는 사람들이 일단 그럴듯한 추정에 이르면 조정을 멈춘다는 것이다." 정답인 것 같은 첫 번째 답을 넘어서 더 파고들면 더 나은 결과를 얻을 수 있다.

사람들의 감정만 볼 것이 아니라 그 맥락을 조사하라. 다른 사람들의 관점을 이해하려고 노력할 때, 그들의 감정에만 집중하지 말라. 그 맥락이 무엇인지, 그들이 아는 것과 모르는 것이 무엇인지, 그들의 삶에서 감정적이지 않은 다른 측면도 생각해 보라.

사람들에게 자신의 관점에서 벗어나라고 명확하게 요청하라. 연구자 요하네스 하툴라Johannes Hattula는 숙련된 마케팅 매니저 480명을 대상으로 한 연구[14]에서, 그들에게 자신의 관점에서 벗어나라고 상기시키는 것만으로도 소비자가 원하는 것을 더 잘 예측하게 만들 수 있다는 것을 알아냈다. 이렇게 말하라. "사람들이 당신과 다르게 느낄 수도 있다는 것을 기억하세요. 자신이 선호하는 것을 억누르고 단지 그들이 어떻게 생각하는지를 이해하는 데에만 초점을 두세요."

화이자웍스 프로젝트

조망 수용을 논의하는 접근법이 한 가지 더 있지만, 나는 우선 처음 두 프로젝트를 세 번째 프로젝트와 비교하고 싶다. 세 번째는 짐작하는 것처럼 성공적이었다. 그 프로젝트는 화이자의 이야기이고, 사실 당신은

이미 6장에서 그 이야기의 일부를 들었다. 서양의 의사소통 규범을 익힌 분석가를 찾기 위한 조던 코언과 세스 아펠의 노력에 관한 이야기였다(기억하겠지만 화이자의 직원들은 그들의 업무 중 일부 지루한 부분을 화이자웍스를 통해 먼 곳의 분석가들에게 아웃소싱했다).

어떤 점에서는 화이자웍스가 성공할 가능성은 거의 없었다. 그 팀은 현장 직원들과는 멀리 떨어진 본사에 기반을 두고 있었다. 그럼에도 불구하고 그 캠페인은 성공적이었다. 그 서비스는 결국 화이자 내에서 1만 명 이상이 사용하게 됐고, 만들어진 지 몇 년 후에는 회사에서 가장 유용한 서비스라고 평가받았다.

그러면 무엇이 차이를 만들었을까? 팀이 조망 수용을 잘할 수 있었던 네 가지 핵심 요소는 다음과 같다.

대리 노출. 프로젝트를 시작한 조던 코언에게는 본사 직원인 자신이 현장 직원들의 삶이 어떤지 완전히 이해하지 못했다는 사실을 인식할 수 있는 통찰력이 있었다. 그래서 화이자의 일선에서 20년 동안 일한 경험이 있는 영향력 있는 리더인 타니아 카르왈드런Tania Carr-Waldron을 영입했다. 타니아 덕분에 이 팀은 사용자의 관점에서 생각할 수 있었다(팀이 '전무후무한 특별한 서비스'라는 문구로 접근했던 때와의 차이점을 생각해 보라).

사용자가 '느끼고 있는 문제'에 정박하라. 사람들은 해결책에 관심을 보이지 않는다. **그들 자신의 문제**에 관심을 보인다. 그 점을 알고 이 팀은 포스터가 서비스의 훌륭한 특성을 강조하도록 만들지 않았다. 그보다는 직원들이 그들의 일상생활에서 인식했던 문제(그리고 화이자웍스가 해결할 수 있는 문제)를 묘사하도록 만들었다. **'이 문서들을 준비할 시간이 18시간 남았어.'** 이 부분이 무엇보다도 효과적으로 사람들의 관심을 끌었다.

사회적 증거를 이용하라. 이 팀은 대부분의 사람들이 새로운 것을 시도하기 전에 심리적 안정감을 원한다는 사실을 알고 있었다. 조던은 이렇게 말했다.

> "우리는 새로운 사무실에 화이자웍스를 도입할 때 포스터를 붙이는 것으로 시작하지 않았어요. 그 사무실에서 한두 사람만 서비스를 사용해 보게 했죠. 그들이 서비스를 마음에 들어 하면 '당신이 서비스를 이용하는 모습을 이 사무실에만 포스터로 붙여도 될까요?'라고 물었어요. 그러면 사람들은 지나가면서 그들이 아는 누군가가 서비스를 이용하는 모습을 볼 수 있게 됐죠. 우리는 친근한 느낌을 더하기 위해 포스터에 서명해 달라고도 부탁했어요. 이것이 사람들이 서비스를 사용해 보게 하는 비결이었습니다."

다른 독자에게는 다른 프레이밍을. 일선 직원들에게 보내는 메시지는 간단했다. **우리 서비스를 이용하면 일요일에 이 보고서를 준비해야 하는 일은 없을 것이다.** 그러나 조던은 이 프로젝트를 본사에 있는 선배 동료들에게도 납득시켜야 했다. 그래서 그들의 전후 사정이 무엇인지를 분명하게 고려했다.

"처음에는 이 아이디어를 비용을 절감하는 이니셔티브로 설득해야 겠다고 생각했습니다. 어쨌든 회사가 수백만 달러를 절감할 수 있었거든요. 하지만 수익이 수십억 달러에 달하는 화이자 같은 회사에서는 본사의 누구도 그 정도 금액 절감에 크게 기뻐하지 않지요. 그들이 정말 신경 쓰는 것은 생산성이었습니다. 그래서 그들에게 반향을 불러일으키는 메시지는 이것이었어요. **'우리 회사에서는 가장 유능하고 높은 연봉을 받는 사람들이 가치가 낮은 일에 너무 많은 시간을 낭비한다. 그들의 접시에 놓인 그 힘들고 지루한 일들을 조금 덜어준다면 그들이 얼마나 더 생산적일 수 있을지 상상해 보라.'"**[15]

3. 합리적인 이유를 찾아라

내가 태어난 코펜하겐이라는 도시에는 한때 거리에 주차 미터기가 일정한 간격을 두고 늘어서 있었다. 차를 주차한 뒤, 가장 가까운 미터기로 터덜터덜 걸어가서 돈을 넣으면 종이쪽지 하나가 나온다. 그러면 차로 쪽지를 가지고 가서 흡혈귀를 쫓아내는 마늘처럼 앞창문 안쪽에 이를 올려놓음으로써 주차 위반 딱지를 물리친다.

　내가 살던 고테르스가데Gothersgade 거리에는 미터기가 길 양쪽에 서로 마주 보며 놓여 있었다.

처음에는 그 배치 때문에 살짝 분노가 치밀었다. 아니나 다를까 딱 하나 남은 주차 공간은 모든 미터기에서 똑같이 멀었고 한참이나 걸어서 미터기까지 갔다 오는 수밖에 없었다. **'하나같이 한심한 도시계획가들 같으니라구!'** 그들은 사람들이 그렇게 멀리까지 걸어가지 않도록 미터기를 지그재그로 배치하는 것이 훨씬 더 효율적이라는 사실을 생각할 수 없었던 것일까?

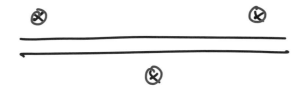

그렇게 생각하면서 나는 기본적 귀인 오류의 살아 있는 예가 됐다. 불편한 일에 직면했을 때 우리가 처음으로 하는 생각은 그 일에 책임이 있는 사람들이 멍청하거나 무신경하거나 심지어 악의적일 거라는 추정일 때가 많다. 그 현상은 우리가 문제의 그 사람들을 알지 못한 채, 그들이 설계한 시스템에만 접근할 수 있을 때 더 악화된다.

진실은 더 복잡하다. 사람들은 가끔 최종 사용자의 요구에 실제로 주의를 기울이지 않고 시스템을 구축한다. 그렇다. 그 사람들은 때로는 똑똑하지 않다. 당신은 또한 자신의 최고 관심사를 염두에 두지 않고 설계된 시스템과 만나게 될 것이고, 특히 상업적인 동기가 포함돼 있을 때 더욱 그렇다. 그러나 많은 경우에 다른 사람들의 행동에는 합리적인 이유가 있다. **당신**도 그들의 입장이었다면 그렇게 했을 만한 이유 말이다.

주차 미터기 배치도 그랬다. 미터기를 서로 마주 보게 배치한 것은 기술적 또는 비용적인 이유로 최선이었을 수도 있고, 어쩌면 미터기에서 돈을 수거하는 직원의 편리를 위해서일 수도 있다. 그러나 훨씬 더 좋은 이유도 있었는데, 이는 궁극적으로는 '나'에게 직접적인 이득이었다.[16] 미터기는 **사람들이 길을 건너지 않게 하려고** 그런 식으로 배치된 것이었다. (당신은 고속도로 곳곳에 있는 비상 전화를 통해 그러한 원리를 이미 알고 있을 수도 있다. 그것도 곤경에 빠진 운전자들이 고속도로를 건너다가 차에 치이지 않도록 두 개씩 서로 마주 보고 있다.)

자비롭게 바라볼 때의 이점

나는 다음과 같은 핵심 개념을 강조하기 위해 이 이야기를 공유한 것이다. 즉 정박과 조정이 새로운 관점을 제시하지 못할 때 도움이 될 수 있는 또 다른 방법이 있다. 사람들이 좋은 일을 하려고 노력한다는(또는 적어도 그들이 적극적으로 당신을 괴롭히려고 하지 않는다는) 추정에서 시작하는 것이다. 이렇게 질문하라.

- 사람들에게 악의가 없다고 볼 수 있는 이유가 있을까?
- 어떤 상황이라면 내가 그들과 똑같이 행동할까?
- 그들이 멍청하거나 무신경하거나 악의적이지 않다면 어떨까? 그들이 최선을 다하려고 노력하는 좋은 사람들이라면 어떨까?
- 그들의 행동이 내게 실제로 이득이 될 수 있을까?
- 내가 그들에게 내 진짜 관심사를 말하지 않았기 때문에 그들이 이 것을 내 최고 관심사라고 생각한 것은 아닌가?

악의가 없다고 볼 수 있는 이유가 존재할 때(제3자나 단순한 오해 때문에 문제가 생겼을 수 있다) 지나치게 징벌적으로 접근하는 것은 분명 부당하다. 연구 결과에 따르면, 그런 접근에서 부정적인 행동의 악순환이 시작될 위험이 있다.[17]

또 다른 범주의 이유는 다음과 같다. 어떤 행동이 전반적으로 문제가 있더라도 그 행동을 한 당사자에게는 타당한 행동이다.[18] 사람들이 자신의 이익에 따라 행동할 때 그 이익이 완전히 비윤리적인 것이 아니라면 비난하기 어렵기 때문에, 그러한 문제는 사람 문제보다 시스템 문제로 리프레이밍하는 것이 더 낫다.

그렇게 합리적인 이유를 찾는 것이 반드시 상대방을 '용서해야' 한다거나 그 이유를 문제를 방치하기 위한 변명으로 삼으라는 의미는 아니다. 상황이 여전히 납득되지 않을 수도 있고, 좋은 의도였던 사람들에게도 여전히 자기 행동이 현실에 미치는 영향을 깨닫지 못한 과실이 있을 수 있다.

그러나 합리적인 이유를 명시적으로 찾고 다른 사람들의 관점을 이해하려고 진정으로 노력한다면, 상황을 더 긍정적으로 해결할 더 좋은 기회를 얻을 수 있다. 심지어 사람들의 행동을 변화시켜야 할 때도 그들의 행동이 실제로 미친 영향을 논의하기 전에 그들의 좋은 의도를 인정하는 것으로 시작할 때 대화가 훨씬 쉬워질 수 있다('**당신이 우리 딸한테 글루건을 건네줄 때 좋은 의도로 그랬다는 것은 알지만⋯⋯**').

'입소문이 나야 합니다'

합리적인 이유를 찾는 것이 어떻게 도움이 되는지를 보여주는 사례로, 광고대행사 지니어스 스틸스Genius Steals의 공동창립자인 로지 야콥Rosie Yakob이 겪었던 일을 생각해 보자.

로지가 직장 생활 초기에 세계적인 광고회사인 사치앤드사치Saatchi & Saatchi의 소셜 미디어 업무를 지휘하고 있었을 때, 한 내부 고객이 도움을 요청했다. 그 고객은 페이스북에서 팬들과 좋은 관계를 유지하길 원했고, 로지에게 그들을 위한 캠페인을 준비해 달라고 요청했다. 로지는 이렇게 말했다.

"처음부터 그 고객은 소셜 미디어가 어떻게 움직이는지 진짜로 이해하지 못한 것이 분명했어요. 예를 들어, 유튜브 영상이 '입소문이 나야' 한다는 생각에 사로잡혀 있었는데, 유튜브에 대해 잘 모르는 사람에게는 흥미롭게 들릴 만한 이야기였죠. 하지만 우리는 그간의 경험을 통해 사용자가 수동적으로 보기만 하는 것이 아니라 실제로 참여하는 것이 훨씬 더 좋은 성공 지표라는 것을 알았기 때문에 캠페인이 그것을 잘 구현해 낼 수 있도록 설계했어요."

하지만 그 고객은 계속 입소문 영상을 요구했다. 그래서 로지는 시간을 따로 내어 그녀에게 소셜 미디어의 미묘한 문화에 대해 설명했다.

"많은 사례 연구와 모범을 모으고 고객에게 전화를 걸어서 왜 우리의 접근법이 옳은지 조심스럽게 설명했어요. 그녀는 모든 것을 이해했고 우리가 옳다는 사실을 인정했지만, 결국 이렇게 말하면서 통화를 끝냈죠. '그리고 유튜브 영상 입소문 나게 해주실 거죠?' 정말로 난감했어요. 우리는 이 멍청한 고객 때문에 머리를 쥐어뜯고 있었죠. 그녀는 우리에게 말도 안 되는 일을 해달라고 부탁하고 있었어요."

하지만 로지는 잠시 생각에 잠겼고, 그때부터 궁금해졌다. 고객은 소셜 미디어를 모른다는 점을 제외하고는 그리 멍청해 보이지 않았다. 뭔가 다른 일이 벌어지고 있는 것은 아닐까? 로지는 고객을 초대해 함께 술을 마셨다. 그리고 마티니 두 잔을 마셨을 때 비로소 진실이 밝혀졌다. 고객의 상여금이 유튜브에서 100만 조회 수를 달성하는 것을 기준으로 책정되고 있었다.

"우리는 그녀의 상황을 이해하자마자 전술을 바꿨습니다. '100만

조회 수를 돈을 주고 사면 어떻게 될까?(싸고, 대상을 한정하지 않고, 근본적으로 오직 그녀가 상여금을 받을 수 있도록만) 그런 다음 남은 예산을 우리가 실제로 중요하다고 생각하는 것에 쓴다면?' 그녀는 이 아이디어에 동의했고, 우리는 마침내 캠페인을 추진하는 쪽으로 나아갈 수 있었죠. 그것이 가장 이상적인 해결책은 아니었지만, 주어진 상황을 고려했을 때 우리가 할 수 있는 최선이었어요. 그리고 캠페인은 열매를 맺을 수 있었죠."[19]

>>>→

다른 전략들이 제시하는 세부 사항들과 비교했을 때, 조망 수용에는 놀랍도록 기본적인 것이 있다. '다른 사람들을 고려하는 것을 잊지 말라. 당신이 좋아하는 것을 그들이 좋아하는 것으로 착각하지 말라. 아, 그리고 그들이 최선을 다하려고 노력하는 좋은 사람들은 아닌지 생각해 보라.' 나는 혼자 조용히 있을 때 혼잣말로 중얼거린다. '다들 꽤 똑똑한 사람들이잖아. 정말 이런 말들을 해야만 아는 거야?'

그럴 때 나는 똑똑하고 유능한 사람들로 가득한, 가장 가까운 큰 회사로 포스터를 보러 간다. 그리고 손쉽게 좋은 포스터 하나당 세 개의 나쁜 포스터를 발견한다. 그 비율이 뒤집힐 때까지 나는 계속 이런 말들을 할 것이다. 다음에 사무실에 있을 때 직접 한번 포스터들을 살펴보기 바란다. 그리고 특히 좋은 것(나쁜 포스터라는 뜻이다)을 발견하면 내게 꼭 보내주길 바란다. 포스터를 수집할 계획이다.

다른 사람의 관점에서 보기

다른 사람의 관점에서 보는 전략은 의도적으로 시간을 들여서 다른 사람들을 이해하는 것이고, 그들과 그 행동에 대해 잘못된 판단을 피하는 것이다. 각 이해관계자의 관점에서 문제를 탐구하는 습관을 들임으로써 자신의 세계관이라는 중력 우물에서 더 잘 벗어날 수 있을 것이다.

그렇게 하려면 우리가 논의했던 이 단계들을 거쳐라.

1. 조망 수용을 반드시 하라

사람들을 이해하려고 진정한 노력을 기울이지 않는 한, 그들을 오해하게 될 것이다. 이해관계자 도표를 이용하여 이 함정을 피하라.

- 각 당사자나 문제와 관련된 사람들의 목록을 작성하라. **'프레임 밖을 보기'**

전략에서 다룬 것처럼 숨겨진 이해관계자를 찾는 것도 고려하라.

- 각 이해관계자의 필요, 감정, 전반적인 관점을 생각하라. 그 사람의 문제가 무엇인가? 목표는 무엇인가? 신념은? 맥락은? 그들은 어떤 정보를 가지고 있는가?

2. 자신의 감정에서 벗어나라

이해관계자의 필요를 조사할 때 명시적으로 자신의 관점에서 벗어나려고 노력하라. 여러 사람과 함께 일하고 있다면, 동료들에게 사람들이 자신과 다르게 느낄 수도 있다는 사실을 상기시켜라. 요하네스 하툴라의 연구를 언급하라.

- "연구 결과에 따르면, 사람들은 다른 사람들을 이해하려고 노력할 때 자신의 관점에 너무 많이 집중한다. 자신이 선호하는 것을 무시하려고 노력하라. 그들이 어떻게 느끼고 생각할지에만 집중하라."

조던 코언은 타니아 카르왈드런을 화이자웍스 팀에 영입함으로써 화이자의 일선 직원들이 무슨 생각을 하고 어떻게 느끼는지를 이해하는 귀중한 자원을 얻었다. 이 덕분에 코언의 팀은 옳은 문제를 목표로 하는 유용한 서비스를 개발할 수 있었다. 자신이 직접 충분히 노출될 수 없다면 타니아처럼 노출된 사람을 찾는 건 어떨까?

3. 합리적인 이유를 찾아라

느린 엘리베이터 문제에서 대부분의 사람들은 그저 세입자들이 게으르거나 참을
성이 없다고 추정한다. 소수의 사람들은 그들이 왜 항의하는지 합리적인 이유를
생각한다. '그들이 중요한 회의에 늦을 수도 있지 않을까?'

같은 방식으로 사람들은 대부분 자신을 착하고 합리적인 사람으로 간주한다는
사실을 기억하라. 부정적 고정관념과 냉소적 사고의 희생양이 되지 않으려면, 어
떤 합리적인 이유 때문에 그들이 그러한 행동을 하게 되는지 생각해 보라.

- 사람들에게 악의가 없다고 볼 수 있는 이유가 있을까?
- 다른 사람들이 그렇게 행동하는 것은 어리석거나 악의적이기 때문이 아니
  라 다른 타당한 이유가 있기 때문이 아닐까?
- 그들이 내게 가장 이득이 되는 방향으로 행동하고 있을 가능성이 있는가?
  혹은 그들이 그렇게 행동하고 있다고 여기고 있을 가능성이 있는가?
- 이것이 사람의 문제가 아니라 시스템 문제나 인센티브 문제일 수 있을까?

앞으로 나아가기

고리 닫기

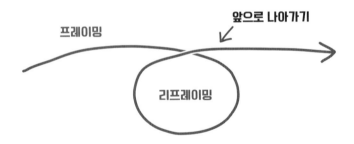

케빈 로드리게즈Kevin Rodriguez에게는 뉴욕에 젤라토 가게를 열고 싶다는 꿈이 있었다. 그곳에서 자신이 엄청나게 좋아하는, 맛있는 이탈리아 아이스크림을 팔고 싶었다.

마침 케빈은 로열 팜스 셔플보드 클럽을 운영하는 사업가 애슐리 앨버트와 친한 친구였다. 그래서 그녀에게 자신의 꿈을 실현할 수 있도록 도와달라고 부탁했다.

결과적으로 애슐리가 케빈의 꿈을 무너뜨리는 데에는 채 8시간도 걸리지 않았다.[1]

애슐리는 케빈과 함께 시내를 돌아다니면서 젤라토 가게들을 방문하고 그 사장들과 잡담이나 했을 뿐인데도 케빈의 꿈을 허물어뜨릴 수 있었다. 애슐리는 이렇게 말했다.

"그날 하루 종일 어디를 가도 어김없이 근처에 젤라토 가게가 있었어요. 그리고 젤라토 가게 사장들과 이야기하면서 그것이 그다지 수익성 있는 사업이 아니라는 것도 분명해졌죠. 그들은 대부분 커피를 팔아서 가게를 유지하고 있었어요. 그렇게 가게들을 방문하고 나자 한 가지 사실이 완전히 분명해졌죠. **'이건 해결해야 할 문제가 아니야.'**"

언뜻 생각하기에는 누군가의 꿈을 무너뜨리는 것이 나쁜 일처럼 느껴진다. 그러나 애슐리가 그렇게 하지 않은 경우를 생각해 보라. 케빈은 그 계획을 계속 추진해서 젤라토 가게를 시작하고 모아놓은 돈과 인생의 몇 년을 절대 잘 풀릴 수 없는 무언가에 써버리고 크게 좌절할 수도 있었다. 애슐리가 **'일단 나가서 젤라토 가게 사장들의 상황을 확인해 보자'**라고 간단한 아이디어를 제안함으로써 케빈은 자신의 에너지를 좀 더 전도 유망한 다른 문제에 쏟을 수 있었다(그가 무엇을 했는지 궁금하다면 미주를 참고하라).

문제를 시험하라

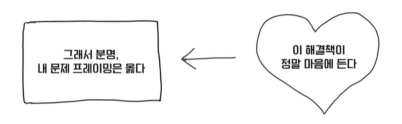

사람들은 대부분 해결책을 실행하기 전에 시험해 봐야 한다는 사실을 알고 있다. 그러나 해결책을 시험하기 전에 반드시 **문제를 시험**해야 한다는 것은 잘 모른다. 의사가 수술하기 전에 진단을 확정하기 위한 몇 가지 검사를 하는 것처럼 유능한 문제 해결사도 해결책을 적용하기 전에 문제를 정확하게 프레이밍했는지 확인하고는 한다.

문제를 시험하는 것이 중요한 이유는 해결책을 시험하는 과정이 시간을 심각하게 많이 잡아먹을 수 있기 때문이다. 당신은 해결책을 만드는 데 신이 나서 이런 생각에 사로잡히기 쉽다. '흠, 젤라토 가게의 이름을 뭐라고 하지? 시장조사는 어떻게 하면 좋을까? 어떤 아이스크림을 팔아야 하지? 또 가게 인테리어는? 인테리어 디자이너에게 부탁하면 실물 모형을 만들 수 있을까?'

기술적 해결책인 경우에는 이러한 생각에 더 강력하게 사로잡힐 수 있다. '내가 꿈꾸는 이 엄청나게 흥미로운 장치를 실제로 만들 수 있을까? 그래, 8년 동안 공학 연구실로 들어가서 한번 만들어 보는 거야.'

더군다나 해결책을 시험하는 것은 문제가 타당한지 여부를 묻지 않는 나쁜 추진력을 만들어 낼 수 있다. 일단 젤라토 가게에 꼭 맞는 이름을 발견하고 나면, 처음으로 돌아가 애초에 젤라토 가게를 여는 것이 좋은 아이디어인지 의심하기가 훨씬 더 힘들어진다.

이런 상황을 피하기 위해 리프레이밍 과정의 마지막 단계는 **어떻게 현실에서 문제 프레이밍을 시험하여 입증할지 계획하는** 것이다. 이를 통해 리프레이밍 고리를 닫고(당분간) 사람들이 다시 해결 모드로 돌아갈 수 있다. 이것은 행동 계획과 비슷하지만, 노력이 옳은 방향으로 향하고 있는지를 확실히 하는 데 특히 초점을 둔다.

이제 문제를 확인하는 네 가지 구체적인 방법을 공유하려고 한다.

1. 이해관계자에게 문제를 설명하라.

2. 외부인의 도움을 받아라.

3. 어려운 시험을 만들어 내라.

4. 해결책을 '프리토타이핑pretotyping'하는 것을 고려하라.

1. 이해관계자에게 문제를 설명하라

FBI 인질협상가 크리스 보스Chris Voss는 무장한 인질범들을 상대할 때마다 라벨링labeling이라고 불리는 간단하지만 강력한 기술[2]을 효과적으로 사용한다. 보스는 이렇게 설명한다.

"도망자 셋이 할렘에 있는 한 건물의 27층 아파트에 포위되어 있다면 그들이 두 가지를 우려하고 있다는 사실을 곧장 알 수 있습니다. 목숨을 잃는 것, 그리고 감옥에 가는 것."

보스는 그들이 어떤 행동을 하도록 설득하는 것으로 대화를 시작하지 않는다. '너희들은 포위됐다. 무기를 버리고 밖으로 나와라. 섣부른 행동은 하지 않는 편이 좋을 것이다!'

그보다는 매우 구체적인 표현을 써서 그들의 두려움을 라벨링하는 것으로 시작한다.

'나오고 싶지 않은가 보군. 문을 열면 우리가 들어가면서 총을 마구 쏘아댈까 봐 걱정하는 것 같군. 감옥으로 돌아가고 싶지 않은 모양이로군.'

이처럼 문제를 정확하게 묘사하는 말을 듣는 것에는 강력한 무언가가 있다. 화이자웍스 포스터에서 떠올릴 수 있는 것처럼('이 문서들을 18시간 안에 완성하라고?'), 누군가 당신의 문제를 이해한다는 것을 보여줄 때 이는 신뢰를 이끌어 내고 협력으로 가는 길을 열어준다. 보스도 자신이 수많은 인질 상황을 해결한 것은 그 방법 덕분이라고 말한다. (그리고 그가 이야기한 것처럼, 문제를 잘못 짚은 경우에는 이렇게 말할 수 있다. '그것이 사실이라고 말하지 않았어. 단지 그렇게 보인다고 말했을 뿐.')

문제 미팅

이 방법은 협상가들에게만 유용한 것이 아니다. 문제 프레이밍을 입증해야 할 때 시도할 수 있는 가장 비용 효율적인 방법은 그저 **관련된 사람들에게 문제를 설명하는 것**이다.

스타트업 분야에서 예를 들자면 스탠퍼드 대학교 교수 스티브 블랭크Steve Blank는 '문제 미팅'[3]을 지지한다. 문제 미팅에서 당신은 (사업가로서) 목표로 삼은 고객에게 가서 고객의 문제를 설명하려고 노력한다. 중요한 것은 프레이밍에 대해 설득하지 않고 문제 설명이 반향을 불러일으키는지 시험하는 것이다. 블랭크는 이렇게 말했다. "당신이 아니라 **고객이 이야기하게 하는 것**이 목적이다."

스타트업 시스코

나는 그 방법이 기업에서도 적용되는 것을 보았다. 시스코 직원 오세아스 라미레스 아사드Oseas Ramírez Assad, 에드가르도 세바요스Edgardo Ceballos, 앤드루 아프리카Andrew Africa가 아이디어를 신속하게 시험하기 위해 스타트업 시스코라 불리는 사내 서비스를 만들었다. 오세아스는 이렇게 말했다.

"시스코 직원들은 자주 놀라운 아이디어와 기술 혁신을 생각해 냅니다. 그러나 그 아이디어를 신속하게 시험하고 그것들이 실제로 고객이 지닌 문제와 연결되는지 확인하는 데 직원들이 항상 뛰어난 것은 아니었습니다. 그래서 그에 초점을 둔 워크숍을 개최하기 시작했지요."

신속한 검증의 필요성은 외부 컨설턴트 스티브 리구오리Steve Liguori 에게서 영감을 받은 것이었다. 그는 제너럴 일렉트릭General Electric, GE과 함께 일한 경험을 떠올렸다.

"제너럴 일렉트릭에는 완벽하게 완성하기 전에는 고객에게 아무것도 보여주지 않는다는 강력한 문화적 규범이 있었습니다. 그 대신 기술자들은 '네, 이거 만들 수 있습니다'라고 말하곤 했죠. 검증은 주로 '이 아이디어 어떤 것 같아요?'와 같은 말이 오고 가는 임원실에서 이뤄졌어요. 고객은 3년 동안 실제로 제품을 볼 수 없고, 구체적으로 어떤 상황인지도 알 수 없습니다. 그저 이런 말을 듣곤 하죠. '마음에 드실 겁니다.' 그러고 나서 제품이 나옵니다. 완벽한 제품이지만 고객은 이렇게 말합니다. '좋아요, 하지만 왜 이런 것은 안 되죠?' 그리고 제품이 팔리지 않았을 때 사람들은 이렇게 말합니다. '아, 마케팅하고 영업을 이렇게밖에 못 하나? 판매에 실패했어.'"

처음에는 스타트업 시스코 워크숍에서도 비슷한 일이 일어났다. 오세아스는 이렇게 말했다.

"사람들은 개발하고 싶은 기술 제품에 관해 강력한 아이디어를 가지고 우리를 찾아오곤 했고, 아이디어를 정당화하기 위해 고객의 요구를 사실상 아이디어에 끼워 맞추곤 했습니다. 그런 일을 몇 번 겪고 나니 문제가 제대로 이해될 때까지 해결책을 만들어 내는 것을 미뤄야 한다는 사실이 분명해졌죠."

이를 이해하기까지 오세아스와 그의 팀원들은 고객과 일찍부터 소통해야 한다는 생각에 크게 무게를 두었다. 오세아스는 그들이 썼던 방법에 대해 설명했다.

"고객에게 가서 이렇게 말해요. '우리는 이 문제를 연구하고 있습니다. 저 문제가 고객님께 정말 문제인가요? 이것에 대해 좀 더 이야기해 주시겠어요?' 비결은 해결책보다는 고객의 문제에 초점을 맞추는 것입니다. 왜냐하면 그렇게 해야 고객들이 그 문제에 대해 말할 것이고, 그것이 우리가 이해해야 하는 핵심적인 것이기 때문이죠. 고객의 문제를 제대로 파악하고 있는지가 중요해요."

일례로 후안 카질라Juan Cazila라는 시스코 전문가는 정유소 및 가스 추출 부지에 대한 장래성 있는 아이디어를 생각해 냈다. 하지만 프로젝트는 시스코의 내부 논의 과정에 묶여 약 1년 동안 진척이 없었고, 카질라는 프로젝트를 진척시키기 위해 스타트업 시스코 워크숍에 합류했다.

"그 팀은 내가 통상적인 절차는 무시하고, 고객에게 직접 찾아가서 이야기를 나눠야 한다고 강조했어요. 그래서 워크숍 둘째 날 이메일 초안을 작성해 엑손Exxon, 셰브론Chevron, 셸Shell과 같은 회사의 고위 경영진 15명에게 보냈죠."

그날 오후 카질라는 고객사 세 곳과 통화하며, 비공식적으로 이야기를 나눴다. '그쪽 회사의 정유소에 이 문제가 있는지 궁금합니다. 있나요? 그것 때문에 돈이 얼마나 듭니까?'

밝혀진 바로는 세 고객사 모두 문제가 있었고, 이를 몹시 해결하고 싶어 했다. 이러한 정보를 얻은 카질라는 시스코의 서비스 책임자에게 연락해 프로젝트를 추진할 재원을 요청했다. 두 시간 후 프로젝트 추진을 허락하는 긍정적인 답변을 받았다. 이 글을 쓰고 있는 현재, 그 프로젝트는 자금 지원을 받아 중남미에 있는 시스코의 가장 큰 고객사 중 한 곳과 함께 사전 시험 중에 있다.[4]

2. 외부인의 도움을 받아라

외부인은 당신이 선호하는 문제(또는 해결책)를 보는 관점과 감정적으로 더 분리돼 있기 때문에 문제 입증을 돕는 훌륭한 자원이 될 수 있다. 특히 당신이 제품이나 서비스가 아닌, 덜 실체적인 것을 다룰 때 유용할 수 있다.

한 예로 홍콩에 본사가 있는 브랜딩 대행사 언탭트Untapped의 창립자이자 리프레이밍에 능숙한 조지나 드 로키니Georgina de Rocquigny가 겪은 일을 생각해 보자.

조지나의 고객 중에는 지역의 경영컨설팅 회사가 있었는데, 설립된 지 몇 년이 지났지만 아직 브랜드 이미지가 뚜렷하지 않았다. 회사가 성장할수록 더 분명한 브랜드 이미지를 가진 회사들과 경쟁하는 일이 점점 더 많아졌다. 그래서 그 회사의 동업자들은 이러한 문제를 가지고 조지나를 찾아왔다. **'우리 회사가 전략 회사라는 브랜드 이미지를 가질 수 있도록 도와주십시오.'**

고객의 문제 프레이밍은 이해할 만했다. 경영컨설팅 분야에서는 전략 컨설팅 회사와 좀 더 실무적인 '시행' 회사 사이에 암묵적인 서열이 존재했다. 전략 업무는 더 좋은 것으로 여겨지고, 보수도 더 좋을 때가 많다. 그런 이유로 많은 컨설팅 회사가 전략 중심적으로 보이기를 원한다.

하지만 조지나는 문제를 입증할 필요성이 있다고 생각했다. 그래서 브랜딩 작업을 바로 시작하기보다 고객이 그들의 고객, 직원, 동업자 일부를 인터뷰하도록 설득했다. 조지나는 내게 이렇게 말했다.

"중요한 것은 그들이 올바른 문제를 해결하고 있는지 시험하기 위해 다른 관점에서 접근하는 것이었어요. 그리고 나중에 밝혀진 것처럼, 그것은 올바른 문제가 아니었어요. 고객은 더 실무적인 일을 하고 있다는 것에 약간 부끄러워하는 것 같았어요. **'우리가 단순한 정비소처럼 여겨지는 것을 원하지 않습니다.'** 그러나 인터뷰에서 알 수 있었던 것처럼, 그 회사의 고객은 사실 그들의 그런 점을 좋아했습니다. 그들의 고객과 동업자들은 주로 이렇게 말했어요. **'그 회사가 전략 이상의 일을 했기 때문에 고용했습니다. 그들은 영리하게 일하면서도 소매를 걷어붙이고 직접 나서는 것을 두려워하지 않아요. 그래서 그들과 같이 일하는 것이 정말 좋아요.'**"

인터뷰 결과를 확인한 조지나는 컨설턴트들에게 전략적 동업자로서 그들 자신을 브랜딩하는 대신 일을 처리하는 그들의 능력을 내세우고 자랑스러워해야 한다고 설득했다. 최종 결과는 회사와 그들의 고객들에게 반향을 일으키고 회사의 지속적인 성장에 기여하는, 전략과 실행을 연결하는 강력하고 새로운 포지셔닝이었다. 조지나는 그 과정을 이렇게 되새겼다.

"자신과 자사의 브랜드를 정의하는 일에 감정이 미치는 영향이 얼마나 큰지 확인한 것이 흥미로웠어요. 많은 고객이 자신의 일을 약간 부끄러워하고, 성공하려면 다른 존재가 돼야 한다고 생각하면서 나를 찾아와요. 하지만 내가 그들의 고객과 이야기를 나눠보면 그들이 부끄러워한 바로 그 점이 사실 그들의 강점인 것으로 밝혀질 때가 많습니다."[5]

조지나의 이야기에서 알 수 있듯이, 문제를 입증하는 것은 반드시 문제에 대해 '네, 옳게 프레이밍됐어요' 또는 '아니요, 이 프레이밍은 타당하지 않아요' 중 어느 것인지를 선택하는 이분법적인 투표가 아니다. 프레이밍이 대체로 맞을 때도 있다. 그렇지만 그것을 입증하는 과정에서 더 좋은 해결책으로 이어질 수도 있는 문제의 중요한 포인트가 드러난다. 이 사례에서 컨설팅 회사가 더 전략적인 브랜드 이미지를 동경해야 하는 것은 사실 옳았다. 조지나의 분석은 그 생각을 배척하지 않았다. 그보다는 그런 브랜딩이 실행 기반이라는 회사의 강점을 장점으로 내세우는 일과는 맞지 않는다는 사실을 회사가 깨달을 수 있도록 도왔다. 새로운 포지셔닝 역시 이 회사가 전략 위주의 브랜드 이미지를 추구하는 다른 많은 회사와 차별화되게 했다.

3. 어려운 시험을 만들어 내라

문제를 입증하는 이유가 그것이 진짜 문제인지를 알아내려고 하는 것만은 아니다. 문제가 이해관계자들이 정말 해결하고 싶을 정도로 큰 것인지 시험하는 것도 그만큼 중요할 수 있다. 이를 시험하기 위해서는 이해관계자들에게서 진짜 답을 얻을 수 있는 시험을 생각해 내야 한다. 다음은 그것을 해낸 두 사업가의 이야기다.

매니지드바이큐는 문제를 어떻게 입증했는가?

새먼 라마니언Saman Rahmanian은 첫 번째 아파트를 사면서 아파트가 속한 건물의 이사회에 가입했다. 그리고 얼마 되지 않아 주거용 건물을 관리하는 것이 얼마나 번거로운 일인지 깨달았다.

"특히 청소 업체가 정말 실망스러웠어요. 괜찮은 업체 중 하나로 알려져 있었지만 서비스가 형편없었죠. 그들이 일을 제대로 하고 있는지 알아낼 단서가 거의 없었다니까요. 아내가 '오늘 계단 청소를 한 건가?'라고 물으면 대답할 수가 없었어요. 청소부와 의사소통할 수 있는 좋은 방법도 없었죠. 사무실로 전화하거나 포스트잇 메모를 발견하고 실행해 주길 바라는 것만으로는 부족했습니다."

새먼은 아이디어를 떠올렸다. 주거용 건물들을 위해 한곳에서 모든 것을 해결할 수 있는 서비스를 만들고 청소 및 기타 서비스 제공을 전문화하면, 그와 같은 이사들이 훨씬 덜 번거롭게 건물을 관리할 수 있을 것이다.

새로운 기회에 들뜬 새먼은 동료들과 그 아이디어를 탐구하기 시작했다. 동료 중에는 지역사회의 지도자였던 댄 테런**Dan Teran**이 있었는데, 그는 결국 새먼과 공동창립자가 됐다.

린 스타트업 방식에 조예가 깊은 댄과 새먼은 서비스를 구축하기 전에 그 아이디어가 실제로 고객이 중요하게 생각하는 것인지 입증하고자 했다. 그들은 마치 서비스가 이미 존재하는 것처럼 서비스를 설명하는 홍보 자료를 만들고, 그것을 판매하기 위해 노력했다.

새먼은 이렇게 설명했다. "주거용 건물 이사회 20곳과 미팅을 잡고 일주일 동안 일일이 찾아가 서비스를 홍보했습니다. 반응은 매우 긍정적이었어요. 많은 이사회에서 관심을 보이고 좋은 아이디어라고 했죠."

댄과 새먼이 그때 거기에서 멈췄다면, 그들은 올바른 방향으로 가고 있다고 결론 내리고 서비스 구축을 시작할 수도 있었다. 그러나 두 사람은 경험을 통해 시험이 너무 쉬웠다는 것을 알아차렸다. 고객이 하는 말과 그들이 실제로 하는 행동이 반드시 같지는 않다. 그래서 댄과 새먼은 서비스 홍보가 끝나면 계약금을 요구했다. **'서비스가 마음에 든다니 다행입니다! 몇 달 내로 서비스를 시작할 계획입니다. 지금 결제를 먼저 하면 예약하실 수 있습니다.'**

새먼은 이렇게 설명했다. "사람들에게 신용카드 정보를 묻기 전에 그들이 하는 모든 말은 신뢰할 수 없습니다. 아무리 긍정적인 말이라고 해도요. 신용카드 정보를 요청하면 **그때** 진짜 반응이 나오죠."

그들이 조심했던 것은 잘한 일이었다. 두 사람이 홍보했던 이사회 20곳 중 한 곳만 서비스에 가입했다. 형편없는 청소 업체는 정말로 문제였지만, 고객이 행동에 나설 정도로 크거나 긴급한 문제는 분명히 아니었다.

하지만 이야기는 여기에서 끝나지 않았다. 시험하는 동안 큰 규모의 상업용 부동산 중개업체를 만났는데, 그들의 반응은 뜨거웠다. "이 서비스는 사무실에 아주 좋겠어요."

새먼은 이렇게 말했다.

"우리는 서비스가 사무실에 팔릴 수 있겠다는 생각이 들었고, 홍보 자료를 조금 수정해서 시도해 보기로 했습니다. 그래서 주거용 건물 이사회와 실망스러운 미팅을 한 지 약 2주가 지났을 때 사무실 관리자들과 25번의 미팅을 잡았어요. 결과적으로 그들 중 18곳이 첫 번째 미팅 이후 신용카드를 꺼내고 가입했습니다. 그 순간 우리는 우리가 해결할 올바른 문제를 찾았음을 깨달았어요."[6]

그들은 그 서비스에 제임스 본드 영화에 등장하는 손재주 있는 무기 담당관 Q의 이름을 따서 '매니지드바이큐Managed by Q'라는 이름을 붙였다. 그들은 결국 1억 달러 이상의 자금을 끌어모았고, 전국 각지의 사무실에 서비스를 제공했다. 또 혁신적이고 인도적인 노동 관행에 대해 찬사를 받았다. 창립자들은 다른 스타트업에서 이용하는, 많은 비판을 받는 도급업자 모델과 결별하고 청소부를 정규직으로 고용해 회사 지분의 5퍼센트를 줌으로써 그들이 출세할 수 있는 길을 열어주기로 했다. 그 결과 아마도 역사상 처음으로 청소부가 장래성 없는 직업 그 이상이 될 수 있었다.

4년 후 회사의 CEO가 된 댄은 회사를 대표해 그 첨단의 노동 관행을 인정하는 미국 정부의 상을 받았다(새먼은 보건 분야에서 다음 스타트업을 설립하기 위해 떠났다). 그리고 얼마 후 이 책이 출판되기 직전에 매니지드바이큐는 총 2억 달러 이상이라고 보도된 금액[7]으로 합병됐다.

4. 해결책을 '프리토타이핑'하는 것을 고려하라

어떤 경우에는 문제를 입증하는 대신에 문제와 해결책을 동시에 간단하게 시험하는 것이 가능하다. 그 비결은 '프리토타이핑'[8]이라고 불리는 방법이다. 구글 직원 알베르토 사보이아Alberto Savoia가 만든 프리토타이핑은 실제로는 해결책을 전혀 구축하지 않지만 그 대신 제품을 모의실험하고 고객이 그것을 살지 확인할 방법을 찾는 것에 초점을 둔다는 점에서 프로토타이핑prototyping과 다르다.

그 예는 다음과 같다. 바크박스의 헨리크 워들린과 Net-90 이야기를 기억하는가? 어느 날 바크박스의 팀 회식 자리에서 직원 몇 명이 장난으로 새로운 사업 아이디어를 서로에게 제안하기 시작했다.

마개를 딴 와인병에서 영감을 받아 한 동료가 말했다. **"있잖아, 내가 장담하는데 우리는 개한테 영감을 받아서 재미있고 새로운 와인병 마개 디자인을 생각해 낼 수 있을 거야."** 헨리크는 당시를 이렇게 회상했다.

> "이런 식으로 이야기가 이어지다가, 갑자기 사람들이 경쟁적으로 행동하기 시작했어요. 누군가 노트북을 꺼내 재미있어 보이는 마개를 사실적인 3D 모델로 그렸죠. 다른 누군가는 아이디어를 내놨어요. **'이봐, 그럼 난 그것을 파는 사이트를 만들어 볼까.'** 세 번째 사람은 제품 광고를 만들었고, 소셜 미디어에 몇 가지 캠페인을 벌이기 시작했죠. 이 모든 것을 하는 동안에도 아이디어를 실제로 추진하겠다는 생각을 하는 사람은 없었어요."

후식이 나오고 얼마 되지 않았을 때 이 팀은 페이스북에서 제품을 본 고객에게 첫 번째 와인병 마개를 팔았다. 헨리크는 아이디어가 실제 첫 판매로 이어질 때까지 걸린 시간에 주목할 수밖에 없었다. 73분이었다.

이 팀은 그들의 사업적 기량을 보여준 것에 만족하면서도 새롭게 창조한 괴물이 실제로 살아 움직이고, 개와 술이 관련된 브랜딩 벤 다이어그램으로 그들을 끌어들이는 것이 두려워 즉시 사이트를 폐쇄하고 고객에게 돈을 돌려주었다.[9]

문제 입증이 **항상** 필요한 것은 아니다. 아이디어를 이렇게 빠르고 간단하게 시험할 수 있다면, 문제 진단에 대해 너무 많이 걱정하지 않아도 된다. 그냥 벽(또는 이 경우에는 인터넷)에 그것들을 던지고 무엇이 붙어 있는지 보라.

》》→

어떻게 일을 진척시킬지 계획을 세웠다면, 리프레이밍 과정이 끝나가는 것이다. 하지만 한 단계가 더 남아 있다. 다음 리프레이밍 일정을 계획하라. 그러기 위해서 우리는 정기적인 문제 확인으로 사느냐 죽느냐가 갈리는 또 다른 영역을 살펴볼 것이다.

문제를 다시 논의하는 것의 중요성

스콧 맥과이어Scott McGuire는 사고 현장에 도착해 다친 사람을 발견하면

ABC라 불리는 간단한 루틴을 따른다.

Airway(기도): 기도가 막히지 않았는가?

Breath(호흡): 정상적으로 호흡하고 있는가?

Circulation(혈액 순환): 맥박이 안정적인가?

이 절차는 스콧이 환자의 다른 부상을 치료하기 전에 환자가 즉각적인 위험에 처하지 않게끔 보장한다. 스콧이 현장에 혼자 있다면, 그는 치료를 시작하기 전에 다른 일을 먼저 한다. 다리에 테이프 조각을 붙이고 다음 ABC 확인을 위해 시간을 기록한다. "환자의 상태가 심각할 때는 3분에서 5분마다 바이털 사인을 확인하기도 합니다. 더 안정된 상태라면 10분마다 확인합니다. 시간을 기록하는 것은 다른 많은 일이 벌어지고 있더라도 현재 상태를 제대로 확인하기 위해서입니다."

스콧은 열세 살 때 수색구조팀에서 자원봉사를 한 이후로 소방관, 응급구조대원, 황무지 가이드, 산 가이드 등으로 일했다. 이 모든 직업의 비상시 대처법에서 그는 상황을 주기적으로 재평가하라고 배웠다.

"이는 역행하는 것처럼 보일 수도 있지만, 흔히 새로운 정보를 발견하게 합니다. 정보가 눈에 보이는 곳에 드러나 있을 때도 있지만, 그것을 분명히 보기 위해서는 원래 관점에 대해 재논의할 필요가 있지요. 또 상황이 변하는 경우도 있어요. 누군가의 갈비뼈가 부러졌다면, 처음에 확인할 때는 환자들이 실제로 어떠한 고통도 느끼지 못할 수 있거든요. 아드레날린이 진통제처럼 작용하고 있기 때문이죠. 10분 후에 다시 그 부위를 확인하는 순간이 진짜 문제를 발견할 수 있는 때입니다."**18**

문제 프레이밍은 문제를 한 번만 평가하는 것이 아니라 정기적으로 평가해야 한다는 점에서 ABC 확인과 비슷하다.

이것이 중요한 이유 중 하나는 문제가 **시간이 지나면서 변한다**는 것이다. 스콧이 ABC 확인을 한 번만 하고 그때부터 모든 것이 괜찮다고 추정하면 환자의 상태가 위험해질 수 있는 것처럼, 문제 진단이 처음에 옳았다고 해도 그것을 고수하는 것은 위험하다. 디자인 학자 키스 도스트는 그 구조에 대해 이렇게 기록했다.

"전통적인 문제 해결에서는 '문제 정의'가 항상 첫 번째 단계다. …
그러나 문제를 정의함으로써 의도치 않게 맥락까지 고정시킨다.
이것은 돌이킬 수 없는 실수가 될 수 있다. 그들이 새로운 해결책을
실행하려 할 때 다시 나타나 그들을 괴롭힐 수도 있다."**11**

주기적인 확인은 시간 제약이 있는 상황에서도 도움이 된다. 처음에 진단을 완전히 끝내려고 애쓰는 대신 리프레이밍을 한 차례 빠르게 신행하고, 앞으로 나아가고, 그러고 나서 나중에 더 많은 정보를 얻으면 문제 진단으로 다시 돌아가는 것이 일반적으로 더 좋은 방법이다.

진단을 다시 논의하는 네 가지 방법

주기적으로 문제를 다시 논의하는 것을 잊지 않기 위해 다음과 같이 할 수 있다.

1. 한 차례 리프레이밍이 끝나면 다음 리프레이밍 일정을 잡아라. 리프레이밍 과정이 끝나면 그때 바로 다음 일정을 잡아라. 간격은 물론 프로젝트의 '진행 속도'에 따라 달라지지만, 대체로 일정을 과도하게 공격적으로 잡는 것이 더 좋다.

2. 누군가에게 리프레이밍 역할을 지정하라. 화재를 진압할 때 스콧의 팀원 중 한 명은 사고 지휘관의 역할을 맡는다. 그 사람의 역할은 뒤에 남아서 불이 어떻게 번지는지 관찰하는 것이다. 비슷한 방법으로 문제를 계속 지켜보다가 후속 조치를 계획하는 역할을 누군가에게 맡기는 것이 도움이 될 수 있다.

3. 팀에 루틴을 만들어라. 루틴을 통해 문제 상황을 확인하는 것이 도움이 될 수 있다. 재난 지역에서 스콧과 동료 비상대원들에게는 4시간마다 전체회의를 하는 루틴이 있다. 회의는 짧게 15분 정도로 진행될 때도 있다. 이와 비슷하게, 이른바 애자일 기법agile method으로 일하는 팀은 매일 각 팀원이 각자 처리하고 있는 문제를 공유하는 '스탠드업' 미팅으로 일과를 시작하는 경우가 많다. 리프레이밍을 직원 주간 회의처럼 당신의 기존 루틴에 포함할 수 있는가?

4. 사고방식을 연습하라. 마지막으로, 리프레이밍은 충분히 연습하면 제2의 본성처럼 자리 잡아 해결책과 문제를 모두 염두에 두는 일종의 '복시(하나의 물체가 둘로 보이는 것 - 옮긴이)' 능력처럼 될 것이다. 급변하는 상황에서 구조적으로 상기시켜 주는 것이 없는 경우에도 이 본능이 문제를 새롭게 검토하는 계기가 될 것이다.

앞으로 나아가기

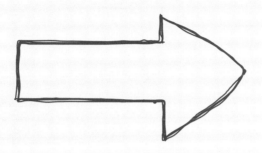

당신의 문제 서술문을 살펴보라. 어떻게 앞으로 나아갈지 생각하라.

당신의 문제를 어떻게 시험할 수 있을까?

경험이 없는 문제 해결사는 자신의 이론이 사실임을 확인하려고 한다. **'내 해결책**
훌륭하지 않아? 실제로 이렇게 할 수 있는지 확인해 보자.' 문제 해결 전문가는 그
들이 믿는 프레이밍이 사실인지 확인하려고 애쓰지 않는다. 그것이 틀렸다는 것
을 입증할 방법을 찾는다. 케빈이 젤라토 아이디어를 이야기했을 때 애슐리가 한
것처럼, 옳은 문제를 목표로 삼고 있는지 현실 세계에서 빠르게 확인할 방법이 있
는가?

당신의 문제 프레이밍을 입증하기 위해 우리가 이 장에서 다룬 네 가지 전술
중 하나를 활용하라.

- **이해관계자에게 문제를 설명하라.** 시스코 팀이 했던 것처럼 관련 당사자들과 이야기하고 그들에게 문제를 설명하라. 당신의 프레이밍을 납득시키려고 애쓰지 말라. 스티브 블랭크가 말했듯, 이 전술의 핵심은 당신의 프레이밍이 반향을 불러일으키는지 확인하고 관련 당사자들에게 더 많은 정보를 듣는 것이다.

- **외부인의 도움을 받아라.** 자신의 아이디어에 객관적일 수 없다고 느낀다면, 또는 사람들이 솔직한 피드백을 주지 않을 것 같다면, 외부인의 도움을 고려해 보라. 컨설팅 회사가 브랜딩에 관한 그들의 가정을 검증하기 위해 조지나의 도움을 받았던 이야기를 기억하라.

- **어려운 시험을 만들어 내라.** 사람들이 문제를 정말 진지하게 생각하고 있는지 시험해 보자. 이를 위해 매니지드바이큐가 어떻게 신용카드 계약을 이용했는지 떠올려 보라. 당신의 문제(또는 해결책)에도 비슷한 시험을 계획할 수 있을까?

- **해결책을 '프리토타이핑'하는 것을 고려하라.** 정해진 해결책을 시험하는 것이 어려운 일이 아니고 위험하지도 않다면, 그냥 한번 시도해 보자. 해결책을 시험하는 빠른 방법을 찾기 위해 바크박스 팀이 와인병 마개 아이디어 사례에서 했던 것처럼 알베르토 사보이아의 프리토타이핑 개념을 활용하는 것을 고려하라.

이 전술들이 문제를 입증할 수 있는 모든 방법은 아니다. 더 많은 영감이 필요하다면 스타트업 문헌을 참고하라. 또는 그보다 더 좋은 방법으로 케빈이 애슐리와 했던 것처럼 스타트업 경험이 있는 누군가와 이야기를 나누어라.

마지막으로, 리프레이밍 고리를 닫고 행동으로 되돌아가기 전에 다음 리프레이밍에 들어가는 일정을 반드시 계획하라.

REFRAMING

3부

저항을
극복하라

세 가지 장애물 넘어서기

갈등과 처리 방법

당신은 이제 리프레이밍을 시작하는 데 필요한 모든 것을 안다. 기법을 완전히 익히고 싶다면 더 많은 것을 배워야 하지만, 그 내용은 대체로 자신의 문제, 그리고 고객·동료·친구의 문제에 실제로 기법을 적용하는 경험을 통해 배울 수 있다.

하지만 아직 이야기해야 할 것이 남았다. 현실의 문제에 기법을 적용할 때 당신은 결국 내가 **갈등**이라고 생각하는 것을 만나게 될 것이다. 이는 리프레이밍에 대한 여러 가지 현실적인 장애물로는 다른 사람들이 리프레이밍 과정에 저항할 때 또는 주어진 문제를 초래하는 것이 무엇인지 전혀 알 수 없을 때 등이 있다.

그것이 이 책의 3부에서 이야기하려는 주제다. 다음 장에서는 리프레이밍을 실행할 때 마주하게 되는 저항을 극복하는 방법에 대해 조언한다. 이 장에서는 흔히 맞닥뜨리게 되는 세 가지 전술적 문제를 처리하는 방법을 살펴본다.

1. 초점을 맞출 프레이밍 선택하기(프레이밍이 너무 많아졌을 때)
2. 알 수 없는 문제의 원인 찾기(무슨 일이 일어나고 있는지 전혀 알 수 없을 때)
3. 사일로 사고방식 극복하기(사람들이 외부 개입에 저항할 때)

3부는 필요할 때 찾아볼 수 있도록 정리한 것이므로 리프레이밍을 당장 시작하고 싶다면, 그냥 책갈피를 끼워 둔 채 마지막 장인 〈해결책을 찾았는가?〉로 건너뛰어도 좋다.

1. 초점을 맞출 프레이밍 선택하기

리프레이밍을 처음으로 시도한 사람 중 일부는 특히 이런 불만을 제기할 확률이 높다. '리프레이밍을 시작할 때는 문제가 하나였어요. 지금은 10가지 문제가 있어요.[1] 리프레이밍 기법에 감사하네요. 저어어엉말 유용하군요!'

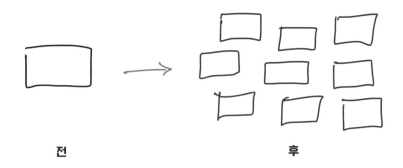

전   후

불만을 느끼는 것이 반드시 나쁜 것은 아니다. 정상적인 리프레이밍 과정의 일부다. 처음에는 더 이상 문제를 '간단하게' 볼 수 없어서 짜증이 날 수도 있지만, 일반적으로 그것은 잘못된 문제를 해결하지 않게 됨으로써 얻는 이득으로 상쇄된다.

아직 다뤄야 할 매우 현실적인 질문이 남아 있다. 다수의 문제 프레이밍을 떠올리게 됐다면, 어떤 프레이밍을 탐구하고 어떤 프레이밍은 무시할지 어떻게 결정할 수 있을까?

죽느냐 사느냐가 걸린 매우 중요한 문제를 해결하려는 일부 상황에서는 각각의 모든 프레이밍을 꼼꼼하게 분석하고, 하나하나 현실에서 검증하는 것이 타당하다. 하지만 보통은 그렇게 할 시간도 없고, 자원도 없고, 인내심마저 없다. 그보다는 적어도 다음에 그 과정을 반복할 때까지 초점을 맞출 프레이밍을 하나 또는 둘 선택해야 한다. 그렇다면 어떻게 해야 가장 잘 선택할 수 있을까?

문제가 너무 다양해서 고정된 공식을 일관되게 적용할 수는 없지만, 경험으로 알게 된 다음의 세 가지 기준이 도움이 될 것이다. 프레이밍을 검토할 때는 다음과 같은 프레이밍에 특별히 주의를 기울여라.

- 놀라운 프레이밍
- 단순한 프레이밍
- (사실이라면 중요한) 당신이 믿지 않는 프레이밍

놀라운 프레이밍을 탐구하라

문제를 리프레이밍할 때 당신(또는 당신이 돕는 사람들)은 때때로 특정 프레이밍에 놀라움을 표현할 것이다. '어? 그런 관점에서 생각해 본 적은 없었어.' 내 워크숍에서 사람들은 그 느낌을 거의 육체적인 감각으로 묘사했다. 자신의 문제를 바라보는 새로운 관점을 발견한 데 대한 본능적인 안도감이다.

놀라움을 느꼈다고 해서 그 문제 프레이밍이 최종적으로 항상 실행 가능한 것은 아니다. 하지만 놀라운 프레이밍은 보통 탐구할 만한 가치가 있다. 프레이밍이 문제 소유자의 고착된 정신 모형에 어긋나기 때문에 놀라는 것이고, 그럴 때 새로운 관점이 도움이 될 확률이 높다.

단순한 프레이밍을 찾아라

사람들이 흔히 상상하는 획기적인 해결책은 종종 복잡하고 새로운 기술과 관련이 있다. 예를 들어 스마트폰의 위치 인식 기능은 당신이 있는 곳을 정확하게 나타내기 위해 양자역학, 원자시계, 궤도위성에 의존한다. 그런 점에서, 문제에 심오하고 대단히 섬세하게 접근함으로써 가장 좋은 해결책을 찾고 싶다는 생각에 사로잡힐 수 있다.

하지만 내 경험상 그런 경우는 드물다. 일상생활에서는 좋은 해결책이(그리고 그와 대응하는 문제 프레이밍이) 꽤 단순하다. 예를 들어, 동물보호소 유기견 문제에 대한 로리 와이즈의 해결책을 떠올려 보라. 첫 번째 가족이 개를 계속 기르게 하는 것이었다. 가장 좋은 해결책은 되돌아보면 필연적인 것일 때가 많다. 일단 찾고 나면 사람들은 이렇게 반응한다. **'당연한 거잖아! 이걸 왜 이제서야 떠올린 거야?'**

어떤 리프레이밍을 추구할지 생각할 때는 대체로 더 단순한 쪽을 선택해야 한다. 중세의 수도사이자 철학자인 윌리엄 오컴William of Ockham은 '오컴의 면도날Occam's razor'**2**이라는 개념을 제시했는데, 그 원리는 과학자들이 한 현상에 대해 가능한 설명이 여러 가지일 때 가장 단순한 것을 선택하라는 이야기를 나누고 기억하기 쉽게 빗대어 정리한 것이다.

기업의 문제로 생각해 볼 때, 다음 두 프레이밍을 보고 오컴의 면도날이 어느 쪽을 가리킬지 생각해 보라. **'사람들이 우리 제품을 사지 않아요. 왜냐하면……'**

| 광고대행사를
네 곳이나 거쳤지만,
아직 정확한 마케팅 메시지를
찾지 못했다 | VS | 제품이 완전 별로다 |

단순함을 강조하는 것은 지침이지 철칙이 아니다. 어떤 문제에는 효과적으로 해결하기 위해 복잡하고 다각적인 해결책이 요구된다. 하지만 스티브 드세이저가 그의 치료 경험에 관해 썼듯이, "아무리 끔찍하고 복잡한 상황에서도 한 사람의 행동에서 시작된 작은 변화가 모든 관련자의 행동에서 심오하고 원대한 차이를 만들 수 있다."[3]

당신이 믿지 않는 프레이밍을 찾아라

마지막으로, 당신이 **믿지 않는** 프레이밍을 시험하는 것이 때로는 타당할 수 있다.

리프레이밍은 원래 문제에 대한 추정과 믿음에 이의를 제기하는 것이다. 때로는 단순히 새롭고 예상치 못한 관점을 듣는 것만으로도 전에 가졌던 믿음에 대해 다시 생각하게 된다. 그러나 대개의 경우 정말 강력한 프레이밍을 접하면, 당신의 본능적인 반응, 또는 우리가 고상하게 직감이라고 말하는 것은 부정적인 방향으로 향할 수 있다. 그래서 리프레이밍에 관해서라면 **직감을 믿는 것을 주의해야 한다.**

이것이 이상하게 느껴질 수도 있다. 개인적 문제를 상담해 주는 많은 곳에서 늘 강조하는 메시지가 다음과 같기 때문이다. 당신의 직감을 믿어라. 우리는 무언가에 대한 즉각적인 느낌을 믿는 경향이 있고, 그런 느낌이 어디에서 오는지에 대해서는 별로 의심하지 않는다.

그러나 '직감'은 사실, 과거에 효과가 있었던 것에 대해 뇌가 무의식적으로 요약한 것에 불과하다. 그리고 중요한 사실은 다음과 같다. 창의력은 흔히 과거의 경험을 초월하고, 당신의 추정 중 적어도 한두 가지를 거부한다. 당신의 직감은 당신의 과거를 통해 만들어진다. 바로 그 이유 때문에 이는 당신의 미래에 항상 좋은 지침이 될 수 없다.

즉 프레이밍이 직감에 어긋나더라도 **'이 프레이밍이 사실이라면 큰 영향을 미칠까?'** 라는 질문을 던지기 전에 무시해서는 안 된다. 그런 프레이밍은 옳을 확률이 아주 적다고 해도 프레이밍을 시험하는 데 너무 많은 자원이 필요한 것이 아니라면 탐구할 가치가 있다.

볼사 파밀리아Bolsa Familia 프로그램.[4] 브라질의 정치인이자 전 대통령인 룰라 다 실바Lula da Silva의 이야기에서 예를 찾을 수 있다. 최근에 룰라는 부패 혐의로 유죄 판결을 받는 불명예를 안았다. 하지만 그 일이 있기 전에는 빈곤을 퇴치하기 위한 성공적인 계획인 볼사 파밀리아 프로그램을 만들어서 국제적으로 긍정적인 평가를 받았다.

조너선 테퍼먼Jonathan Tepperman의 책《픽스The Fix》에 묘사된 것처럼, 이 프로그램은 가난한 가구에 서비스를 제공하려고 애쓰던 것을 그냥 부족한 돈을 주는 방식으로 바꿨다. 가난한 사람들은 그 돈으로 원하는 물건을 사고 원하는 서비스를 이용했다.

더 간단하고 더 적은 비용이 들었지만(한 연구 결과에 따르면 기존의 프로그램보다 비용이 30퍼센트 적게 드는 것으로 추정됐다), 사람들에게 돈을 준다는 발상을 국내외 전문가들이 강하게 반대했고 그들 중 다수는 가난한 사람들이 돈을 나쁜 짓이나 다른 어리석은 일들에 낭비할 것이라고 확신했다. 하지만 룰라는 가난하게 자랐으므로 그러한 편견들이 잘못됐다는 것을 알았다. 가난한 사람들, 특히 엄마들은 대부분 돈을 현명하게 쓸 것이었다. 볼사 파밀리아 프로그램과 기타 여러 계획들이 실행된 이후 브라질의 빈곤율이 기존의 반으로 낮아졌고, 3600만 명이 빈곤의 가장 심각한 범주에서 벗어났으며 소득 불평등을 해결하려고 노력하는 다른 국가들이 브라질을 밝은 점으로 참고할 수 있게 됐다.

문득 떠오르는 질문이 있다. 브라질의 전 정책 입안자 중 한 명이 **그들의 본능에도 불구하고** 이런 생각을 떠올릴 수 있었을까? 이러한 시험을 이용해서 그들은 이렇게 말했을 수도 있다. '가난한 사람들이 돈을 책임감 있게 다룰 수 있다고 생각하지 않아요. 그렇지만 내 추정이 틀릴 가능성도 일부 있다는 것을 인정합니다. 그리고 내가 틀렸다면 상품이나 서비스를 제공하는 것보다 돈을 주는 것이 훨씬 더 효율적이기 때문에 큰 변화를 가져올 수 있습니다. 그 점을 염두에 두고, 내가 옳은지 시험하기 위해 작은 실험을 준비하면 어떨까요?'

두 개 이상의 프레이밍을 탐구하라

어떤 선택 전략을 이용하든 이 선택 과정의 의미가 하나의 최종적인 프레이밍에 도달하는 것이 아니라는 데 주의하라. 내가 함께 일했던 몇몇 팀에서는 탐구할 첫 번째 프레이밍을 고른 다음 두 번째, 세 번째 프레이밍도 탐구하기 위해 팀원 중 몇 명을 지정했다. 즉시 해결책에 전념해야 하는 경우가 아니라면 병행해서 탐구하는 것도 노력해 볼 만한 가치가 있다. 탐구한 것 중 실패한 방법도 이해관계자에게 '그 관점에서 시험해 봤지만, 효과가 없었어요'라고 말할 수 있다는 점에서 나중에 도움이 될 수 있다.

2. 알 수 없는 문제의 원인 찾기

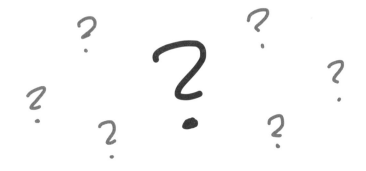

문제에 직면했지만, (문제를 리프레이밍하려는 시도를 포함한) 초기 분석에서 무엇이 문제를 발생시켰는지에 대해 아무런 단서도 나오지 않는 경우를 상상해 보라. 어떻게 해야 할까?

우리는 앞에서 이미 한 가지 방법을 다루었다. 그것은 바로 6장 〈긍정적인 예외 주목하기〉에서 이야기했던 **문제를 널리 알린다**는 아이디어다. 여기에서는 문제의 숨은 원인을 찾는 데 활용할 수 있는 두 가지 방법을 공유하고자 한다. 바로 발견 지향적 대화와 배우는 실험이다.

발견 지향적 대화

상대방이 진짜 말하고자 하는 것이 무엇인지에 주의를 기울인다면 적합한 사람과 나누는 간단한 대화만으로도 충분할 때가 있다.

몇 년 전에 마크 라마단Mark Ramadan과 스콧 노턴Scott Norton이라는 두 사업가가 케첩, 머스터드, 마요네즈를 포함한 조미료 제품군인 서 켄싱턴스Sir Kensington's를 출시했다.[5] 기존 제품을 대체하는 더 맛있고 건강한 유기농 제품을 만들자는 아이디어가 그 출발점이었다.

2년 후, 그 제품들은 잘 판매되고 있었고, 수요도 늘고 있었다. 그러나 무슨 이유에서인지 케첩의 판매량이 떨어지고 있었다. 고객들은 그 케첩의 맛을 아주 좋아했으므로 문제는 맛이 아니었다. 사람들은 열광적인 반응을 보여줬던 것에 비해 케첩을 조금 구매하고 있었다.

마크와 스콧은 그 상황이 병의 모양과 관계가 있다고 생각했다. 회사를 설립할 때 그들은 고급스러운 브랜드 이미지를 만들기 위해 모든 제품에 정사각형 모양의 유리병을 활용했다. 사람들은 짜서 쓰는 플라스틱 용기 대신 고급 머스터드를 연상시키는 튼튼한 유리병을 사용하게 됐다. 그 전략은 다른 제품들의 판매량으로 판단할 때 전반적으로 성공적이었다. 그러나 케첩에는 효과가 없었다.

마크와 스콧은 케첩 용기만 더 전통적인 병 모양으로 바꿔야 할지를 두고 논쟁했다. 그것은 중요한 결정이었다. 변화는 공급망의 모든 부분에 영향을 미치고, 운영을 복잡하게 만들 것이었다. 만약 그들이 틀렸다면 결정을 되돌리는 데 1년이 걸릴 문제였다. 마크와 스콧은 옳은 일을 하고 있는지 확인하고 싶었다. 그리고 그것은 케첩 판매량에 실제로 무슨 일이 일어나고 있는지 알아내는 것을 의미했다.

잠시 멈춰 대기업이었다면 이런 상황에서 어떻게 했을지 생각해 보자. 마케팅 책임자는 설문조사를 실시하거나 몇 개의 포커스 그룹(시장 조사나 여론 조사를 위해 각 계층을 대표하도록 뽑은 소수의 사람들로 이뤄진 집단 – 옮긴이)을 모집하기로 결정했을 수도 있다. 또는 회사 예산에서 심도 있는 민족지학적 연구에 몇 십만 달러를 배정하여, 대중의 생활 양상을 전문 연구원이 관찰하게 했을 것이다.[6]

이런 방법으로 도움이 되는 통찰을 얻을 수도 있기 때문에 많은 대기업이 성장하기 위해 이와 유사한 방법들을 사용해 왔다. 그러나 마크와 스콧은 스타트업에 있었으므로 그 방법들 중 어떤 것도 선택할 수 없었다. 그래서 그렇게 하는 대신에 그냥 아는 사람들, 즉 그들의 제품을 먹어본 고객들, 투자자들, 친구들과 대화하기 시작했다. 투자자 중 한 명이 이렇게 말했을 때 단서를 얻을 수 있었다. "보내준 견본품을 먹어봤는데, 정말 마음에 들어요. 아직도 냉장고에 있어요."

그 말에 마크와 스콧은 잠시 말을 멈췄다. 투자자는 그 병을 몇 달 전에 받았다. 그 케첩이 마음에 들었다면 '왜 아직도 병을 냉장고에 가지고 있었을까?' 왜 지금까지도 다 먹지 않았을까?

그 답은 대부분의 사람들이 케첩을 어떻게 보관하는지에 관한 작은 세부 사항과 관련이 있는 것으로 밝혀졌다. 마크는 사람들이 머스터드와 마요네즈를 가운데 선반에 놓는 경향이 있고, 그래서 다음에 냉장고를 열 때 그 소스들이 잘 보이게 된다는 사실을 알아냈다. 하지만 케첩은 문에 달린, 바구니 모양의 선반에 주로 넣는다고 한다. 선반의 앞면이 투명하면 문제가 되지 않는다. 그러나 선반 앞면이 불투명한 냉장고에서는 서 켄싱턴스의 정사각형 케첩 병이 보이지 않는다. 마크는 이렇게 말했다. "병이 보이지 않으면 자주 꺼내지 않게 됩니다. 눈에서 멀어지면, 마음에서도 멀어지는 법이죠."

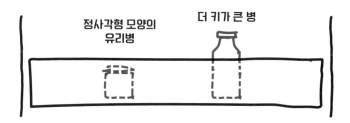

정사각형 모양의
유리병

더 키가 큰 병

냉장고 문제를 발견한 덕분에 마크와 스콧은 더 키가 큰 병으로 바꾸는 결정에 확신을 가질 수 있었다. 새로운 용기에 담긴 케첩은 출시되자마자 판매 속도가 50퍼센트 빨라졌다.

이 이야기에서 알 수 있듯이, 상대가 하는 말에 주의를 기울인다면 때로는 간단한 대화에서도 중요한 단서를 발견할 수 있다. 투사사가 무심코 견본품을 아직 가지고 있다고 말했을 때 다른 사람들은 그 말의 중요성을 알아채지 못했을 수도 있다. 하지만 마크와 스콧은 그것을 빠르게 알아차렸다. 그들은 문제의 단서를 찾고 있었기 때문에 핵심 정보를 얻을 수 있었다.

이렇게 하려면 어떻게 해야 할까? 듣기와 질문하기라는 주제는 경영 과학 등의 분야에서 폭넓게 탐구됐다. 그 내용을 모두 소개할 수는 없지만, 많은 사람이 공통적으로 이야기하는 조언 세 가지는 다음과 같다(만약 더 잘 듣는 사람이 되는 방법에 관해 더 많은 조언이 필요하다면, 부록에서 '질문'이라는 소제목 아래 소개한 추천 도서를 참고하라).

배우려는 마음가짐으로 대화하라(일명 '닥치고 경청'). 경영학자 에드거 샤인Edgar Schein은 《겸손한 질문Humble Inquiry》이라는 책[7]에서, 우리는 말하려는 목적으로 대화를 시작할 때가 너무 많다고 지적했다. **대화를 시작하기 전에**, 듣고 배우겠다는 목적으로 다른 사람에게 다가가야 한다는 사실을 상기하는 것이 중요하다.

그 밖에도 여러 사람과 함께 문제를 리프레이밍할 때 자기 자신의 말하기 대 듣기 비율을 의식하려고 노력해 보라. 어떤 사람들은 자신의 문제를 논의하는 데 5분이 주어진다고 하면 5분 중 4분을 말하는 데 쓰고, 듣는 시간은 거의 남겨두지 않는다. 당신도 많이 말하는 경향이 있다면, 더 많이 들을 때 무슨 일이 일어나는지 시험해 볼 수 있겠다.

안전한 대화 공간을 만들어라. 에이미 에드먼슨Amy Edmondson의 심리적 안정감에 대한 연구[8]에서 볼 수 있듯이, 사람들이 비난을 두려워하거나 그렇지 않더라도 자유롭게 말할 수 없다고 느낄 때는 배우는 대화가 덜 효과적이다. 대화에서 위험을 느낄 요소를 제거하거나 제3자가 면담하게 하여 편안한 대화 환경을 만들어 보자.

불편한 부분을 마주하라. 7장 〈자신의 행동 돌아보기〉에서 논의한 것처럼, 유용한 통찰을 얻으려면 자신의 고통스러운 진실을 발견할 준비가 돼 있어야 한다. MIT 교수 할 그레거슨과 그의 동료들이 남긴 기록에 따르면, 많은 선도적인 사업가들은 자기 자신을 불편한 상황에 놓이게 하는 자신의 능력이 성공에 도움이 됐다고 생각한다.[9] (또 누구와 대화할지 선택하는 능력도 도움이 된다. 당신은 기분 좋은 말을 해줄 사람에게만 피드백을 요청하는가?)

배우는 실험

대화에서 문제의 본질에 관한 어떠한 단서도 얻을 수 없다면 또 다른 전략으로 소규모 **배우는 실험**을 할 수 있다. 배우는 실험은 간단히 말해 평상시의 행동과 의도적으로 다른 방법을 택함으로써 상황을 흔들어서 새로운 뭔가를 배우려는 시도다.

제레미아 미아 진Jeremiah Miah Zinn은 인기 있는 어린이 오락 TV 채널인 니켈로디언Nickelodeon(문화계의 영원한 우두머리, 스펀지밥 스퀘어팬츠의 본거지다)에서 일할 때 이것을 경험했다.[10] 미아가 이끄는 제품개발팀에서 7~12세 아이들을 대상으로 재미있는 앱을 출시했을 때였다. 팀은 시험을 통해 아이들이 그 콘텐츠를 아주 좋아한다는 사실을 확인했고, 정말로 많은 아이가 앱을 다운받았다.

그러나 그다음에 문제가 생겼다. 미아는 이렇게 말했다. "앱을 사용하려면 가입하는 과정을 한 번 거쳐야 했어요. 그리고 가입 과정 중에 가정의 케이블 TV 서비스에 로그인해야 했죠. 그런데 그 시점에서 거의 모든 아이들이 가입하는 것을 포기했습니다."

가입은 필수적인 부분이었기에 달리 방법이 없었다. 미아의 팀은 어떻게 아이들에게 가입 과정을 안내할지, 그리고 어떻게 가입률을 높일 수 있을지 알아내야 했다. 게다가 매일 사용자가 줄어들고 있었기 때문에 빠르게 해결책을 찾아야 했다. 압박감 속에서 그들은 곧바로, 그들이 능숙하게 다룰 수 있는 방법으로 나아갔다. 바로 사용성(어떤 사물에 대한 사용자의 경험적 만족도 – 옮긴이) 평가였다.

미아가 말했다. "우리는 수백 번의 A/B 테스트를 합니다. 가입 절차나 설명 방식을 다양하게 바꿔서 시험하는 것이죠. 중서부에 사는 열두 살짜리 아이들을 대상으로 시험해 볼까요? 가입 단계의 순서를 바꾸면 더 반응이 좋을까요?"

이 팀이 A/B 테스트에 의존한 데는 그럴 만한 이유가 있었다. A/B 테스트는 1980년대 후반 처음 소개됐을 당시에는 큰 주목을 받지 못했다. 그러나 도널드 노먼Donald Norman의 고전《디자인과 인간 심리The Design of Everyday Things》출간과 함께 화제가 되면서 이 테스트는 점차 기술 회사에서 일반적으로 사용하는 강력한 도구로 자리 잡게 됐다. 큰 기술 회사 한 곳이 자체적으로 개발한 검색 페이지에 딱 맞는 색깔을 찾으려고 A/B 테스트를 통해 40가지 이상의 푸른 색조를 시험한 사례 또한 유명하다.

그러나 미아는 이렇게 말했다. "문제는 우리가 했던 어떤 시험도 상황을 바꾸지 못했다는 거예요. 가장 좋았던 시험도 가입률을 기껏해야 몇 퍼센트 올리는 데 그쳤지요."

돌파구를 찾기 위해 미아는 뭔가 새로운 시도를 해보기로 했다.

"우리는 큰 집단들을 관찰하면서 많은 정보를 모으는 데 초점을 맞추고 있었어요. 여기는 몇 퍼센트 올라갔고 저기는 몇 퍼센트 기록했고……. 그런데 그런 것은 아무런 도움이 되지 않았어요. 그래서 생각했죠. '먼 곳에 있는 많은 아이를 연구하는 대신, 두세 명의 아이를 사무실로 초대해서 아이들이 로그인하려고 할 때 무슨 일이 일어나는지 옆에서 지켜보면 어떨까?'"

이건 매우 중요한 결정이었다. 미아의 팀이 아이들과 직접 만났을 때 비로소 문제가 사용성에 관한 것이 아니었다는 게 분명해졌다. 아이들은 설명을 이해하거나 로그인 과정을 처리하는 데 아무런 문제가 없었다(요즘 열 살 아이들은 대부분 5분 안에 금고를 부술 수 있다). 문제는 아이들의 감정에 관한 것이었다. 아이들은 가정의 케이블 TV 비밀번호를 입력하는 단계에서 혼나게 될까 봐 두려움을 느꼈다. 열 살짜리 아이들에게는 비밀번호 요구가 금지된 영역이라는 신호였던 것이다.

미아의 팀은 즉시 가입 과정을 개선하려는 노력을 그만두었다. 그 대신에 부모님에게 비밀번호를 물어봐도 아무 문제가 없다고 설명하는 짧은 영상을 만들었다. **'어린이 여러분, 걱정하지 마세요! 비밀번호를 물어봐도 혼나지 않아요!'** 그 결과 앱 가입률이 즉시 10배로 늘어났다. 그 날 이후, 미아는 제품 개발 과정에 A/B 테스트뿐 아니라 사용자 대면 테스트 몇 가지가 반드시 포함되게 했다.

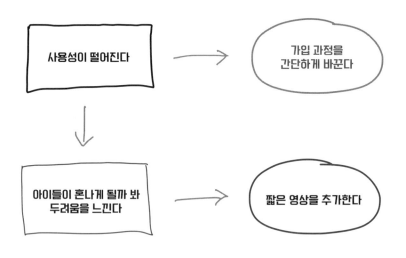

테스트 대 배우는 실험. 미아의 이야기는 테스트와 배우는 실험 사이의 차이를 드러낸다. 이 팀은 처음에 문제를 공략하면서 분석에만 집착하지 않았다. 그들은 실시간으로 실제 고객을 대상으로 가입 절차의 순서를 바꿔가며 수백 번 테스트했다. 만약 당신이 그들의 사무실로 걸어 들어가서 '여러분, 답을 알아내려면 실험을 해야 합니다'라고 주장했다면 그들은 당신을 이상하게 처다보았을 것이다. **'지금 우리가 하고 있는 게 실험이에요!'**

문제는 그들의 테스트가 잘못된 문제에 초점을 맞추고 있었다는 것이다. 그 팀은 미아가 뭔가 다른 것을 시도하기로 결정하고 나서야 앞으로 나아갈 방법을 찾았다. 미아는 사용성 평가를 계속 수정하는 대신('버튼을 아아주 조금만 더 파랗게 하면 어떨까?') 뒤로 한발 물러나 질문했다. '문제를 더 제대로 이해하기 위해 할 수 있는 또 다른 일이 있을까? 지금까지 시도해 보지

않았던 것은 무엇인가?'

이것이 배우는 실험의 핵심이다. 나아갈 방법을 찾기 어려울 때, 현재의 행동 패턴을 고집하기보다 상황을 새롭게 조명할 수 있는 실험을 계획해 보는 건 어떨까?

3. 사일로 사고방식 극복하기

사람들은 대부분 사일로 사고방식이 나쁘다는 생각에 동의한다. 그리고 혁신과 문제 해결에 관한 연구 결과가 그 생각을 뒷받침한다. 다양한 사람들로 구성된 팀은 비슷한 사람들로 이루어진 팀보다 복잡한 문제에서 더 나은 결과를 도출한다.[11] 나아가 리프레이밍할 때 문제를 바라보는 외부인의 관점에 주의를 기울이는 것은 새로운 프레이밍을 발견하는 확실한 지름길이다.

하지만 사람들은 리프레이밍 과정에 필요한 것보다 훨씬 적은 외부인을 참여시킨다. 이론상으로는 외부인을 참여시켜야 한다는 생각에 동의할지 모르지만, 행동으로 옮겨야 할 때가 되면 다음과 같이 말한다.

- 외부인들은 우리 사업을 잘 모르기 때문에 문제를 설명하는 데 시간이 너무 오래 걸려요. 우리는 지금 그럴 시간이 없어요.
- 이 분야에 대해서는 내가 제일 잘 압니다. 잘 알지도 못하는 사람을 데려와서 뭘 어쩌자는 거죠?
- 외부인들에게 물어봤지만 효과가 없었습니다. 그들이 생각해 낸 아이디어는 쓸모가 없었어요.

이러한 반응은 다음과 같은 중요한 사실을 드러낸다. '외부인을 참여시키는 것에는 좋은 방법과 나쁜 방법이 있다.' 다음에 이어지는 마크 그레인저Marc Granger라는 한 리더의 이야기를 함께 생각해 보자.[12]

마크는 유럽의 작은 회사를 인수한 지 얼마 되지 않았을 때 문제가 있다는 걸 깨달았다.

우리 직원들은 혁신하지 않는다.

경영팀은 이 문제에 도움이 될 것 같은 혁신 교육 프로그램을 발견했다. 하지만 그들이 교육 프로그램을 어떻게 시작할지 논의하고 있을 때 마크의 개인 비서 샬럿이 끼어들었다.

샬럿이 말했다. "나는 12년 동안 이 회사에서 일했습니다. 그동안 경영팀이 바뀌고 새로운 혁신 프레임워크가 시작되는 것을 세 번이나 봤어요. 그러나 어떤 것도 효과가 없었죠. 이번에도 또 다른 유행어로 조합된 낯선 프로그램을 도입한다고 해서 직원들이 좋은 반응을 보일 것

같지는 않습니다."

샬럿이 회의에 참석한 것은 우연이 아니었다. 마크가 직접 그녀를 초대했다. 마크는 이렇게 말했다. "내가 회사를 인수한 지 이제 막 반년이 지났습니다. 하지만 샬럿은 회사에서 무슨 일이 일어났는지 잘 이해하고 있었죠. 직원들은 경영진에게 직접 가져가고 싶지 않은 문제가 있을 때 그녀를 찾았어요. 그래서 우리가 우리 자신의 관점을 넘어서서 볼 수 있도록 그녀가 도와줄 수 있을 거라고 생각했죠."

그 생각은 정확히 들어맞았다. 경영팀이 문제를 실제로 이해하기도 전에 교육 프로그램이라는 해결책에 지나치게 몰입했다는 사실이 얼마 지나지 않아 분명히 드러났다. 그들은 일단 질문하기 시작하자 초기 진단이 잘못됐다는 사실도 발견했다. 마크는 이렇게 말했다. "많은 직원이 이미 혁신하는 방법을 알고 있었어요. 하지만 회사에 큰 애착이 없었고, 그래서 직무 기술서가 규정하는 것 이상으로 주도적으로 일하지 않았지요." 그렇게 해서 관리자들은 처음에는 능력 문제로 프레이밍했던 부분을 동기부여 문제라는 더 나은 프레이밍으로 접근할 수 있게 되었다.

마크의 팀은 교육 프로그램을 중단했고, 그 대신 참여 활성화를 목적으로 하는 일련의 변화 정책을 도입하기 시작했다. 근무 시간을 유연하게 하고, 투명성을 높이고, 지도부의 의사 결정 과정에 직원들이 적극적으로 참여하게 하는 내용을 담은 정책이었다. 마크는 이렇게 말했다. "회사에 대한 직원들의 충성심을 올리기 위해서는 회사가 먼저 직원들에게 관심을 가지고 그들을 신뢰하고 있다는 사실을 보여줘야 합니다."

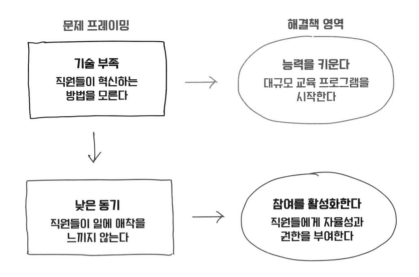

18개월 만에 직장 만족도 점수가 두 배로 높아졌고, 회사에 큰 비용을 초래하던 직원 이직률이 급격하게 감소했다. 직원들이 업무에 더 많은 에너지를 쏟고 더 주도적으로 일하기 시작했기 때문에 재무 성과가 눈에 띄게 개선됐다. 4년 후 이 회사는 전국에서 일하기 가장 좋은 회사에 주는 상을 받았다.

마크가 샬럿을 회의에 참여시키지 않았다면, 경영팀은 교육 프로그램을 도입해서 이전의 세 경영팀과 똑같은 운명을 맞이했을 것이다. 외부인을 활용하려고 애썼던 다른 많은 사례와 비교해 볼 때 마크의 회사가 특히 좋은 결과를 얻게 된 이유는 무엇이었을까? 마크가 데려온 **외부인의 유형**도 그 이유 중 하나였을까?

경계 확장자를 찾아라

샬럿이 팀과 원래 어떤 관계였는지가 매우 중요한 요소였다. 이것은 외부인의 힘에 관한 통념에 어긋나는 것이었다. 이 주제와 관련된 잘 알려진 성공 사례들에서는 어려운 문제가 그 문제와는 전혀 관계없는 누군가에 의해 어떻게 해결됐는지에 초점을 둘 때가 많다. '핵물리학자 중 누구도 그 문제를 해결할 수 없었다! 하지만 그때 마침 풍선 예술가가 그곳을 지나가고 있었다.'

그런 이야기들은 기억하기 쉽고, 그 교훈은 연구에 의해 뒷받침된다. 하지만 그런 이야기들을 듣고 사람들은 자신과는 **전혀** 다른 '완전한 외부인'을 찾아내야 한다고 생각하기 쉽다.[13] 일상적인 문제 해결에 그렇게 접근하는 것이 비현실적인 이유는 두 가지 문제 때문이다.

1. 그들을 데려오기가 어렵다. 완전한 외부인을 참여시키기 위해서는 시간과 노력이 필요하다. 도대체 어디에서 갑자기 풍선 예술가를 찾을 수 있겠는가? 그래서 많은 사람이 가장 골치 아픈, 죽느냐 사느냐의 문제가 아니라면 외부인을 데려오는 것을 그냥 포기해 버린다.

2. 의사소통에 많은 노력이 필요하다. 이점을 누리기 위해서는 처음에 완전한 외부인을 문제에 참여시킬 때 여러 노력을 해야 한다. 조직의 상황과 문제의 배경 등을 설명하여 의사소통의 격차를 해소시켜야 한다.

그에 반해 샬럿은 완전한 외부인이 아니었다. 그녀는 경영학자 마이클 투시먼Michael Tushman이 '경계 확장자boundary spanner'[14]라고 부르는 사람이었다. 즉 문제를 이해하지만 그 세계에 완전히 속하지 않은 사람이다.

투시먼은 경계 확장자가 내부와 외부의 관점을 모두 가지고 있기 때문에 도움이 된다고 주장한다. 샬럿은 경영팀의 생각에 이의를 제기할 수 있을 만큼 그들과 충분히 달랐다. 하지만 동시에 경영팀의 우선순위를 이해하고 그들의 언어로 말할 수 있을 만큼 충분히 가깝기도 했다. 결정적으로, 그녀는 회의에 즉시 참여하여 의견을 낼 수 있었다.

외부 의견을 얻는 것은 긴급성과 노력 사이에서 균형을 유지하는 행위다. 회사의 운명이 걸려 있는 큰 문제에 직면하거나 완전히 새로운 생각이 필요한 상황에서는 정말 다양한 집단을 참여시키는 데 진지한 노력을 기울여야 한다. 그러나 그렇게 할 수 없는 많은 경우에는 당신의 문제를 **조금이라도** 외부의 관점에서 보기 위해 또 무엇을 할 수 있는지 생각해 봐야 한다.

해결책이 아닌 조언을 구하라

알아차렸을지 모르겠지만, 샬럿은 경영팀에 해결책을 주려고 노력하지 않았다. 그보다는 의견을 말함으로써 **관리자들이 스스로 문제를 다시 생각하도록 도왔다.**

이 방식이 일반적이다. 외부인은 말 그대로 그 상황에 대한 전문가가 아니므로 문제를 해결할 수 없을 것이다. 이는 그들이 할 일이 아니다. 그들은 문제 소유자가 다르게 생각하도록 자극하기 위해 이 과정에 참여한 것이다. 즉 외부인을 참여시킬 때 다음과 같이 하라.

- 그들을 왜 참여시켰는지 설명하라. 그들이 추정에 이의를 제기하고 사각지대에 대해 조언하려고 왔다는 사실을 모든 사람이 알게 하는 것이 좋다.
- 문제 소유자가 귀를 기울일 수 있게 하라. 해결책을 기대하기보다 조언을 구하라고 그들에게 이야기하라.
- 외부인에게 집단의 생각에 이의를 제기해 달라고 구체적으로 요청하라. 그들이 해결책을 제공하지 않아도 된다는 사실을 분명히 하라.

외부인을 참여시켰을 때 발생하는 또 다른 유용한 효과는 문제 소유자가 다른 방식으로 문제를 설명하게 된다는 것이다. 때로는 문제에 대해 덜 전문적인 용어로 풀어 말하는 단순한 행위가 문제를 다르게 생각하는 계기가 될 수 있다.[15]

세 가지 장애물 넘어서기

리프레이밍하는 동안, 때로는 흔하게 나타나는 세 가지 갈등을 겪게 될 수 있다. 다음은 각각을 처리할 때를 위한 조언이다.

1. 초점을 맞출 프레이밍 선택하기

때때로 리프레이밍을 할 때 문제를 프레이밍하는 방법이 너무 많은 상황을 맞닥뜨리게 될 것이다. 초점을 맞출 가치가 있는 프레이밍을 추려내려면 이러한 프레이밍을 눈여겨보라.

- **놀라운 프레이밍**을 탐구하라. 놀라움은 프레이밍이 정신 모형에 어긋나기 때문에 느끼게 된다.
- **단순한 프레이밍**에 우선순위를 두어라. 대부분의 일상적인 문제에 대해,

좋은 해결책은 복잡하지 않은 경우가 대부분이다. 오컴의 면도날을 이용하라. 단순한 답이 보통 옳은 답이다.

- **당신이 믿지 않는 프레이밍**을 주목하라. 직감으로는 그 문제 프레이밍이 맞지 않는 것 같더라도, 사실이라면 매우 큰 영향을 미칠 문제 프레이밍에 대해 생각하라. 볼사 파밀리아 프로그램을 기억하라.

항상 단 하나의 프레이밍으로 방향을 좁힐 필요는 없다는 것을 기억하라. 두세 가지 프레이밍을 동시에 탐구하는 것이 가능할 때도 있다.

2. 알 수 없는 문제의 원인 찾기

문제를 일으키는 것이 무엇인지에 대해 단서가 없을 때 적용할 수 있는 한 가지 접근법은 문제를 널리 알리는 것이다(6장에서 다루었던 내용이다). 시도해 볼 수 있는 두 가지 방법이 있다.

- **발견 지향적 대화를 이용하라.** 서 켄싱턴스 창립자들은 대화를 통해 케첩 판매량 미스터리를 해결했다. 듣고, 배우는 데 집중했다. 당신은 더 배우기 위해 누구와 이야기할 수 있는가?

- **배우는 실험을 하라.** 니켈로디언의 미아 진은 A/B 테스트에 의존하는 대신 아이들 몇 명을 사무실로 초대함으로써 앱 가입 문제를 해결했다. 같은 방식으로 새로운 통찰의 기회를 얻기 위해 이제까지 해보지 않은 행동을 실험할 수 있는가?

3. 사일로 사고방식 극복하기

마크 그레인저 이야기에서 샬럿이 회의에 참석해 경영팀에 기꺼이 이의를 제기했던 것이 큰 변화를 가져왔다. 외부 목소리의 힘을 이용하려면 이렇게 하라.

- **경계 확장자를 이용하라.** '완전한' 외부인을 참여시키는 것은 효과가 강력할 수 있지만, 항상 쓸 수 있는 방법이 아니다. 다행히 그보다 덜 외부인인 사람들이 그 역할을 할 수 있을 때가 많다. 샬럿과 같은 부분적인 외부인(또는 '경계 확장자')을 통해 덜 힘들게 이점의 상당 부분을 얻을 수 있다.
- **해결책이 아닌 조언을 구하라.** 외부인은 해결책을 제시하려고 참석한 것이 아니라 집단의 생각에 대해 질문하고 이의를 제기하기 위해 온 것이다. 논의를 시작할 때 모든 사람에게 이 점을 상기시켜라.

사람들의 저항을 이겨내기

저항과 부정

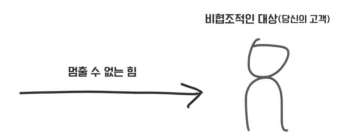

다른 사람의 문제 해결을 도와야 한다고 가정해 보자. 운이 좋다면, 당
신과 문제 소유자 사이에 신뢰가 존재한다.[1] 고객은 당신을 신뢰할 수
있는 조언자로 생각한다. 동료는 당신의 전문성을 존중한다. 친구는 당

신이 자신을 진심으로 아낀다고 생각한다. 이런 경우에는 사람들의 문제 이해에 이의를 제기하기가 쉽다.

하지만 불행하게도 항상 그런 것은 아니다. 다음은 좀 더 일반적인 시나리오다.

- 고객은 당신의 전문성을 신뢰하지만 다른 분야에서의 능력은 의심할지도 모른다. **'그가 훌륭한 디자이너인 건 맞지만, 전략에 대해서 뭘 알겠어?'**
- 그들은 이해관계가 충돌하는 것에 대해 조심스러울 수 있다. **'그녀는 자기 자신을 위해서 추가로 일을 만들려고 애쓰는 것뿐이야. 상담가들이 다 그렇지!'**
- 당신이 생각하는 당신의 역할과 그들이 생각하는 당신의 역할이 다를 수 있다. **'당신이 공급업체로서 해결책을 줘야죠.'**
- 직장 동료들과 함께 일한다면 지위의 차이가 리프레이밍 과정을 복잡하게 만들 수 있다. **'어떤 건방진 놈이 내 권한에 대해 왈가왈부하는 거야?'**
- 그리고 물론, 그들은 단순히 그들의 문제를 부정하고 있을 수도 있다. **'나는 남의 말을 잘 듣는 사람이니까 그렇지 않다는 말은 하지도 마.'**

이 모든 경우에는 문제를 리프레이밍하기가 더 어렵다. 이 장에서는 고객이 리프레이밍에 저항하는 대표적인 두 가지 유형에 어떻게 대처해야 하는지 이야기할 것이다.

- 리프레이밍 과정에 대한 저항: 사람들이 리프레이밍의 필요성을 인식하지 못할 때
- 문제 진단에 대한 부정: 사람들이 리프레이밍은 받아들이지만, 아직 당신이 내린 구체적인 문제 진단을 거부할 때

간단하게 설명하기 위해 나는 이어지는 이야기에서 문제 소유자를 주로 **고객**으로 지칭했다. 그러나 이 조언은 친구, 상사, 동업자, 그 밖의 다른 사람에게도(또는 당신이 어떠한 문제에 직면한 팀에 속해 있고 그 문제를 팀원들 간에 공유하고 있다면, 동료 팀원들에게도) 똑같이 적용할 수 있다.

리프레이밍 과정에 대한 저항

다른 누군가가 의제를 통제하고 있을 때 어떻게 리프레이밍을 진행할 수 있을까? 시도해 볼 수 있는 몇 가지 방법은 다음과 같다.

잘 만들어진 형식화된 프레임워크로 접근하라

나는 일반적으로 정말 편안하고 자연스럽게 리프레이밍에 접근하는 것을 추천한다. 하지만 형식화된 프레임워크에는 한 가지 큰 이점이 있다. 잘 만들어진 프레임워크는 고객이 정당성을 느낄 수 있게 한다.

많은 디자인 회사가 이 전술을 신뢰한다. 그 회사들의 웹사이트를 살펴보라. 그들의 방법론을 설명하는, 전문적으로 설계된 공정도를 특

색으로 내세우고 있는 경우가 많다. 고객은 대체로 구조화되고 전문적인 것 같은 프레임워크를 볼 때 문제를 탐구해야 할 필요성을 더 잘 받아들일 것이다.

리프레이밍 캔버스가 그러한 도구 중 하나이므로 캔버스 사용을 고려해 볼 수 있다. 당신이 많은 문제를 해결하고 있다면, 주로 다루는 문제의 유형에 맞춰 자기만의 프레임워크를 만드는 것도 가능하다. (고객에게 실제로 보여주기 전에 디자이너에게 맡겨서 보기 좋게 수정하는 것이 좋다. 그럴 만한 가치가 있는 투자다.)

미리 교육하라

고객이 회의론자일 가능성이 있다면, 그들을 만나기 전에 이 책이나 〈하버드비즈니스리뷰〉에 실린 내 기사 "당신은 올바른 문제를 해결하고 있습니까?"(또는 리프레이밍에 관한 다른 책이나 기사 중 마음에 드는 것)를 보내라. 그들이 당신이 보낸 것을 읽지 않는다고 해도 단지 그것을 공유한 행동만으로도 리프레이밍의 필요성에 신빙성이 부여될 것이다.

느린 엘리베이터 이야기를 공유하라

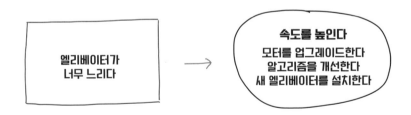

고객을 미리 교육할 수 없다면, 느린 엘리베이터 문제를 공유하는 것을 고려하라. 기억하기 쉽고, 공유하는 데 시간이 오래 걸리지도 않는다. 때로는 이것만으로도 고객이 리프레이밍의 가치를 충분히 알게 될 수 있다.

다른 고객의 이야기를 들려줘라

어떤 고객들은 아무리 부드럽게 조언한다고 해도 이래라저래라 하는 것을 싫어한다. 그런 경우에는 다른 회사나 다른 사람에 관해 이야기함으로써 고객이 스스로 자신의 상황에 대입해 보게 하는 것이 도움이 될 수 있다.

유명한 사례로, 혁신 전문가 클레이턴 크리스텐슨이 인텔의 CEO, 앤디 그로브Andy Grove를 만났을 때 이 방법을 활용했다.[2]

크리스텐슨은 CEO들이 좀처럼 이래라저래라 하는 것을 좋아하지 않는다는 것을 알고 그로브가 의견을 요청할 때 직접적인 조언은 하지 않았다. 그보다는 이렇게 말했다. "그럼, 제가 다른 산업에서 봤던 것을 말씀드릴게요." 크리스텐슨은 그로브에게 몇 가지 이야기를 들려줌으로써 직접 충고를 하는 것보다 의견을 더 잘 전달할 수 있었다(덧붙이자면, 이 방법은 사람들이 문제 진단을 부정하고 있을 때도 효과를 볼 수 있다).

그들의 초점에 맞춰 필요성을 프레이밍하라

향상
이기기 위해 노력한다   ⟵   ⟶   **예방**
지지 않기 위해 노력한다

컬럼비아 대학교의 토리 히긴스Tory Higgins가 연구 결과에서 설명했듯이, 사람들은 새로운 아이디어를 평가하는 방법이 서로 다르다. 어떤 사람들은 **향상**에 초점을 맞춘다. 그들은 무언가 얻을 수 있을 때 동기부여가 된다. 또 어떤 사람들은 이른바 **예방**에 초점을 맞춘다.[3] 그들은 실패와 손실을 피하는 데 관심이 있다.

어디에 초점을 맞추느냐에 따라 리프레이밍의 필요성을 인식시키는 방법이 달라질 수 있다. 문제의 사람과의 경험에 근거해 다음 중 한 가지 방법을 시도해 볼 수 있다.

향상 초점. "이 시장에서 최고가 되고 싶다면 우리의 경쟁자와 똑같은 게임을 해서는 안 돼. 애플이 하드웨어 대신 소프트웨어에 초점을 맞춤으로써 세계에서 가장 큰 휴대폰 회사로 급부상했던 것을 기억해? 우리도 어떤 문제를 해결하고 있는지 다시 생각함으로써 비슷한 행보를 걸을 수 있지 않을까?"

예방 초점. "나는 우리가 잘못된 문제를 해결하고 있을까 봐 걱정돼. 노키아가 휴대폰의 소프트웨어에 문제가 있었는데도 더 좋은 하드웨어를 만드는 데에만 초점을 뒀던 것을 기억해? 우리가 지금 비슷한 실수를 저지르고 있는 것은 아닐까?"

리프레이밍 과정에서 감정을 관리하라

고객이 리프레이밍할 시간이 없다고 말할 때도 있다. 하지만 그것이 실제로는 시간이 아니라 감정에 관한 것일 때가 많다. 그 상황에 대처하기 위해서는 심리학자들이 **종결 회피**closure avoidance라고 부르는 것을 아는 게 도움이 된다. 이는 양극단이 있는 행동의 스펙트럼이다.

- 종결을 회피하는[4] 사람들은 그것이 단지 작은 한 걸음에 불과하더라도 초기에 앞으로 나아가야 하는 것을 싫어한다. **'너무 서두르는 것 같아. 더 확실해졌을 때 행동으로 옮겨야지.'** 그들이 그런 감정에서 벗어나지 못하면, 문제 해결 과정을 너무 오랫동안 이어나가게 되곤 한다.
- 종결을 추구하는 사람들은 마음에 잠재적 문제를 두 개 이상 담아 두는 것을 비정상적인 것으로 여긴다. **'왜 아직도 이 문제에 대해 이야기하고 있는 거죠? 원인이 대충 나왔잖아요. 빨리 해결해 버립시다!'** 그들은 애매함과 숙고가 불편하기 때문에 너무 빨리 해결 모드로 뛰어들게 된다.[5]

어떤 유형의 사람들과 함께 일하든, 그들의 감정이 리프레이밍을 방해할 수 있다. 그들에게 리프레이밍의 빠르고 반복적인 특성을, 그리고 생각과 행동 사이의 갈등을 어떻게 관리할 수 있는지를 설명하는 것이 도움이 될 수 있다. 한편으로는 리프레이밍 과정을 거치면서 지나치게 행동 중심적인 사람들이 필요한 질문이 나오기도 전에 일을 중단시키려는 것을 방지할 수 있다. 다른 한편으로는 리프레이밍이 지속되는 기간을 관리할 수 있는 수준으로 제한하고, 항상 앞으로 나아가는 것으로 끝냄으로써 분석에 의한 마비에 빠질 위험을 최소화할 수 있다.

고객은 여전히 좌절감을 표현할지 모른다. 나는 그들에게 이렇게 말한다. 좌절감은 문제 해결에서 피할 수 없는 부분이고, 억누르려고 애쓰지 않아야 한다. 지금 좌절하는 것이 반년 동안 잘못된 방향으로 달리거나(종결 추구) 정말로 아무것도 하지 않고서(종결 회피) 나중에 좌절하는 것보다 훨씬 낫다.

위 전술들은 리프레이밍에 시간을 들이도록 고객을 명시적으로 설득한다. 그렇게 하기가 어려운 상황이라면, 더 드러나지 않게 유도하는 방법이 있다.

외부인을 초대하라

때로는 리프레이밍을 순조롭게 진행하기 위해 리프레이밍 과정보다 회의 참여자 명단을 조정하는 것이 더 나을 수 있다. 고객이 문제를 다르게 이해할 수 있도록 도움이 되는 관점을 가진 누군가를 회의실로 데려올 수 있는가? (10장의 '사일로 사고방식'에 관한 부분을 참고하라.)

사전에 문제 서술문을 받아라

여러 사람과 함께 리프레이밍할 때는 그들이 문제를 어떻게 정의하는지 미리 아는 것이 도움이 될 수 있다. 각 팀원에게 개별적으로 다음과 같은 이메일을 보내 보는 건 어떨까? '안녕, 존! 다음 주에 직원 참여도에 대해 논의할 거야. 무엇이 문제라고 생각하는지 몇 줄만 간단하게 써서 보내줄래?'

서술문을 확보했다면 인쇄하여 회의에서 공유하라(논의에 더 도움이 될 것 같다면, 서술문에 이름을 표시하지 않을 수도 있다). 이는 논의를 시작하는 강력한 방법이다. 그들이 문제에 대해 서로 다른 견해를 가지고 있다는 사실이 즉각적으로 모든 사람에게 분명히 전해질 것이기 때문이다.

나중으로 미루어라

리프레이밍은 반복된다. 고객이 당면한 문제를 탐구하도록 만들 수 없다면, 시간이 지나 더 많은 정보가 모였을 때 다시 시도할 기회가 생길 수도 있다.

문제 진단에 대한 부정

나는 내 문제를 리프레이밍하다가 한 가지 주제를 발견했다. '우리는 종종 우리가 변하지 않아도 되는 문제 프레이밍에 지나치게 몰입한다.' 문제가 파트너의 바꿀 수 없는 성격, 위험을 회피하는 회사의 문화, 세계의 경제 상황, 지나치게 융통성 없는 물리학의 법칙이라고 믿으면, 그렇다, 당신이 이에 대해 할 수 있는 일이 별로 없다. 그리고 행동할 수 없다는 것은 조용하고 편안한 상태를 의미할 수 있다.

더 행동할 수 있는 프레이밍은 외부 관찰자들에게는 쉽게 눈에 띄거나 심지어 굉장히 명백할 때도 있다. 왜 당신은 다른 사람들이 보기에 확실하게 옳은 진단을 부정하는 것일까? 몇 가지 이유는 다음과 같다.

- 프레이밍 때문에 불편한 진실을 마주해야 한다. 19세기의 많은 의사가 손 씻는 것이 중요하다는 사실을 인정하지 않으려 했다.[6] 만약 질병을 옮기는 세균이 실제로 존재한다고 밝혀지면, 의사는 자기 자신이 의도치 않게 많은 환자를 죽게 했다는 사실에 직면해야 했기 때문이다.
- 프레이밍이 피하고 싶은 해결책을 가리킨다. 예컨대, 알코올 의존증에 걸린 사람은 치료를 피하기 위해 진단을 거부할 수 있다.
- 프레이밍이 다른 이익과 상반된다. 정치가는 의식적이든 아니든 틀린 문제 프레이밍에 끌릴 수 있다. 그것이 유권자들(또는 더 문제가 되는 경우는 후원자들)의 이익을 증대하기 때문이다. 작가 업턴 싱클레어Upton Sinclair는 그것을 다음과 같이 훌륭하게 표현했다. "누군가가 무언가를 이해하지 못해야 월급을 받을 수 있다면, 그가 그것을 이해하게 만들기란 어려운 일이다!"[7]

이 모든 문제가 리프레이밍을 통해 해결될 수 있는 것은 아니지만, 더 쉽게 드러날 수는 있다. 그리고 많은 경우에 당신이 할 수 있는 일들이 있다. 다음은 고객이 부정하고 진단을 거부할 때 할 수 있는 일에 대한 몇 가지 조언이다.

내가 틀렸을 수도 있는지 점검하라

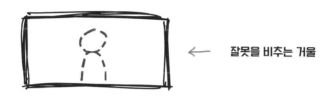

잘못을 비추는 거울

조언자일 때는 항상 당신이 옳고 고객이 틀렸다고 생각하고 싶다. '**그들은 어리석기 때문에 그냥 저항하는 거야.**' 그러한 확실성에 마음이 끌릴 수 있다. 그러나 연구 결과에 따르면, 당신이 무언가에 대해 확신할 때에도 여전히 틀릴 수 있다.[8]

고객의 부정을 극복하기 위한 활동을 시작하기 전에 잠시 시간을 내어 자신에게 물어보라. '**내가 틀렸을 수도 있을까?**' 고객 입장에서 저항하는 것은 고객이 알고 있는 중요한 무언가에 대한 표현일 수 있다.

그다음에 자신의 문제를 리프레이밍하라

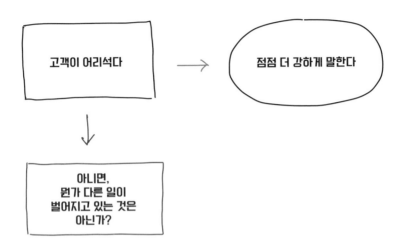

당신이 여전히 자신의 진단을 확신한다고 하자. 해결 모드로 뛰어들기 전에 고객의 부정 문제를 제대로 이해하고 있는지 생각해 보라. 정말 고객이 단지 비이성적인가? 아니면 뭔가 다른 일이 벌어지고 있는 것은 아닌가? 다음은 당신이 부정 문제를 어떻게 리프레이밍할 수 있는지에 대한 몇 가지 예시다.

프레임 밖을 보라. 당신이 의식하지 못한 상황 요소들이 있는가? 로지 야콥(8장)이 자신의 조언을 거부한 고객에게 어떻게 대처했는지 기억해 보라. 고객이 거부했던 이유는 비이성적이어서가 아니라 유튜브 영상이 입소문이 나지 않으면 상여금을 받지 못하는 상황이었기 때문이다.

목표를 재검토하라. 실제로 이해관계자의 찬성이 필요한가? 아니면 그들을 설득하지 않아도 당신의(또는 그들의) 목표를 달성할 방법이 있는가? 당면한 문제를 해결하는 것보다 관계를 유지하는 것이 더 중요한 상황도 있다.

자신의 행동을 돌아보라. 어떤 경우에는 사람들이 **당신이 하고 있는** 어떤 행동 때문에 리프레이밍에 저항한다. 어쩌면 당신은 고객에 대한 우월감을 숨기지 않고 있을 수도 있다. 또는 이해하는 데 더 많은 시간이 필요한 고객의 중대한 관심사를 놓쳤는지도 모른다. 늘 그렇듯이 문제에 부딪히면 당신이 문제 발생에 어떤 역할을 했는지 생각해 보라.

데이터가 말하게 하라

고객을 직접 설득하려고 노력하는 대신, 당신을 대신해 설득할 데이터를 찾아낼 수 있는가? 크리스 데임이 고객을 설득하기 위해 직원과의 면담에서 나온 정보를 어떻게 활용했는지 기억하라. 그 사례에서 그는 사람들이 새로운 소프트웨어를 잘 사용하지 않는 문제 이면에 잘못된 장려책이 있었고, 사용자 편의성은 실은 나쁘지 않았음을 알아냈다.

덧붙여 이야기하자면, 크리스 데임은 내게 데이터의 힘에 관한 대표적인 일화도 하나 들려주었다.[9] 플로피디스크를 사용하던 시절의 이야기인데, 어떤 팀이 새로운 컴퓨터를 개발했다. 그 컴퓨터에는 플로피디스크를 넣는 슬롯과 꽤 비슷하게 생긴 배기 장치 통풍구가 있었다. 한 컨설턴트가 사용자들이 통풍구를 슬롯으로 착각할 수 있다고 말했다. 하지만 기술자들은 그렇게까지 멍청한 사용자는 없을 거라고 확신했다. 그래서 컨설턴트는 몇 가지 데이터를 모으기로 했다. 그는 회사의 CEO가 시제품을 사용해 보는 모습을 촬영했다. 그가 나중에 기술자들에게 보여준 영상에는 CEO가 플로피 디스크를 통풍구에 밀어 넣으려고 몇 번이나 애쓰는 모습이 담겨 있었다.

그들의 논리를 받아들여라, 그런 다음 약점을 찾아라

고객이 또 다른 문제 프레이밍을 확고히 믿고 있어서 당신의 관점을 거부할 때도 있다. 그럴 때는 그들의 논리를 **받아들이려고** 노력하라. 그런 다음 그들의 추론에서 지적할 수 있는 모순을 찾아라.

스티브 드세이저(단기 치료를 주창한 심리치료사)는 이에 대해 기억에 남는 사례를 들려줬다.[18] 드세이저를 찾아온 내담자 중에는 젊은 시절 CIA에서 일했던 참전 용사가 있었다. 그는 아내와 두 아이가 있는 화목한 가정의 가장이었다. 하지만 최근 들어 CIA가 자신을 암살하려 한다고 믿게 되면서 편집증이 점점 더 심해졌다. 6주 간격으로 일어난 추돌 사고가 그에게는 우연히 일어난 일이 아니었다. 그는 CIA가 자신을 두 번이나 계획적으로 살해하려 했다고 생각했다. 숨겨진 도청장치를 찾으려고 집에 있는 텔레비전을 분해하는가 하면 밤에는 장전된 총을 들고 집 안을 돌아다니기 시작해서 아내를 충격에 빠뜨렸다.

드세이저는 CIA가 그를 죽이려 하는 것이 아니라고 아무리 설득해 봤자 소용없다는 것을 알았다. 남자의 아내가 지난 1년 반 동안 그를 이해시키려고 노력했지만 헛수고였다. 그래서 드세이저는 이 문제에 다르게 접근했다.

… 첫 번째 단계는 내담자의 믿음을 액면 그대로 받아들이는 것이다. 내담자에 대한 CIA의 음모가 있는 것처럼 행동하라. 그러고 나서 CIA의 음모에 대한 그의 묘사 중 세부 사항에서 잘못된 것이 무엇인지 생각하라. 가장 간단하게 생각해 볼 수 있는 잘못된 세부 사항은 두 번의 살해 시도가 비참하게 실패했다는 것이다. CIA는 그를 죽이는 것의 근처에도 가지 못했다. 어째서? CIA는 누군가를 죽이기로 계획하면 그렇게 한다. 따라서 이렇게 질문할 수 있다. 'CIA가 왜 그런 무능한 킬러를 보냈을까요?'

특히, 드세이저는 실패한 암살을 무기 삼아 휘두르지 않았다. '**그거 봐요. 당신이 틀렸잖아요!**' 그 대신에 단지 문제를 지적했다. '**그들이 당신을 아직도 죽이지 않은 게 이상하지 않나요? 그러니까, 당신도 CIA에 있었죠. 그들이 누군가 죽기를 원했다면, 그 사람은 지금 죽어 있어야 합니다. 그렇죠?**' 그는 내담자에게 다음 시간까지 이에 대해 생각해 보라고 요청한 다음 화제를 바꿨다. 이렇게 하여 결국 몇 가지 다른 개입과 함께 남자의 망상을 치유할 수 있었다.

드세이저에 따르면, 중요한 것은 현재의 프레이밍을 드러내놓고 부정하기보다 그에 대해 **의심을 품게 하는** 것이다. 그런 다음 내담자가 스스로 자연스러운 결론에 도달하도록 놓아둬야 한다.

두 가지 해결책을 준비하라

때로는 고객이 자신들이 원하는 해결책을 고집한다. 그런 경우에는 그들의 해결책과 당신이 가장 좋다고 믿는 해결책을 모두 마련하는 방안을 고려할 수 있다. 이는 위험성이 더 높은 접근 방식이고, 대체로 두 번째 해결책을 마련하는 데 너무 많은 시간과 노력이 들지 않아야만 실행할 수 있다.

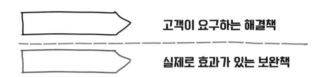

비용을 떠나서 이 방법은 매우 신중하게 실행돼야 한다. 고객이 비록 자신의 문제를 완벽하게 설명할 수는 없더라도 당신보다 더 잘 **알고 있다는** 사실을 절대 잊어서는 안 된다.

고객이 한번 실패하게 놓아둬라

고객이 논리적으로 생각하기를 거부한다면 실패하게 놓아두는 것이 미래의 협력으로 이어질, 짧지만 강력한 교훈을 줄 수 있다. 성공적인 스트리밍 서비스의 공동창립자인 앤서니라는 사업가가 겪은 일에 대해 생각해 보자.[11]

한때 앤서니와 그의 공동창립자 저스틴은 다양한 국가들로 서비스를 확대하기 위해 몇몇 신규 투자자에게 자금을 지원받았다. 그들은 신규 투자자들이 상당히 수동적일 것으로 예상했다. 하지만 앤서니와 저스틴이 다음 시장에서 서비스를 출시하려고 준비하고 있을 때 투자자들이 의사 결정과 제품 기획에 관여하기 시작했다. 앤서니는 이렇게 말했다.

> "우리는 그간의 경험을 통해 우리 서비스를 새로운 국가에서 '그대로' 출시할 수 없다는 것을 알았어요. 먼저 그 지역의 콘텐츠 및 소비 선호도에 맞춰 수정해야 했습니다. 그리고 그렇게 하려면 도움을 줄 지역 전문가를 고용할 예산과 테스트 및 품질 보증을 위한 충분한 시간이 필요했죠.
>
> 하지만 투자자들은 그런 이야기를 들으려고 하지 않았어요. 그들은 그런 과정이 더디고 불필요하다고 생각했고, 무조건 서비스를 즉시 시작하라고 강하게 압박했어요. 그들은 다른 벤처 사업에서 성공한 경험이 있고, 매우 유능했기 때문에 약간 고압적인 태도로 관여했죠. '이 느려터진 사람들한테 어떻게 일하는지 보여 줘야겠다.'"

앤서니는 그들의 주장이 잘못된 방향임을 알고 있었다. 그러나 힘겨루기가 투자자들과의 관계를 위태롭게 할 것이라는 사실도 알고 있었다. 더 중요하게는, 앤서니가 자기 뜻대로 하면 투자자가 틀렸다는 증거를 얻을 수 없을 것이었다. 그래서 그는 일부러 투자자들이 원하는 대로 하도록 내버려두었다.

> "그 국가에서 서비스를 출시하는 일이 사활이 걸린 문제는 아니었어요. 처음에 실패한다고 해도 나중에 다시 시도해 볼 수 있었습니

다. 그래서 그냥 투자자들이 자기 뜻대로 하도록 내버려뒀죠. 물론, 출시는 실패했습니다. 그들은 똑똑한 사람들이었지만, 이 문제에서는 지나치게 자신만만했어요. 실패를 통해 그들은 잘못을 깨달을 수 있었죠.”

그 후 투자자들은 새로운 시장으로 진출하는 데 필요한 예산안을 순순히 승인했다. 그리고 그만큼 중요한 점은 투자자들이 앤서니와 저스틴의 값진 경험을 더 존중하게 됐고 그럼으로써 그들 모두가 더 강한 팀이 되었다는 것이다.

이 전술에는 분명 한계가 있다. 만약 첫 번째 실패가 비용이 너무 많이 들거나 깊은 해를 끼친다면 이를 단순히 좋은 경험으로 미화할 수는 없다. 그러나 실패에 비용이 많이 들지 않는다면, 그것을 더 나은 관계를 쌓기 위한 투자로 보고 대가를 치를 가치가 있을 수도 있다. 문이 어디에 있는지 그냥 한두 번 벽에 부딪히고 나서야 당신의 이야기에 귀를 기울이는 사람들도 있는 법이다.

그 대신 다음 전투에서 승리하라

삼성은 몇 년 전에 파격적인 아이디어를 검증하고 이를 한국에 있는 삼성 본사의 의사결정자들에게 납득시키기 위해 유럽 혁신 팀을 만들었다. 이 팀의 책임자 루크 맨스필드Luke Mansfield가 말했다.

“파격적인 아이디어를 시도하는 것에 관해 한국에서는 위험을 감수할 의지가 거의 없었습니다. 그래서 우리는 이를 더 강하게 밀어붙이는 대신 영향력은 떨어지지만 경력을 쌓는 데 도움이 되는, 훨씬 더 안전한 아이디어를 제안하기 시작했어요. 결국 그들은 더 큰 아이디어를 제안해도 될 만큼 우리를 신뢰하게 되었고, 우리가 임무를 성공적으로 완수하도록 허락했습니다."**12**

우리는 물론 전문가로서 매번 제대로 해내고 싶다. 그러나 때로는 패배를 받아들이고 당신의 목소리에 더 무게가 실릴 때까지 고객과 신뢰를 쌓으며 장기적인 관점에서 보는 것이 올바른 선택일 수 있다.

사람들의 저항을 이겨내기

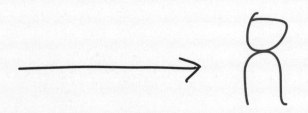

리프레이밍 과정에 대한 저항

사람들이 리프레이밍하는 데 시간을 쓰고 싶어 하지 않는다면 다음 중 하나 이상
을 시도하라.

- 형식화된 프레임워크를 이용하라.
- 몇 가지 읽을거리를 보내는 등의 방법으로 그들을 미리 교육하라.
- 회의에서 느린 엘리베이터 이야기를 공유하라.
- 다른 고객의 이야기를 들려줘라.
- 그들의 초점에 맞춰 설득하라. 그들은 이기는 것과 지지 않는 것 중 어느 쪽
  을 지향하는가?
- 그들의 감정에 대해 터놓고 말하라(종결 회피 또는 종결 추구).

- 외부인을 초대해 일하게 하라.

- 미리 문제 서술문을 받아라.

모두 효과가 없다면 리프레이밍을 미루거나 은밀히 진행할 수 있다.

문제 진단에 대한 부정

사람들이 문제의 특정 측면에 대해 부정한다면 다음과 같은 방법을 시도하라.

- 자신에게 질문하는 것으로 시작하라. '내가 틀렸을 수도 있는가?' 특정 진단에 대한 고객의 저항이 항상 부정인 것은 아니다. 당신이 고려하지 못한 무언가를 나타내는 것일 수도 있다.

- 고객이 부정하는 리프레이밍에 대해 생각해 보라. 뭔가 다른 일이 벌어지고 있는 것은 아닌가?

- 보여줄 수 있는 데이터를 모아라. 무슨 일이 일어나고 있는지 고객이 알 수 있도록 증거를 모을 수 있는가?

- 그들의 논리를 받아들여라. 그런 다음 약점을 찾아라. 드세이저의 이야기를 떠올려 보라. 'CIA가 왜 그런 무능한 킬러를 보내겠는가?'

- 두 가지 해결책을 준비하라. 때로는 언급된 문제와 당신이 다루기 더 좋다고 생각하는 문제 모두에 맞는 해결책을 생각해 내는 것이 가능하다.

- 부정적인 측면이 너무 크지 않다면, 그들이 한 번 실패하게 놓아둬라.

- 다음 전투에서 승리하라. 관계를 유지하는 데 초점을 둬라.

해결책을 찾았는가?

우리의 여정을 함께 마무리하기 위해 과거로 거슬러 올라가 19세기 후반의 특별한 인물인 토머스 체임벌린**Thomas Chamberlin**을 소개하고 싶다.

지질학자였던 체임벌린은 자신이 믿는 이론에 지나치게 몰입하게 되는 위험에 대해 최초로 경고한 근대 사상가 중 한 명이었다. 학술지들이 여전히 감상적인 언어를 허용했던 1890년, 그는 〈사이언스**Science**〉 기사에 이렇게 썼다.

"우리의 정신은 이론을 마음껏 받아들이는 데 도움이 되는 사실을 발견하면 기쁨에 잠긴다. 하지만 이론에 위배되는 사실에는 자연스럽게 냉담해진다. 그래서 본능적으로 이론을 뒷받침하는 현상을 찾아내려고 애쓰는데, 정신이 욕구에 지배되기 때문이다."[1]

오늘날 우리는 이것을 확증 편향confirmation bias이라 부른다. 확증 편향이 좋은 판단에 미치는 부정적인 영향에 대해서는 행동경제학 분야에서 충분히 입증했다. 일단 자신의 이론에 지나치게 몰입하면(체임벌린은 그것을 부모의 사랑과 비교했다), 숙명적으로 그 이론의 결점을 못 보게 될 위험이 있다.

이론부터 작업가설까지

과학계는 체임벌린이 살던 시대에 확증 편향의 위험성을 인식하게 됐다. 그의 동료 중 많은 사람이 문제를 해결하기 위해 **작업가설**working hypothesis이라는 새로운 개념을 주창했다.

작업가설은 이론과 비교하면 임시적인 역할을 한다고 볼 수 있다. 작업가설의 주된 목적은 추가적인 연구로 이끄는 프레임워크의 역할을 하는 것이었으며, 아이디어를 시험할 방법을 찾을 수 있게 했다. 그러한 시험이 수행될 때까지 가설은 충분히 주의 깊게 다뤄질 것이다. 오늘날이라면 '가볍게 네 의견을 정해 봐'라고 말할 것이다.

이는 올바른 조언인 것처럼 보였다. 하지만 체임벌린은 작업가설을 받아들이지 않았다. 그는 아무리 잠정적이라도 **한 가지 이유만 고려한다면** 그것과 사랑에 빠지는 것처럼 지적으로 취약해진다는 사실을 경험으로 알고 있었다. 한 아이만 사랑하는 경향에서 벗어날 수 없다. 그러면 무엇을 할 수 있을까?

체임벌린이 제시한 해결책은 **다양한 작업가설**을 만드는 것이었다.

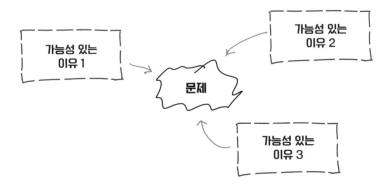

즉 무슨 일이 일어나고 있을지에 대해 여러 가지 다른 이유를 동시에 탐구한다. 처음에 이렇게 함으로써 단 하나의 관점이라는 위험을 피

할 수 있다.[2]

이 이야기가 친숙하게 들릴 것이다. 다양한 작업가설을 추구하는 것은 문제를 처음 맞닥뜨렸을 때 둘 이상의 문제 프레이밍을 찾는다는 생각과 비슷하다.

체임벌린은 확증 편향을 피하는 방법을 제시했다. 문제를 리프레이밍하는 데 즉시 적용할 수 있기 때문에 여기에 그 접근법을 요약했다.

- 앞서서 한 가지 이유에만 전념하지 말라.
- 충분한 실증적 시험을 통해 가장 좋은 이유가 밝혀질 때까지 다양한 이유를 동시에 탐구하라.
- 최적의 이유는 몇 가지 다른 이유가 혼합된 것일 수도 있다고 생각하라.
- 문제를 파악하는 과정에서 더 좋은 이유를 발견하게 될 수도 있다는 것을 염두에 둬라.

체임벌린의 의견은 오늘날의 문제에도 유효하다.

- 우리는 문제에 직면했을 때 즉시 이유를 찾기 시작한다. '**이게 무슨 일이지? 이렇게 난장판이 된 이유가 뭐지?**'
- 대체로 우리의 정신은 꼭 들어맞는 답을 생각해 낸다. '**보호소 개의 30퍼센트가 주인이 넘겨준 개인가? 그 이유는 분명 주인이 나쁜 사람이기 때문일 거야.**'

- 그리고 해결 모드가 문제를 인계받는 그 시점부터 모든 것이 원점으로 돌아간다. '그런 사람들에게는 정말로 반려동물 입양이 허용돼서는 안 돼. 나쁜 주인을 걸러내기 위해 입양 과정을 어떻게 더 엄격하게 만들 수 있을까?'

고충이 문제가 되고 나쁜 해결책으로 이어지는 그 단순한 흐름 때문에 많은 괴로움이 생기고 잠재력이 낭비된다. 체임벌린이 제시한 해결책은 선호하는 이론을 더 주의 깊게 분석하거나 더 객관적으로 접근할 수 있는 것처럼 가장하는 방향이 아니다. 해결책은 나쁜 아이디어에 지나치게 몰입하는 것을 피하기 위해 처음부터 다른 관점을 생각해 내는 것이다. 그리고 문제에는 거의 항상 둘 이상의 해결책이 있음을 기억하는 것이다.

나는 이 책이 당신에게 이를 실천하는 데 도움이 되는 도구를 제시하기를 바란다. 마지막으로, 나는 당신이 이 책을 내려놓은 다음에 무엇을 할지에 대해 두 가지 조언을 건네고 싶다.

첫째, 리프레이밍 기법을 가능한 한 많이 연습하기 시작할 것을 제안한다. 체임벌린은 충분히 연습하면 리프레이밍이 반사적인 사고방식이 된다고 말했다. 그는 이렇게 기록하기도 했다. "생각이 단순히 순서대로 이어지는 대신 정신이 동시에 여러 관점을 보는 힘을 지니게 된다."

그 상태에 도달하려면 회사와 집에서, 당신이 신경 쓰는 크고 작은 문제 그리고 사회적이거나 국제적인 문제에 리프레이밍 기법을 사용하기 시작하라. 연습을 하면 할수록 정말 중요할 때 리프레이밍을 더 잘 활용하게 된다.

둘째, 살아가면서 적어도 다른 한 사람에게 기법을 공유하기를 추천한다. 누군가 곁에 있으면 문제가 더 작아지고, 누군가 리프레이밍을 이해하게 되면 문제가 다시 절반으로 작아진다. 그렇게 하기 위한 몇 가지 방법은 다음과 같다.

- 공동의 문제를 해결할 때 리프레이밍 기법을 팀에 공유해서, 무슨 일이 일어나고 있는지(그리고 무엇이 도움이 될 수 있는지) 팀원들이 알게 하라.
- 업무 외적으로도 논의해야 할 문제가 있을 때 당신이 의지하는 누구든, 중요한 사람 또는 좋은 친구와 리프레이밍 기법을 공유하라. 당신에게 자신의 문제에 관해 도움을 요청하는 사람들에게도 기법을 공유하라.
- 상사, 인사부, 리프레이밍을 직장에 더 널리 알릴 수 있는 힘을 가진 사람과 대화를 시작하라.
- 더 많은 독자가 이 책을 읽어야 한다고 생각한다면 온라인상에 후기를 남기거나 다른 여러 방식으로 공유하라.

우리는 이제 엘리베이터를 타고 끝까지 올라왔다. 사람들은 적어도 체임벌린 시대 이래로 리프레이밍의 힘을 깨달아 왔다. 그러나 대부분은 여전히 리프레이밍에 능숙하지 못하다. 나는 이 현상이 말도 안 되는 일이라고 생각하며, 우리가 현실을 바꿀 수 있다고 확신한다.

자, 이제 시작해 보자.

토마스 웨델 웨델스보그

뉴욕에서

추천 도서

리프레이밍에 관한 읽을거리

다음은 확정된 목록이라기보다 개인적으로 선정한 추천 도서다. 전반적으로 실용적인 책을 우선으로 골랐다.

만약 당신이 단 한 권의 책만 읽는다면 칩 히스, 댄 히스의 《**자신 있게 결정하라**Decisive》(웅진지식하우스, 2013)를 추천하고 싶다. 《자신있게 결정하라》는 문제 해결과 의사 결정을 더 폭넓게 다루고 있어서 이 책을 훌륭하게 보완해 준다. 그들의 전작 《스틱!Made to Stick》과 《스위치|Switch》처럼 연구 결과를 근거로 하고, 재미있고, 매우 실용적이다.

일반적인 업무에서의 리프레이밍

제니퍼 리엘Jennifer Riel과 로저 마틴Roger Martin의 책 《**최고의 리더는 반드시 답을 찾는다** Creating Great Choices》(더퀘스트, 2019)를 읽어라. 저자는 로저 마틴의 연구를 기반으로 어떻게 정신 모형을 활용하고 새로운 선택지를 만드는지에 대해 유용한 조언을 제공한다.

의료계에서의 리프레이밍

리사 샌더스의 《**위대한, 그러나 위험한 진단**》(랜덤하우스, 2010)은 일반인들을 위해 쓰인 책이고, 의료 진단 분야를 들여다볼 수 있는 기회를 제공한다.

정치에서의 리프레이밍

조너선 하이트Jonathan Haidt의 《**바른 마음**The Righteous Mind》(웅진지식하우스, 2014)은 보수와 진보의 유권자들이 어떻게 문제를 다르게 프레이밍하는지에 대해 자세히 살펴본다.

디자인에서의 리프레이밍

키스 도스트의 《**프레임 혁신**Frame Innovation》(b, 2020)은 디자인 실무에서 리프레이밍이 어떻게 중심적 역할을 하는지에 대한 심층적인 연구 결과를 제공한다. 책의 이론적 논의가 특히 설득력 있다.

협상에서의 리프레이밍

로저 피셔, 윌리엄 유리, 브루스 패튼의 고전 《**Yes를 이끌어내는 협상법**》(장락, 2014)은 여전히 이 주제에 대해 읽어야 할 첫 번째 책이다. 두 번째는 더글러스 스톤, 브루스 패튼, 쉴라 힌이 쓴 《**우주인들이 인간관계로 스트레스 받을 때 우주정거장에서 가장 많이 읽은 대화책**》(21세기북스, 2021)이다. 다른 사람들의 동기에 대해 새로운 관점을 가짐으로써 어떻게 문제가 해결되는지에 관하여 수많은 사례를 제시한다. 세 번째 책은 전 인질협상가 크리스 보스가 쓴 《**우리는 어떻게 마음을 움직이는가**Never Split the Dierence》(프롬북스, 2016)이다.

교육에서의 리프레이밍

학생이 더 잘 질문할 수 있게 가르치고 싶은 교사는 댄 로스스타인Dan Rothstein과 루스 산타나Luz Santana의 《**한 가지만 바꾸기**Make Just One Change》(사회평론아카데미, 2017)를 생각해 보라. 로스스타인과 산타나가 바른질문연구소에서 연구한 내용을 기반으로 한 이 책은 교실에서 어떻게 그들의 질문 형성 기법을 적용하는지에 대한 상세한 지침을 제공한다.

스타트업과 문제 검증에서의 리프레이밍

스탠퍼드 대학교 교수 스티브 블랭크의 고객 개발에 대한 연구는 고객 문제를 진단하고 검증하는 데 대하여 유용한 조언을 많이 포함한다. 자세히 알고 싶다면 블랭크와 밥 도프Bob Dorf가 쓴 《기업 창업가 매뉴얼The Startup Owner's Manual》(에이콘출판, 2014)을 읽어라. 또 에릭 리스Eric Ries의 《린 스타트업The Lean Startup》(인사이트, 2012)도 유용하다.

코칭에서의 리프레이밍

코칭을 더 잘하고 싶은 사람들에게 마이클 번게이 스태니어Michael Bungay Stanier의 《좋은 리더가 되고 싶습니까?The Coaching Habit》(나무바다, 2019)를 강력하게 추천한다. 고객(또는 자신)이 질문을 통해 문제를 재검토하게 이끄는 짧고 실천적인 지침서다.

고객 요구 연구에서의 리프레이밍

'해야 할 일 프레임워크'는 고객의 요구와 고충을 이해하고 재검토하는 데 유용한 도구를 제공한다. 클레이턴 크리스텐슨, 태디 홀Taddy Hall, 캐런 딜론Karen Dillon, 데이비드 던컨 David S. Duncan의 《일의 언어Competing Against Luck》(알에이치코리아, 2017)는 그 방법과 그것을 어떻게 적용하는지에 대한 종합적인 개요를 제시한다.

센스메이킹이라 불리는 것과 다른 민족지학적 방법들에 대해 자세히 알려면 크리스티안 마두스베르그Christian Madsbjerg와 미켈 B. 라스무센Mikkel B. Rasmussen의 《우리는 무엇을 하는 회사인가?The Moment of Clarity》(타임비즈, 2014)를 읽어라. 마두스베르그와 라스무센은 소비자의 세계로 철저히 빠져들 것을 주장하고, 레고LEGO와 다른 곳에서의 몇 가지 설득력 있는 사례 연구를 제시한다.

다른 주제

질문

좋은 질문을 하는 능력은 리프레이밍과 밀접하게 관련된다. 질문에 대한 좋은 책은 다음과 같다.

할 그레거슨의 책 《어떤 질문은 당신의 벽을 깬다Questions Are the Answer》(코리아닷컴, 2019)가 있다.

워런 버거Warren Berger의 책 《어떻게 질문해야 할까A More Beautiful Question》(21세기북스, 2014)는 더 폭넓은 독자를 대상으로 한다.

컨설턴트를 위한 문제 해결

리처드 파스칼Richard Pascale, 제리 스터닌, 모니크 스터닌Monique Sternin의 《긍정적 이탈》(알에이치코리아, 2012)은 집단이나 공동체 내에서 해결책에 대한 주인 의식을 어떻게 이끌어 내는지에 대한 가장 중요한 교훈을 담고 있다(컨설턴트의 도움을 받아 다른 사람들이 스스로 문제를 프레이밍하고 해결책을 발견하게 함으로써 그렇게 할 수 있다).

영향 전술

팀이 당신의 관점에서 생각하도록 설득하는 것처럼 당신의 주요 도전 과제가 다른 사람들에게 영향을 미치는 것이라면, 필 M. 존스Phil M. Jones의 짧은 책 《꽂히는 말 한마디Exactly What to Say》(생각의날개, 2019)를 읽어라. 어떤 표현을 사용해야 할지 매우 전술적인 조언을 제공한다.

또 다른 고전으로 로버트 치알디니의 《설득의 심리학Influence》(21세기북스, 2019)이 있다.

자신과 다른 사람들 이해하기

전문직 종사자를 대상으로 하는 짧은 지침이 필요하다면 하이디 그랜트 할버슨의 《아무도 나를 이해해주지 않아No One Understands You and What to Do About It》(한국경제신문사, 2017)를 읽어라. 더 깊이 알고 싶다면 타샤 유리크의 《자기통찰》(저스트북스, 2018)을 읽어라.

관찰 기술

셜록 홈스 이야기에서처럼 성공적인 문제 해결은 남들이 눈치채지 못하는 것을 보는 능력에 달려 있다. 관찰 기술을 향상하고 싶다면 에이미 E. 허먼Amy E. Herman의 책 《우아한 관찰주의자Visual Intelligence》(청림출판, 2017)를 추천한다. 허먼은 고전 미술품 연구를 통해 FBI 요원과 경찰관들에게 관찰 기술을 가르쳤고, 이 책에는 다른 사람들이 놓치는 것을 보는 능력을 연마하는 데 활용할 수 있는 컬러 그림이 포함되어 있다.

정신 모형과 은유 이론

정신 모형과 은유가 우리의 생각에 미치는 영향은 아무리 높이 평가해도 지나치지 않다. 인식과 언어학에 관심 있는 사람들에게 더글러스 호프스태터와 에마뉘엘 상데Emmanuel Sander의 《사고의 본질Surfaces and Essences》(아르테, 2017)과 조지 레이코프George Lakoff와 마크 존슨Mark Johnson의 여전히 흥미로운 고전 《삶으로서의 은유Metaphors We Live By》(박이정, 2006)를 추천한다.

주석

시작하며 문제는 무엇인가?

1. 내가 이 책에서 '리프레이밍'이라고 부르는 기법은 연구 문헌에 다양한 이름으로 등장한다. '문제 찾기|problem finding', '문제 발견problem discovery', '문제 공식화problem formulation', '문제 구성problem construction' 등이다. 리프레이밍에 대한 과학적 연구는 창의성 연구 분야에서 주로 집중적으로 다뤄졌다. 1971년 제이콥 게젤스, 미하이 칙센트미하이|Mihaly Csikszentmihalyi의 실증적 탐구와 함께 시작되어 마이클 멈포드Michael Mumford, 마크 런코Mark Runco, 로버트 스턴버그, 로니 라이터 팔몬Roni Reiter Palmon 등 많은 학자가 계속 연구해 왔다.

   하지만 리프레이밍의 전체 역사는 그보다 훨씬 더 광범위하다. 문제 진단은 당신이 이야기하고 싶은 어떤 이론적·실질적 훈련보다 훨씬 더 중요하다. 그렇기에 인간 활동의 거의 모든 영역에서 리프레이밍을 하는 사상가들을 발견할 수 있다. 일부 엄선된 초기 리프레이밍 사상가들의 연구 분야와 불완전한 연대표는 다음과 같다. 지질학[체임벌린, 1980], 교육[듀이, 1910], 심리학[던커, 1935], 물리학[아인슈타인과 인펠트],

1938], 수학[폴리아Polya, 1945], 운영관리[애코프, 1960], 철학[쿤Kuhn, 1962], 비판이론 [푸코Foucault, 1966], 사회학[고프먼, 1974], 행동경제학[카너먼과 트버스키, 1974], 특히 경영과학[드러커, 1954; 레빗Levitt, 1960; 아지리스, 1977]. 거기에 더해 기업 운영, 코치, 협상, 사업 전략, 행동 설계, 갈등 해소, 특히 디자인적 사고와 같은 분야의 전문가가 가장 크게 기여했다.

리프레이밍의 역사를 더 자세히 알아보고 싶다면 이 책의 웹사이트(www.howtoreframe. com)를 참고하라. 이 주석에 언급된 리프레이밍 사상가에 대한 완전한 참고문헌은 물론 리프레이밍 개념을 뒷받침하는 과학적 증거의 전체적인 개요까지 확인할 수 있다.

2. 리프레이밍은 가르칠 수 있는 기술이라는(그리고 타고나는 재능이 아니라는) 생각을 뒷받침하는 연구 결과가 있다. 2004년 한 메타연구(사용 가능한 모든 연구 결과를 검토하는 것을 의미한다)에서 문제를 발견하는 훈련이 사람들을 더 창의적으로 만드는 가장 효과적인 방법 중 하나라는 것을 알아냈다. Ginamarie Scott, Lyle E. Leritz, and Michael D. Mumford, "The Effectiveness of Creativity Training: A Quantitative Review," *Creativity Research Journal* 16, no. 4 (2004): 361.

3. 엘리베이터 이야기는 리프레이밍의 대표적인 일화로 정확한 출처 기록은 없다. 내가 아는 바에 의하면, 처음으로 이 일화를 참고한 학술 자료는 잘 알려진 경영연구자 러셀 L. 애코프Russell L. Ackoff가 1960년에 쓴 논문이다. 그는 학제 간 문제해결팀의 필요성을 강조하기 위해 이 일화를 활용했다. Ackoff, "Systems, Organizations, and Interdisciplinary Research," *General Systems*, vol. 5 (1960). 애코프 자신은 그의 후기 저술에서 이 이야기를 입증되지 않은 이야기로 언급했다.

4. 거울 해결책이 느린 엘리베이터 문제에 '정답'으로 제시된 것은 아니라는 점에 유의하라(예를 들어, 사람들이 회의에 늦는 것이 문제라면 거울 해결책은 효과가 없다). 거울 해결책은 단지 핵심적인 생각을 전달하는 기억에 남는 예일 뿐이다. 문제를 리프레이밍하여 때로는 전통적인 문제 분석 방식을 따랐을 때보다 훨씬 더 좋은 해결책을 알아낼 수 있다.

5. 1938년, 알베르트 아인슈타인과 레오폴트 인펠트Leopold Infeld는 리프레이밍에 대해 이렇게 썼다. "문제를 명확하게 하는 것은 종종 그 해결책보다 더 중요하다. 해결책은

단지 수학적 또는 실험적 기술의 문제일 수 있다. 새로운 질문, 새로운 가능성을 제기하는 것, '오래된 문제를 새로운 각도에서 보는 것은' 창의적인 상상력을 요구하고 과학을 실제로 진보하게 한다." 이 구절은 Albert Einstein, Leopol Infeld, *The Evolution of Physics* (Cambridge: Cambridge University Press, 1938)의 2007년 판 92쪽에 나온다. (강조 표시는 내가 한 것이다.) 올바른 문제를 해결한다는 근본적인 생각은 훨씬 더 오래 전부터 있었다. 초기에 영향을 미친 두 사람은 토머스 체임벌린(1890)과 존 듀이(John Dewey, 1910)다. 여기에서 사용된 '프레이밍'이라는 용어는 1974년 사회학자 어빙 고프먼에 의해 도입됐다. Goffman, *Frame Analysis: An Essay on the Organization of Experience* (Boston: Harvard University Press, 1974). 고프먼은 프레임을 우리가 경험을 정리하고 해석하기 위해 사용하는 심성 모형, 즉 센스메이킹을 위한 도구로 생각했다.

6. 이 데이터는 2015년 내 강의에 참석한 최고경영진 106명을 대상으로 세 차례에 걸쳐 조사한 결과다. 세 번의 응답 패턴이 일관성 있게 나왔다. 자신의 회사가 문제 진단에 어려움을 겪지 않는다고 말한 사람은 열 명 중 한 명도 되지 않았다.

7. 두 가지 현대 사례를 보고 싶다면 추천 도서 목록에 있는 로저 마틴의 통합적 사고에 대한 책과 할 그레거슨의 질문 기술에 대한 책을 참고하라.

8. 알렉산더 오스터왈더Alexander Osterwalder와 예스 피그누어Yves Pigneur 덕분에 새로운 형식의 도서를 작업할 수 있었다. 리프레이밍 캔버스를 만드는 데 부분적으로 영감을 준 점에 대해서도 감사를 전한다.

1장 리프레이밍 알아보기

1. 연구자들이 말하는 자기효능감, 즉 '나는 할 수 있다'는 믿음에 대해서는 심리학자 앨버트 밴듀라Albert Bandura의 연구를 비롯해 많은 학문적 연구가 있었다. Albert Bandura, "Self-Efficacy in Human Agency," *American Psychologist* 37, no. 2 (1982): 122-147. 흥미롭게도 자기효능감은 엄밀히 말하면 경험의 결과나 학습된 행동이 아니다. 이 자기효능감이 대체로 유전적 특성이라는 증거가 있다. Trine Waaktaar

and Svenn Torgersen, "Self-Efficacy Is Mainly Genetic, Not Learned: A Multiple-Rater Twin Study on the Causal Structure of General Self-Efficacy in Young People," *Twin Research and Human Genetics* 16, no. 3 (2013): 651–660. 또 자기효능감은 성공할 수 있다는 '믿음'을 기준으로 하고, 실제 효능(즉 현실에서의 결과)과 반드시 관련을 보이는 것은 아니다. 이에 대한 자세한 내용을 알고 싶다면 다음 주석도 참고하라.

2. 자신감이 어떻게 사람들을 막다른 골목과 같은 해결책으로 이끄는지를 보여주는 사례는 사업가들을 대상으로 한 연구에서 바로 찾아볼 수 있다. 한 흥미로운 연구에서, 토머스 애스테브로Thomas Astebro와 사미르 엘헤들리Samir Elhedhli는 캐나다혁신센터Canadian Innovation Center라 불리는 비영리기관이 사업 계획에 대해 성공 가능성이 거의 없다고 평가한 사업가들을 연구했다. 이 사업가들 중 절반은 그 의견을 무시하고 결국 사업을 시작했다. 그리고 그들은 모두 예상대로 실패했다. Thomas Astebro and Samir Elhedhli, "The Effectiveness of Simple Decision Heuristics: Forecasting Commercial Success for Early-Stage Ventures," *Management Science* 52, no. 3 (2006). 조직 심리학자 타샤 유리크의 책 덕분에 이 연구에 대해 알 수 있었다. *Insight: The Surprising Truth about How Others See Us, How We See Ourselves, and Why the Answers Matter More Than We Think* (New York: Currency, 2017).

3. 이 통계의 출처는 미국동물학대방지협회ASPCA의 웹사이트다. 인구조사와는 달리 반려동물에 대한 기록 관리는 정확하지 않기 때문에 출처에 따라 꽤 다른 숫자를 보게 될 수도 있다.

4. 헨리크 워들린, 스테이시 그리섬Stacie Grissom과 나눈 개인적인 대화, 2016.

5. 바크버디가 동물보호소 입양에 어떤 영향을 미쳤는가? 동물보호소 연락처를 개의 프로필에서 직접 확인할 수 있었기 때문에 바크박스는 앱을 통해 성사된 입양을 추적할 방법이 없었다. 하지만 8000달러라는 앱 구축 비용이 있기 때문에 바크박스 팀이 같은 금액을 단순히 동물보호소나 구조 단체에 기부하는 시나리오와 비교해 변화를 가져왔는지 평가할 수 있다. 동물보호소 개 한 마리를 구하는 데 드는 평균 비용이 85달

러라면(뒤에 이 금액에 관한 내용이 나온다), 앱을 통해 보호소 개를 입양하는 사람이 100명만 더 늘어나도 바크버디는 긍정적인 변화를 가져온 것이다. 앱이 출시된 후 월간 조회 수가 100만 회였으므로 바크버디 앱이 입양에 상당히 긍정적인 영향을 미쳤을 것으로 보인다.

6. 로리의 개입 프로그램 이야기는 2016년에서 2018년 사이 그녀와 나눴던 여러 번의 대화, 그리고 이 주제를 다룬 그녀의 책 내용에 기반을 두고 있다. *First Home, Forever Home: How to Start and Run a Shelter Intervention Program* (CreateSpace Publishing, 2015). 로리의 경험을 자세하게 기술하고, 비슷한 프로그램을 운영하는 방법을 설명하는 책이다. 이야기 일부는 〈하버드비즈니스리뷰〉 2017년 1~2월호에 실린 내 기사 "Are You Solving the Right Problems?"에서 처음으로 공개됐다. 내게 로리의 이야기를 들려준 수잔나 슈마허Suzanna Schumacher에게 감사하다.

7. 입양률과 안락사율은 최근 몇 년간 급격하게 긍정적으로 변화했다. 2011년부터 2017년까지 개와 고양이를 합쳐 입양된 동물이 270만 마리에서 320만 마리로 증가했고, 안락사 시킨 동물은 260만 마리에서 150만 마리로 감소했다. 안전망 프로그램이라고도 불리는 동물보호소 개입 프로그램이 이 결과에 기여했지만, 다른 많은 계획도 도움이 되었다. 이 산업은 내가 여기에서 전달하고 있는 것보다 훨씬 복잡하다. 더 자세히 알고 싶다면 많은 자료를 제공하고 있는 ASPCA 웹사이트 www.aspca.org를 확인하는 것을 추천한다. 위에서 인용한 개선 수치는 2017년 3월 1일 ASPCA에서 언론에 발표한 수치다.

8. Ron Adner, *The Wide Lens: What Successful Innovators See That Others Miss* (New York: Portfolio/Penguin, 2012). 여담으로 바크버디 앱은 이 모든 것에도 불구하고 PetFinder.com이 만든 이전의 창작품이 없었다면 불가능했다. 이는 동물보호소가 입양 가능한 개를 목록화할 수 있는 중앙데이터베이스로, 바크버디 앱은 거기에서 데이터를 가져왔다.

9. 너트는 이렇게 썼다. "버려진 선택지는 헛되지 않다. 그것은 선호하는 행동 방침의 가치를 확인하는 데 도움이 되고, 그것을 개선할 방법을 제시할 때가 많다." 너트의 연

구는 그의 책에 집약돼 있다. *Why Decisions Fail: Avoiding the Blunders and Traps That Lead to Debacles* (San Francisco: Berrett-Koehler, 2002). 위 인용문은 264쪽에 나온다.

10. 세계경제포럼의 '2016년 직업의 미래 보고서(Future of Jobs Report 2016)'에 나오는 내용이다.

11. 내가 언급한 이야기는 1978년 캠프 데이비드 협정에 대한 이야기다. 프레이밍이 정책 수립에 어떤 영향을 미치는지 면밀한 논의를 위해서는 캐롤 바치(Carol Bacchi)의 WPR 프레임워크에 대한 책을 확인하라. 훨씬 더 깊은(난해한 것에 가까운) 논의를 위해서는 이 책을 참고하라. Donald A. Schön and Martin Rein's *Frame Reflection: Toward the Resolution of Intractable Policy Controversies*(New York: Basic Books, 1994).

12. 여론에 영향을 미치는 데 프레이밍이 어떻게 사용될 수 있는지에 대한 연구는 정치학에서 이른바 의제 설정 연구의 초기 연구와 비슷하다. 그 분야의 초창기 글은 한 주제에 대한 뉴스 보도의 우선순위와 빈도가 그것에 대한 사람들의 의견에 어떻게 영향을 미치는지에 더 초점을 맞추었다. 나중의 연구에서는 사람들이 한 주제에 대해 어떻게 느끼고 생각하는지에 서로 다른 프레이밍들이 어떻게 영향을 미치는지 조사하기 시작했다.

미국 정치에 관심이 있다면 조지 레이코프의 책이 흥미롭게 느껴질 것이다. *Don't Think of An Elephant!: Know Your Values and Frame the Debate*(White River Junction, NJ: Chelsea Green Publishing, 2004). 레이코프는 프레이밍의 효과, 프레이밍의 언어와 비유와의 연관성에 대해 큰 영향력을 미친 학자 중 한 명이다. 하지만 그가 자칭 자유주의자이며, 그 사실을 굳이 감추지 않는다는 점에 주목하라. 더 정치적으로 균형 잡힌 독서를 위해서는 조너선 하이트의 이 책을 읽어 보라. *The Righteous Mind: Why Good People Are Divided by Politics and Religion* (New York: Pantheon, 2012).

프레이밍 효과에 대한 중요한 연구 중에는 대니얼 카너먼과 아모스 트버스키의 영향력 있는 연구가 있다. 그들은 프레이밍이 어떻게 엄청나게 다른 결론을 내리게 하는지(예를 들어, 우리가 손실이나 이익을 나타내는 변화를 인지하는지에 따라)를 연구했다. 더 깊이 있는 내용은 카너먼의 책에서 확인할 수 있다. *Thinking, Fast and Slow* (New York: Farrar, Straus and Giroux, 2011). 더 피상적이지만 훌륭한 설명이 담겨 있는 마이클 루이스Michael Lewis의 책도 읽어 보길 권한다. *The Undoing Project: A Friendship That Changed Our Minds* (New York: W. W. Norton & Company, 2017). 훨씬 더 피상적인 설명이 보고 싶다면 아무 서점이나 들어가서 인기 있는 심리학 코너의 아무 책이나 집어 들어 읽으면 된다.

2장 리프레이밍 준비하기

1. 이 표현은 7장 〈자신의 행동 돌아보기〉에서 만나게 될 작가이자 협상 전문가 쉴라 힌의 딸, 애들레이드 리처드슨Adelaide Richardson이 만든 말이다.

2. 2010년, 제약 회사 임원 크리스토퍼 로렌젠Christoffer Lorenzen과 커피를 마시며 나눈 사적인 대화에서 들은 내용이다.

3. '아인슈타인 인용문'은 아인슈타인이 아니라 무명의 예일 대학교 교수가 쓴 1966년의 논문에 처음 나온다. 당신이 아인슈타인이나 다른 전문가가 이를 언급했다고 주장한다면, 가장 의심스러운 생각조차 어떻게 비판에 무감각해지는지를 보여주는 사례로는 좋다.

4. 전문가들이 실제로 어떻게 일하는지를 가장 먼저 연구한 학자 중 한 명인 MIT 교수 도널드 숀Donald Schön은 '행동반사reflection-in-action'라는 개념에 대해 이야기했다. Donald Schön, *The Reflective Practitioner: How Professionals Think in Action* (New York: Basic Books, 1983). 그 용어는 교사, 건축가, 의료 전문가 같은 사람들은 별개의 공식적인 이론을 만들려고 하기보다는 자신의 방법을 곰곰이 생각하고 '일하면서' 수정하는 경향이 있다는 숀의 관찰 결과에서 나왔다. [그의 공동 연구자, 크리스 아지리스Chris Argyris는 업무 관리에 비슷한 개념인 이른바 이중순환학습double loop learning을 도입했다.] 다른 많은 전문가도 일상생활 속에서 숙고하는 작은 습관을 기를 필요성에 대해 이야기했다. 나는 개인적으로 관리학자 로널드 하이페츠Ronald Heifetz와 마

티 린스키|Marty Linsky의 '발코니로 가기'라는 개념을 좋아한다. 다음 책에 나온 개념이다. *Leadership on the Line: Staying Alive through the Dangers of Leading* (Boston: Harvard Business Press, 2002). (실제 스포츠는 아니더라도) 스포츠 은유법을 좋아하는 사람들을 위해 이야기하자면, 리프레이밍 고리는 많은 스포츠에서 활용되는 짧고 집중적인 휴식 방식과 비슷하다. 농구의 타임아웃, 미식축구의 허들, 포뮬러 원 레이싱 대회의 피트 스톱이 그 예다.

5. 하버드 대학교의 전 사회과학 학장 스티븐 코슬린은 벤 넬슨Ben Nelson과 공동 편집한 다음 책에서 사고의 방식에 관해 이야기한다. *Building the Intentional University: Minerva and the Future of Higher Education* (Cambridge, MA: Massachusetts Institute of Technology, 2017).

6. 이 인용구는 그레거슨의 글 "Better Brainstorming," *Harvard Business Review*, March – April 2018에 나온다. 여기에서 '질문 퍼붓기' 방법도 설명하고 있다.

7. 리프레이밍을 적극적 과정과 소극적 과정 모두로 생각할 수 있다. 적극적 과정은 당신이 프레임워크를 진행할 때다. 소극적 과정은 문제를 분석하고 해결하기 위해 노력할 때 배경, 즉 공식적인 과정 밖에서 일어난다. 소극적인 버전은 1926년 초기 창의성 이론 학자 그레이엄 월러스Graham Wallas가 창의성 모델을 도입한 이래로 대부분의 창의성 모델에서 핵심 요소인 '부화' 과정과 아주 유사하다. 내 경험상 처음의 적극적인 리프레이밍은 '준비된' 사람들이 다음의 더 소극적인 문제 진단에 도움이 되는 예외와 다른 징후를 알아차리는 데 큰 도움이 될 수 있다.

3장 문제를 프레이밍하기

1. 창의성에 대한 과학적인 연구가 공식적으로 이루어진 것은 1950년 심리학자 J. P. 길퍼드J. P. Guilford의 강의였던 것으로 여겨진다. 게젤스는 1962년 출간된 *Creativity and Intelligence: Explorations with Gifted Students* (London; New York: Wiley)의 3장에서 두 가지 문제 유형에 대해 처음으로 기록했다. 필립 W. 잭슨Philip W. Jackson과

공동 집필한 책이다. [게젤스는 초창기 두 사상가, 심리학자 막스 베르트하이머Max Wertheimer와 수학자 자크 아다마르Jacques Hadamard의 공으로 돌린다.] 동료 심리학자 미하이 칙센트미하이와 함께한 게젤스의 후기 연구는 이제 문제 발견과 리프레이밍 분야에서 기초를 이루는 것으로 여겨지고 있다.

2. 게젤스에 따르면, 제시된 문제는 분명하게 명시되고 그것을 해결할 수 있는 알려진 기법이 있으며 언제 문제가 해결되는지가 분명하다(피타고라스의 수학 문제처럼). 발견된 문제는 반대로 불분명하고 인식할 수조차 없을 수 있다. 그것을 해결하는 방법은 알려지지 않았고, 언제 문제가 해결됐다고 생각할 수 있는지도 분명하지 않을 수 있다. 게젤스는 이것을 양자택일할 수 있는 차이로 생각하지 않았다. 그보다는 스펙트럼의 양극단과 같은 차이로 생각했다. 게젤스의 연구에 대해 더 알고 싶다면 어빙 테일러Irving Taylor와 제이콥 게젤스가 편집한 다음 책의 4장을 참고하라. *Perspectives in Creativity* (New York: Transaction Publishers, 1975).

3. 내가 여기에서 사용한 유형 분류 체계는 기존 프레임워크를 합친 것이다. 주요 부분은 아마 '문제 해결' 분야에서 가장 널리 사용되는 정의에서 파생된 것으로, 목표는 있지만 도달하는 방법을 알 수 없을 때다. Richard E. Mayer, *Thinking, Problem Solving, Cognition*, 2nd ed. (New York: Worth Publishers, 1991). 나는 명확한 문제와 불분명한 문제 사이의 차이점을 강조하기 위해 '고충' 부분도 추가했다. 제이콥 게젤스와 다른 여러 사상가의 연구를 기반으로 했다. 경영학자 러셀 애코프의 '혼란'이라는 개념, 도널드 트레핑거Donald Treffinger와 스콧 G. 이삭센Scott G. Isaksen의 혼란 발견에 대한 후기 연구, 특히 훨씬 더 초기인 1910년에 교육학자 존 듀이의 '어려움을 느꼈다'라는 개념에 대한 고찰 등이다.

4. 드세이저는 이에 대해 *Keys to Solution in Brief Therapy* (New York: W. W. Norton & Company, 19 5)의 9쪽에서 이야기한다. 그 수치는 해결 중심 단기 치료에 대해 동료 치료사들을 대상으로 진행된 드세이저의 연구에서 나왔다(6장 〈긍정적인 예외 주목하기〉에서 그 기법에 대해 더 자세히 설명한다). 심리학자들은 나와 비공식적인 대화를 나눌 때 그 수치에 대해 일반적으로 30~60퍼센트라고 말한다. 이것은 '문제가 무엇인가'라는 바

로 그 개념도 모호해질 수 있다는 사실을 드러낸다.

5. 특히 경영과학 분야에서 문제 해결에 관한 초기 문헌을 보면, 예컨대 생산 라인이 고장 났을 때처럼 표준에서의 부정적 일탈에 주로 초점을 두었다. 나중에는 내가 이 책에서 목표 주도형 문제라고 부르는 것을 포함하는 쪽으로 확대되었다. 즉 사람들이 현재 상황에 반드시 불만이 있는 것은 아니지만 그렇더라도 개선할 점을 찾는 상황이다. 문제 해결 노력을 촉구하는 '격차'의 다른 유형을 보려면 다음 책을 참고하라. Min Basadur, S. J. Ellspermann, and G. W. Evans, "A New Methodology for Formulating Ill-Structured Problems," *Omega* 22, no. 6 (1994): 627.
   그런데 마틴 셀리그먼**Martin Seligman**과 다른 학자들이 긍정심리학 개념을 도입했을 때 심리학에서도 위와 같은 변화가 일어났다. 주로 병리학(다시 말하자면 표준에서의 부정적 일탈)을 다루는 것과 관련이 있는 전통적인 심리학과는 대조적으로 긍정심리학은 어떻게 하면 이미 잘 지내고 있는 사람들의 삶을 더 향상할 수 있을지에 초점을 둔다.

6. 새로운 뭔가를 하는 것은 분명 그것이 특정 문제를 해결하기 위한 것이 아니더라도 가치 있는 일일 때가 있다. 기업 혁신에서 문제 중심과 아이디어 중심(이에 대한 용어는 각기 다를 수도 있다)의 차이를 쉽게 볼 수 있다. 문제 중심 혁신은 적중률로 측정했을 때 성공률이 더 좋은 경향이 있다. 아이디어 중심 혁신은 현재의 필요 또는 문제를 다뤄야 한다는 제약 없이 시작된 프로젝트를 의미하는 것으로, 일반적으로 훨씬 더 위험한 것으로 여겨진다. 하지만 어렵게 '성공'하는 몇 가지 아이디어는 큰 영향을 미치는 것으로 이어질 때가 많다. 혁신가와 투자자에게 이는 그들의 목표와 위험에 따라 가치 있는 거래가 될 수 있다. 하지만 당신에게 일정한 직업이 있다면, 직장에서 실제적인 문제를 해결할 때 비현실적인 계획을 추구하기보다는 알려진 문제를 목표로 하는 것에서 벗어날 것을 제안한다.

7. 특히 이 원칙은 바른질문연구소의 창립자, 댄 로스스타인과 루스 산타나의 교육 내에서 공식화되었다. 그들의 프레임워크는 아이들에게 질문을 '열라고' 가르친다. '우리 아빠는 왜 이렇게 엄격하지?'(닫힌 질문)가 '아빠가 정말 엄격한가?'(열린 질문)가 된다.

8. 내가 패디 밀러와 함께 쓴 글, "The Case for Stealth Innovation," *Harvard Business*

Review, March 2013에 나왔던 이야기다.

9. 학생들의 문제 프레이밍은 (의식적이든 아니든) 편의적으로 결정되었다고 볼 수도 있다. 의사소통 캠페인은 만들어 내고 출시하기가 꽤 쉽지만, 예컨대 메뉴 선택을 바꾸거나 구내식당의 배치를 재정비하려는 노력은 더 까다로울 수 있다. 우리는 종종 선호하는 해결책을 선택하게 하는(또는 아예 변화하지 않아도 되는) 방향으로 문제를 프레이밍하고 싶은 유혹에 넘어간다.

10. 경영과학 분야에서 전략적 선택 프레이밍에 대한 선도적인 현대 사상가는 단연코 로트만 경영대학원의 전 학장 로저 마틴이다. 마틴은 그가 '통합적 사고'라고 부르는 이론에 관해 여러 권의 책을 썼다. 통합적 사고는 서로 전혀 다른 선택을 통합함으로써 더 나은 선택을 하는 능력이다. 내 연구는 그와 그의 다양한 공저자들이 제공하는 여러 가지 통찰력의 도움을 받았다. 더 자세히 알고 싶다면 그가 오랜 공동 연구자 제니퍼 리엘과 공동 집필한 *Creating Great Choices: A Leader's Guide to Integrative Thinking* (Boston: Harvard Business Review Press, 2017)을 먼저 보기를 권한다.

11. 키신저의 회고록 *White House Years* (New York: Little, Brown and Co., 1979)를 보기 바란다. 이 이야기는 사이먼 & 슈스터Simon & Shuster 2011년 판의 418쪽에 나온다. 칩과 댄 히스 덕분에 이 인용문에 대해 알 수 있었다. *Decisive: How to Make Better Choices in Life and Work*.

12. 나는 애슐리의 사업적 행보를 몇 년간 지켜봤다. 인용된 부분은 2018년 그녀와 나눈 대화를 통해 알게 된 내용이다.

13. 이 내용을 훌륭하게 소개하는 칩과 댄 히스의 책 *Switch: How to Change Things When Change Is Hard* (New York: Broadway Books, 2010)를 읽거나 에드윈 로크Edwin Locke와 게리 래텀Gary Latham의 학술적 연구를 살펴보길 바란다.

4장 프레임 밖을 보기

1. 원래 이 이야기는 1915년 찰스 앤지 라이상Charles-Ange Laisant이 쓰고 아셰트Hachette

가 출판한 교과서 *Initiation Mathematique*에 기술돼 있다. 나는 이 이야기를 난제에 대해 다룬 정말 마음에 드는 책 *Can You Solve My Problems?: Ingenious, Perplexing, and Totally Satisfying Math and Logic Puzzles* (Norwich, UK: Guardian Books, 2016)에서 알게 됐다. 이 책에서는 원래 수수께끼에서 표현을 더 명확하게 수정했다. 에두아르 뤼카는 문제해결학의 고전적 문제 '하노이의 탑' 퍼즐을 발명하기도 했다.

2. 프레이밍은 대부분 잠재의식적인 과정이지만, 연구에 따르면 문제를 어떻게 프레이밍하고 있는지를 더 잘 인식하도록 배울 수 있다. 그리고 그렇게 하면 더 창의적으로 생각할 수 있다. Michael Mumford, Roni Reiter-Palmon, and M. R. Redmond, "Problem Construction and Cognition: Applying Problem Representations in Ill-Defined Domains" in Mark A. Runco (ed.) *Problem Finding, Problem Solving, and Creativity* (Westport, CT: Ablex, 1994).

3. 배의 수를 세는 문제를 틀렸을 때 어떻게 반응했는가? 어떤 사람들은 사실 자신이 옳았음을 주장하기 위해 창의적인 해석을 생각해 내려고 문제를 다시 유심히 살폈다. ('아, 나는 회사가 처음으로 배를 운영하기 시작하는 날에 대해 묻는 줄 알았지!') 당신도 그렇게 반응했다면 이렇게 말하고 싶다. 당신이 자신이 틀렸다는 걸 인정할 의사가 없다면, 결코 아무것도 배울 수 없을 것이다. 꼭 공개적으로 하지 않더라도(공개적인 것이 항상 좋은 것은 아니다), 최소한 자신의 실수를 인정한다면 그 과정에서 교훈을 얻을 수는 있다.

4. Kees Dorst, "The Core of 'Design Thinking' and Its Application," *Design Studies* 32, no. 6 (2011): 521.

5. Lisa Sanders, *Every Patient Tells a Story: Medical Mysteries and the Art of Diagnosis* (New York: Broadway Books, 2009)는 진단에 관한 흥미로운 일화들과 그녀의 감상을 담고 있는 책이다. (당신은 어쩌면 〈뉴욕타임스〉에 실린 그녀의 진단 칼럼을 읽어봤을 수도 있다.) 이 주제를 다룬 또 다른 대표적인 작품은 Jerome Groopman, *How Doctors Think* (Boston: Houghton Mifflin, 2007)다. 또 아툴 가완디Atul Gawande가 쓴 책은 모두 추천할 만하다.

6. 직접적인(가까운) 원인과 시스템적(먼 또는 최종적인) 원인의 구분은 경영과학 분야의 식스 시그마, 도요타 생산 시스템과 같은 대부분의 문제 해결 프레임워크의 주요 특징이다.

7. 인용된 부분은 Abraham Kaplan, *The Conduct of Inquiry: Methodology for Behavioral Science* (San Francisco: Chan- dler Publishing Company, 1964)의 28쪽에 나온다. 욕구 단계로 유명한 에이브러햄 매슬로Abraham Maslow가 한 말이 유사한 맥락에서 자주 인용되었다. "당신이 가진 유일한 도구가 망치라면, 모든 것을 못처럼 다루고 싶을 것이다." 이 말은 Abraham Maslow, *The Psychology of Science: A Reconnaissance* (New York: Harper & Row, 1966)의 15쪽에 나온다.

여담이지만 도구의 법칙은 사람들이 아이디어를 표현하는 강력한 비유를 발견할 때 어떤 차이를 만들 수 있는지를 보여준다. 캐플런은 같은 책에서 법칙을 다르게 표현했다. "과학자는 자신이 특히 잘할 수 있는 기술을 해결책으로 요구하는 문제를 만들어 내는데, 그것은 그리 놀랄 일도 아니다." 그 문장은 아마 학계의 일부에서는 매우 인기 있는, 복잡하고 난해한 문장의 법칙에서 영감을 받았을 것이다. 나는 캐플런이 망치질하는 아이 비유를 생각해 내는 데 시간을 들이지 않았더라면, 그의 연구가 그 정도로 영향력 있지는 않았을 것이라고 생각한다.

8. 이 이야기는 원래 "Are You Solving the Right Problems?" *Harvard Business Review*, January - February 2017에서 공유했던 것이다. 이야기 일부는 이 글에서 그대로 가져왔다.

9. 아인슈타인이 한 말로 자주 잘못 인용되는 또 다른 인용문이다. 보즈만 데일리 크로니클Bozeman Daily Chronicle의 편집자 마이클 베커Michael Becker는 자신의 블로그에서 이 인용문이 어디에서 시작되었는지 추적한다. "Einstein on Misattribution: 'I Probably Didn't Say That'" (http://www.news.hypercrit.net/2012/11/13/einstein-on-misattribution-i-probably-didnt-say-that/). 베커가 지적한 것처럼 인용문의 초기 버전은 약물 중독자 모임에서 나온 글인 리타 메이 브라운의 1983년 *Sudden Death*보다 오래됐다. 실제로 아인슈타인이 한 말에 비해 동기부여 포스터에 실리면 멋져 보이지 않을 것 같다.

10. 이에 대한 미국 기반 데이터를 보고 싶다면 노 키드 헝그리No Kid Hungry 계획의 연구를 확인하라. (www.nokidhungry.org) 실제 적용 사례를 보려면 Jake J. Protivnak, Lauren M. Mechling, and Richard M. Smrek, "The Experience of At-Risk Male High School Students Participating in Academic Focused School Counseling Sessions," *Journal of Counselor Practice* 7, no. 1 (2016)의 41~60쪽을 확인하라. 몬 클레어 주립대학교의 에린 고르스키Erin Gorski가 고맙게도 이 사례를 내게 알려 줬다. 그 패턴은 어른들에게도 영향을 미친다. 연구 결과에 따르면, 수감자의 가석방 가능성은 심사위원들이 점심을 먹기 전에 가석방 심사를 했는지, 아니면 먹고 나서 했는지에 따라 전혀 달라진다. Shai Danziger, Jonathan Levav, and Liora Avnaim-Pesso, "Extraneous Factors in Judicial Decisions," *Proceedings of the National Academy of Sciences* 108, no. 17 (2011).

11. 원문은 다음과 같다. Yuichi Shoda, Walter Mischel, and Philip K. Peake, "Predicting Adolescent Cognitive and Self-Regulatory Competencies from Preschool Delay of Gratification: Identifying Diagnostic Conditions," *Developmental Psychology* 26, no. 6 (1990): 978. 새로운 연구에 대한 원문은 다음과 같다. Tyler W. Watts, Greg J. Duncan, and Haonan Quan, "Revisiting the Marshmallow Test: A Conceptual Replication Investigating Links Between Early Delay of Gratification and Later Outcomes," *Psychological Science* 29, no. 7 (2018): 1159. 간단한 개요는 제시카 매크로리 칼라코Jessica McCrory Calarco의 온라인 기사에서 확인할 수 있다. "Why Rich Kids Are So Good at the Marshmallow Test," *Atlantic*, June 1, 2018.

12. 전통적인 전구가 아니라 LED 전구라면 어떨까? 한 번만 내려가는 해결책은 실제로 적용 가능하다. LED 전구의 유리는 따뜻해지지 않지만 전구의 아랫부분은 1~2분 뒤에도 여전히 따뜻하다. 하지만 LED 전구 사용 경험이 많은 사람들은 아마 한 번만 내려가는 해결책을 찾기가 더 어려울 것이다. LED 전구가 열이 없는 것으로 '인식'되기 때문이다. 인지과학자는 아마 전구의 '열' 특성이 그들의 머릿속에 떠오르기가 쉽지 않을 것이라고 말할 것이다.

내가 전구 문제를 좋아하는 또 다른 이유가 있다. 이는 우리가 시각적인 비유에 깊게 의존한다는 사실을 드러낸다. 리프레이밍에 대한 비유 중 시각적인 것에 기초를 둔 것이 얼마나 많은지에 주목하라. 큰 그림 보기, 한발 물러나기, 위에서 한눈에 내려다보기, 발코니로 올라가기, 그리고 무엇보다 문제를 다르게 '바라보기.' 시각적인 비유에 의존하는 것은 일반적으로는 유용한 지름길과 같다. 그러나 모든 비유가 그렇듯이 잘못된 방향으로 이끌 수 있고, 전구 문제가 아름답게 보여주듯이 (말장난으로) 상황의 어떤 측면을 볼 수 없게 할 수도 있다.

13. 이 개념은 1984년 수잔 피스케Susan Fiske와 셸리 테일러Shelley Taylor가 만들었다. Fiske and Taylor, *Social Cognition: From Brains to Culture* (New York: McGraw-Hill, 1991). 그것은 대니얼 카너먼의 시스템 1 생각과 비슷하다. Kahneman, *Thinking, Fast and Slow* (New York: Farrar, Straus, and Giroux: 2011).

14. 기능적 고착이라는 개념은 창의적 문제 해결의 영향력 있는 초기 연구자 칼 던커Karl Duncker와 관련이 있다. 던커는 '양초 테스트'로 가장 잘 알려져 있다. 테스트 참가자들은 압정 상자와 몇 가지 다른 것들을 이용해 벽에 양초를 붙여야 한다. 정답으로 제시되는 해결책은 빈 압정 상자를 이용해 양초를 올려놓을 곳을 만드는 것이다. 즉 참가자들은 상자를 평상시에 쓰는 용도가 아니라 다른 용도로 사용해야 한다. K. Duncker, "On Problem Solving," *Psychological Monographs* 58, no. 5 (1945): i–113.

15. 이 문제는 제프 그레이의 글에서 각색한 것이다. "Lessons in Management: What Would Walt Disney Do?" *Globe and Mail*, July 15, 2012.

5장 목표를 재검토하기

1. 목표 재검토는 생각은 철학에서도 탐구되어 왔다. 한 가지 특히 흥미로운 주장은 철학자 랭던 위너Langdon Winner가 이야기한 것처럼 '직선적인 도구주의' 개념과 관련이 있다. 그 개념은 우리의 목표가 우리가 목표에 도달하기 위해 쓰는 도구와는 독립적으로 존재하고 형성된다는 생각을 포함하고 있다. 그러나 위너는 그 생각에 이의를 제기하

며, 우리의 도구는 우리의 목표와 가치관을 형성하는 일부라고 주장했다. "Do Artifacts Have Politics?" *Daedalus* 109, no. 1 (1980): 121 – 136. 문제를 해결하는 사람에게 이것은 목표, 문제, 도구, 해결책 간의 관계를 끊임없이 검토해야 한다는 사실을 상기시킨다. 고맙게도 프리하이프Prehype 동업자, 아미트 러블링Amit Lubling이 위너의 연구에 대해 알려 줬다.

2. 유난히 자긍심이 있는 학문 분야라면, 목표가 무엇인지에 대해 실제적인 광범위한 동의가 있다. 에드윈 로크와 게리 레이섬Gary Latham은 "목표는 행동의 대상 또는 목적이다"라고 말한다. "Building a Practically Useful Theory of Goal Setting and Task Motivation: A 35-Year Odyssey," *American Psychologist* 57, no. 9 (2002): 705 – 717. 리처드 E. 메이어Richard E. Mayer는 문제의 '원하는 상태 또는 종말의 상태'에 대해 이야기하며 목표 상태가 약간 모호할 수 있다고 강조한다. *Thinking, Problem Solving, and Cognition*, 2nd ed. (New York: W.H. Freeman and Company, 1992): 5 – 6. 하지만 실제로 사람들은 '목표', '문제'와 같은 용어를 일관되게 사용하지 않는다. 어떤 사람은 '문제는 판매량이 감소했다는 것이다'라고 말할 수 있지만, 다른 사람은 '목표는 판매량을 개선하는 것이다'라고 말할 수 있다. 리프레이밍 과정의 일부는 결국 중요한 목표가 무엇인지를 명확히 하는 것이다. 이는 특히 고객과 함께 일할 때 두드러지는데, 그러한 목표는 일이 언제 완료되는지에 대한 '종료 규칙'처럼 배가될 수 있기 때문이다.

3. 계층적인 목표라는 개념은 여러 학자와 전문가들에 의해 탐구돼 왔다. 그들 중 교사이자 연구자인 민 바사더는 '왜, 무엇이 멈추게 하는가' 기법에 대한 그의 연구 때문에 특별히 언급할 가치가 있다. 이 장은 그 연구에서 부분적으로 영감을 받았다. Min Basadur, S. J. Ellspermann, and G. W. Evans, "A New Method- ology for Formulating Ill-Structured Problems," *Omega* 22, no. 6 (1994). 그 접근법의 실제 적용은 자동차 산업에서 찾아볼 수 있다. 포드의 '사다리' 기법이나 '해야 할 일' 프레임워크를 구성하는 '과제 트리job tree'라는 아이디어가 그 예다.

4. 이 이야기는 Roger Fisher, William Ury, and Bruce Patton, *Getting to Yes: Negotiating Agreement Without Giving In* (Boston: Houghton Mifflin, 1981)에 나온 것이

다. 저자는 사람들에게 '입장이 아닌 이해관계에 집중'하라고 촉구하며, 이는 이후의 협상 연구에서 핵심 원칙이 되었다. 처음 이 원칙을 생각해 낸 것은 초기 관리학자 메리 파커 폴렛Mary Parker Follett으로 1925년 '건설적인 갈등'이라는 논문에 이 원칙에 대해 기술했다. Pauline Graham, ed., *Mary Parker Follett–Prophet of Management* (Boston: Harvard Business School Publishing, 1995), 69. 내가 여기에서 사용한 용어 중 '입장positions'은 공식적으로 밝힌 목표라는 의미이고, '이해관계interests'는 더 상위 단계의 아마도 말하지 않은 목표라는 의미다.

5. 이 내용은 Steve de Shazer, *Keys to Solution in Brief Therapy* (New York: W. W. Norton and Company, 1985)의 9쪽에 나온다.

6. 이에 대해서는 Jennifer Riel and Roger L. Martin, *Creating Great Choices: A Leader's Guide to Integrative Thinking* (Boston: Harvard Business Review Press, 2017)를 참고하길 바란다.

7. 유명한 코미디언 보 버넘Bo Burnham은 코미디언을 꿈꾸는 청소년에게 어떤 조언을 해줄 것인지 질문을 받은 적이 있다. 그는 이렇게 답했다. "이제 포기해라." 그는 다음과 같이 설명했다(표현을 약간 수정했다). "운이 아주 좋았던 나 같은 사람한테 충고를 듣지 마라. 우리는 매우 심한 편견을 가지고 있다. 꿈을 좇으라고 말하는 슈퍼스타는 이렇게 말하는 복권 당첨자와 같다. '복권을 사는 데 모든 재산을 쏟아 부어라. 그러면 당첨된다!'" 버넘은 코넌 오브라이언이 진행하는 미국 토크 쇼 〈코넌〉의 2016년 6월 28일 방송분에서 이 이야기를 했다. 국가 차원의 시청 제한이 없다면 온라인에서 이 방송의 영상 클립을 볼 수 있을 것이다. '보 버넘의 영감을 주는 조언Bo Burnham's inspirational advice'을 검색하라.

8. 2018년 헨릭 워들린과의 개인적인 대화에서 나온 이야기다. 워들린은 이 책의 초반부에서 언급했던 바크박스의 공동 창립자다.

9. 성과 목표가 어떻게 자주 잘못 정해지는지(그리고 그것을 어떻게 바로잡을지)에 대해 더 자세히 알고 싶다면 Steve Kerr, *Reward Systems: Does Yours Measure Up?* (Boston: Harvard Business School Publishing, 2009)나 커Kerr의 훌륭한 논문 "On the Folly of

Rewarding A, While Hoping for B," *Academy of Management Journal* 18, no. 4 (1975): 769를 살펴보라.

내가 직접 겪은 사례 중 하나는 한 혁신 관리자에 관한 이야기다. 그녀의 상사는 새로운 아이디어의 최소 5퍼센트를 실행하면 성과급을 받을 수 있게 했다. 새로운 아이디어의 최소 5퍼센트가 잠재적으로 좋았다면, 그것은 좋은 목표였을 것이다. 불행하게도 그렇지 않았고, 관리자는 많은 나쁜 아이디어를 그것이 시간 낭비인 줄 알면서도 실행할 수밖에 없었다.

10. 2019년 5월에 애나 에베센과 개인적으로 대화를 나누다 들은 이야기다. 에베센은 전략 컨설팅 회사 레드 어소시에이츠에서 일한다. 레드 어소시에이츠는 사회과학적 기법(예컨대 센스메이킹과 민족지학적 연구)을 이용해 고객에게 그들의 사업에 대한 외부의 시각을 제공한다.

11. 스턴버그는 '문제 재정립redefining problems'이라는 용어를 사용하며 그것을 창의력 향상을 위해 제안하는 21개 연구 기반 전략 중 첫 번째로 꼽는다. 이 이야기는 Sternberg, *Wisdom, Intelligence, and Creativity Synthesized* (New York: Cambridge University Press, 2003), on page 110 of the 2011 paperback edition에 기술되어 있다. 스턴버그의 창의성 투자 이론도 그 주제에 관심이 있다면 살펴볼 가치가 있다. 그 이론은 혁신에 참여하는 것이 능력일 뿐 아니라 개인의 선택이기도 하다고 가정하며 내가 매우 중요하다고 생각하는, 혁신의 비용 편익 측면을 고려해야 한다고 말한다. 나는 이것에 대해 패디 밀러와 함께 쓴 내 첫 번째 책 *Innovation as Usual: How to Help Your People Bring Great Ideas to Life* (Boston: Harvard Business Review Press, 2013)의 7장에서 더 자세히 썼다. 그 통찰은 분명 리프레이밍과 문제 해결에 더 일반적으로 적용된다.

12. 인텔이 호킹을 위해 무료로 한 일은 Joao Medeiros, "How Intel Gave Stephen Hawking a Voice," *Wired*, January 2015에 기술되어 있다. 더 자세한 내용은 인텔 웹사이트의 언론 보도 부분에서 확인할 수 있다. 많은 사람이 호킹의 휠체어 과업에 참여했다. 인텔의 보도 자료는 특히 인텔의 기술자 피트 덴먼Pete Denman, 트래비스 보

니필드Travis Bonifield, 롭 웨더리Rob Weatherly, 라마 나흐만Lama Nachman의 연구를 강조한다. 추가적인 세부 사항은 2019년, 전 인텔 디자이너 크리스 데임과의 개인적인 대화를 통해 알게 된 것이다.

13. 혁신 전문가 스콧 앤서니Scott Anthony의 책, *The Little Black Book of Innovation: How It Works, How to Do It* (Boston: Harvard Business School Publishing, 2012)의 'Day 7' 장에 더 자세한 내용이 있다.

14. 리더십에 관한 아이바라의 책은 읽어 볼 만한 가치가 있다. *Act Like a Leader, Think Like a Leader* (Harvard Business Review Press, 2015).

15. Seligman, *Flourish: A Visionary New Understanding of Hap iness and Well-Being* (New York: Free Press, 2011)를 보거나 구글에서 그의 'PERMA' 프레임워크를 검색하라.

16. 벤저민 토드와 윌 맥어스킬의 연구는 그들의 웹사이트(80000hours.org)에 자세히 나와 있다. 맥어스킬의 효과적인 이타주의에 관한 책 *Doing Good Better: I low Effective Altruism Can Help You Make a Difference* (New York: Avery, 2015) 또한 흥미로운 내용을 담고 있으며, 리프레이밍의 여러 사례를 다루고 있다(좋은 일을 하기 위해 시간과 돈을 가장 잘 쓸 수 있는 방법에 대한 리프레이밍 등). 또한, '몰입'은 행복에 관한 연구에서 나온 잘 알려진 개념이다. 이는 너무 몰두하게 만드는 무언가를 하면서 그 활동에 푹 빠질 때를 의미한다. 리프레이밍 연구에서 중요한 인물 중 하나인 미하이 칙센트미하이가 그 용어를 만들었다.

6장 긍정적인 예외 주목하기

1. 타니아 루나는 2018년, 개인적인 대화와 이메일을 통해 이 이야기를 내게 들려주었다. 우연히도 이 이야기는 직장과 집에서의 문제 해결이 어떻게 연결되는지를 보여준다. 이를테면 당신이 집에서 자정까지 배우자와 싸우고 있다면 깨어 있다면, 다음 날 사무실에서 최선을 다해 일하지 못할 가능성이 크다. 더욱 흥미로운 것은 집에서 알게 된 프레이밍과 해결책이 종종 직장에서도 이용될 수 있고, 그 반대도 가능하다는 점이다.

예를 들어 내가 강연했던 한 혁신팀은 어떤 프로젝트를 그만둘지 결정하기 위해 정기적으로 회의를 했다. 그 회의에는 긴장감이 흘렀고, 그 과정에서 모두가 감정적으로 지쳐갔다. 팀원들은 회의를 두려워했다. 그들은 회의를 언제 했을까? 오후 늦게, 모든 사람이 정신적으로 가장 여유가 없을 때 했다.

2. 이 책에 나오는 다른 전략들과 마찬가지로 나는 이 분야에서 이미 발표된 폭넓은 연구 결과를 활용하여 내용을 정리했다. 이 장에 대해서는 칩 히스와 댄 히스의 훌륭한 책 《스위치》, 《자신 있게 결정하라》에 특히 큰 도움을 받았다는 사실을 강조하고 싶다. 그들의 연구 결과에 익숙한 사람들은 내가 그들의 조언을 일부 반영했다는 것을 알아차릴 수 있을 것이다.

내가 이 책에서 제시한 전략 중 밝은 점 접근법은 문제를 리프레이밍하는 데 도움이 되지 않을 것이라는 점에서 독특하다. 때로는 그것이 문제를 리프레이밍할(또는 이해할) 필요도 없게 바로 실행 가능한 해결책으로 이끌 것이다. 예를 들어 당신이 단순히 알지 못했던 기존의 해결책을 드러낼 것이다. 그것은 물론 리프레이밍 순수주의자들을 제외한 모든 사람에게 좋은 소식일 것이다. 일을 해결할 수만 있다면 무엇이든 무슨 상관이겠는가.

3. 이 예는 리사 샌더스의 *Every Patient Tells a Story: Medical Mysteries and the Art of Diagnosis* (New York: Broadway Books, 2009) 1장에 에이미 시아**Amy Hsia**의 이야기로 나온다.

4. 근본 원인 분석을 이야기한 사람은 많지만 케프너와 트리고의 *The Rational Manager: A Systematic Approach to Problem Solving and Decision-Making* (New York: McGraw-Hill, 1965)는 이 분야에서 영향력 있는 연구로 널리 인정받고 있다. 밝은 점 질문(문제가 아닌 곳은 어디지?)은 그들의 핵심 프레임워크 중 일부다. 케프너와 트리고의 초기 연구는 주로 문제 프레이밍이 아닌 문제 분석에 초점을 맞춘다. 하지만 *The New Rational Manager* (Princeton, NJ: Princeton Research Press, 1981)를 포함해 후기 연구로 갈수록 점점 더 리프레이밍과 관련된 내용을 다뤘다.

5. 밝은 점 전략의 한 가지 흥미로운 버전은 바이오미미크리**biomimicry**로 자연에서 해결

책을 찾는 행위다. 나는 바이오미미크리가 '일상생활의' 문제에서 제한적으로 사용되기 때문에 본문에 포함하지 않았다. 하지만 이 행위는 연구 개발 공동체에서 좋은 성적을 거두고 있다. 한 가지 널리 알려진 사례는 벨크로 발명품으로, 껍질이 꺼끌꺼끌한 씨앗에서 영감을 받아 만들었다.

밝은 점의 또 다른 간단한 예는 '모범 사례'라는 개념이다. 이는 유용하게 작용하기도 하며, 일부 산업에서는 종종 컨설턴트에 의해 체계적으로 정리된다. 이 개념의 한 가지 흥미로운 버전으로, 옛 소련의 기술자 겐리히 알츠슐러Genrikh Altshuller가 개발한 트리즈TRIZ 프레임워크가 대표적인 공학 기술 문제를 해결하기 위한 모범 사례 모음을 제시한다. (어학에 재능이 있는 사람들을 위해 설명하자면, 트리즈는 'Teoriya Resheniya Izobretatelskikh Zadatch'를 나타내는 두문자이고 직역하면 '발명 관련 과제의 해결 이론'이다. '창의적 문제 해결 이론'으로도 알려져 있다.)

6. 밀워키 집단의 활동은 Steven de Shazer, *Keys to Solutions in Brief Therapy* (New York: W.W. Norton & Company, 1985) and *Clues: Investigating Solutions in Brief Therapy* (New York: W.W. Norton & Company, 1988)에 기술되어 있다. 오늘날의 심리학자들은 일반적으로 어떤 문제들에 대해서는 성격 문제를 더 깊이 탐구해야 한다고 말할 것이다. 하지만 밀워키 집단의 방법은 이제 심리치료사의 도구함에 들어 있는 중요하고 널리 알려진 도구다. 덧붙이자면 타니아 루나는 밀워키 집단 중 한 명이 그녀가 밝은 곳에 더 집중하는 데 직접적인 도움이 되었다고 말한다. 바로 작가이자 심리치료사인 미셸 와이너데이비스Michele Weiner-Davis가 루나에게 '잘 되는 것을 더 하라'고 조언했다.

7. 게슈탈트심리학자 칼 던커의 연구를 기반으로 '유추 전이analogical transfer'라는 주제를 다룬 여러 연구 결과가 있다. 유추 전이는 '이 문제와 비슷한 문제를 본 적이 있는가?'라고 물음으로써 때로는 새로운 문제를 해결할 수 있음을 나타내는 과학적 용어다. 밝은 점 전략과 마찬가지로 이는 일반적으로 당신이 그와 유사한 문제를 적극적으로 찾을 때, 큰 변화를 일으킨다. 해결책은 당신이 연관성을 찾으려고 애쓰지 않으면 머리에 잘 떠오르지 않는다. 한 유명한 실험에서 메리 L. 지크Mary L. Gick와 키스 J.

홀리요크Keith J. Holyoak가 사람들에게 문제를 해결하라고 요구했다. 연구자들은 문제를 공유하기 전에 사람들에게 짧은 이야기 몇 개를 읽게 했으며, 그중 하나는 해결책에 대한 꽤 큰 힌트를 포함하고 있었다. 그 결과 92퍼센트의 참가자가 문제를 해결했다. 그러나 그들이 방금 읽은 이야기 중 하나에 힌트가 있다는 이야기를 들었을 때에 한해서였다. 연구자들이 그 사실을 이야기하지 않았을 때는 20퍼센트만이 문제를 해결할 수 있었다. 이 연구는 다음의 두 논문에서 설명하고 있다. "Analogical Problem Solving," *Cognitive Psychology* 12, no. 3 (1980): 306, and "Schema Induction and Analogical Transfer," *Cognitive Psychology* 15, no. 1 (1983): 1. 이에 대한 던커의 연구 내용과 후속 연구에 대한 심도 있는 논의는 Richard E. Mayer, *Thinking, Problem Solving, Cognition*, 2nd ed. (New York: Worth Publishers, 1991), pages 50–53 and 415–430)에서 확인할 수 있다.

8. 조직 심리학자이자 내 형수인 메리트 웨델 웨델스보그Merete Wedell-Wedellsborg는 자신에게 '정신적으로 에너지를 주는 것들'을 아는 것이 중요하다고 말한다. 이것들은 평소와 다르게 활기를 북돋우는 특별한(그리고 종종 색다른) 요소들이다. 한 예로 메리트의 한 고객은 등록할 수 있는 예비 경영자 교육 과정을 찾는 행위가 원기를 회복시킨다는 사실을 알게 되었다. 그녀는 교육 과정을 검색하는 시간을 일종의 지적 휴가라고 묘사했다. Merete Wedell-Wedellsborg, "How Women at the Top Can Renew Their Mental Energy" (*Harvard Business Review* online, April 16, 2018).

9. 호텔 사례는 2018년 라켈 루비오 히구에라스와 나눈 개인적 대화에서 들은 것이다.

10. 이 이야기를 이전에 썼던 글에서도 다룬 적이 있다. "Are You Solving the Right Problems?" *Harvard Business Review*, January–February 2017.

11. 이 미시오네스 이야기는 Richard Pascale, Jerry Sternin, Monique Sternin, *The Power of Positive Deviance: How Unlikely Innovators Solve the World's Toughest Problems* (Boston: Harvard Business Press, 2010)의 4장에 나온다. 이 책은 현장 연구에서 얻은 저자의 깊이 있는 경험에 기반을 두고 긍정적인 이탈 접근법을 어떻게 실행에 옮기는지에 대해 강력하고 실천적인 조언을 전달한다.

12. 원래의 이야기를 간략하게 줄인 것이다. 컨설턴트가 어떻게 긍정적인 예외 접근법을 효율적으로 이용하기 위해 집단과 가장 잘 협력할 수 있는지에 대한 세부 사항이 추가된다는 점에서 전체 이야기를 읽을 만한 가치가 있다. 한 가지 중심적인 통찰은 컨설턴트가 사람들을 위해 문제를 리프레이밍하기보다 사람들이 스스로 통찰하고 공식화하도록 이끌어야 한다는 것이다. 또 주목할 만한 사실은 이 학교 개입이 입증할 만한 성공을 거두고 다른 프로젝트에 비해 믿을 수 없을 정도로 저렴한 비용이 들었지만(약 2만 달러) 아르헨티나 교육부는 이 프로젝트가 광범위하게 시행되도록 지원하지 않았다는 점이다. 왜일까? 정부 관료들은 이 방법이 기존의 100만 달러짜리 프로젝트들을 대체해서 자신들이 더 이상 자금을 빼돌리지 못하게 될까 봐 두려워했다. 만약 이 전략이 100배 비쌌다면 관료들의 지원을 받았을 가능성이 더 컸을 것이다.

13. 더글라스 호프스태터는 에마뉘엘 상데와 공동 집필한 *Surfaces and Essences: Analogy as the Fuel and Fire of Thinking* (New York: Basic Books, 2013)에서 이에 대해 이야기한다. 이 책은 리프레이밍과 긴밀하게 연관된 두 가지 정신 작용, 유추하기와 분류에 대한 질문을 깊이 탐구한다.

14. 2019년 마틴 리브스와의 개인적인 대화에서 들은 이야기다.

15. 화이자웍스의 이야기는 패디 밀러와 함께 쓴 사례 연구에 자세히 기술되어 있다. "Jordan Cohen at pfizerWorks: Building the Office of the Future," Case DPO-187-E (Barcelona: IESE Publishing, 2009). 일부 추가적인 세부 사항은 2009년부터 2018년까지 조던 코언, 타냐 카발드론, 세스 아펠과 나눴던 사적인 대화에서 들었다.

16. 어빙 고프먼은 문화적 규범을 느낄 수 없는 것에 대해 이 책에서 논의했다. *Behavior in Public Places* (New York: The Free Press, 1963). 이 주제는 사회학 문헌에서 광범위하게 연구된 내용에서 확인할 수 있다. 예를 들어 피에르 부르디외Pierre Bourdieu, 해럴드 가핑클Harold Garfinkel, 스탠리 밀그램Stanley Milgram의 연구를 참고할 수 있다.

17. 문제를 널리 알리는 방법은 이 훌륭한 글에서 확인할 수 있다. Karim R. Lakhani and Lars Bo Jeppesen, "Getting Unusual Suspects to Solve R&D Puzzles," *Harvard Business Review*, May 2007. 카림 R. 라카니Karim R. Lakhani와 라르스 보 제페슨Lars

Bo Jeppesen이 이노센티브에서 회사가 내부 문제를 널리 알릴 때 어떤 일이 일어나는 지 연구했다. 놀랍게도 경험이 풍부한 기업의 연구 인력이 해결할 수 없었던 문제 30 퍼센트가 직원이 아닌 사람들에 의해 해결되었다.

18. 이 이야기의 일부는 내가 패디 밀러와 공동 집필한 책 *Innovation as Usual: How to Help Your People Bring Great Ideas to Life* (Boston: Harvard Business Review Press, 2013)에 나오는 내용이다. 파워포인트 자료는 2009년 10월 8일, 에릭 프라스가 Slideshare.com에 올려두었다. 에릭 프라스는 DSM의 사업개발부서 책임자로 크라 우드소싱 과정을 처리했다. 팀은 2009년 12월 상업적인 프로젝트에서 성공을 거두었 고 2010년 2월 10일에 두 번째 자료(우승자 발표)를 올렸다. 'DSM slideshare Erik Pras' (Pras, 2009)를 검색하면 전체 자료를 볼 수 있다. 접착제에 대한 자세한 내용은 다음 주 석을 참고하길 바란다.

19. 공교롭게도 해결책은 문제 리프레이밍을 포함했다. 당신이 합판 마니아라면(아닌 사람 이 있을까?) 다음 부분에서 자세한 내용을 확인하는 걸 추천한다.

E-850 친환경 접착제는 수성이었고, 합판을 코팅하고 건조할 때 수분이 나무를 틀 어지게 했다. 합판은 그 압력 때문에 가장자리가 떨어졌다. 처음에 연구자들은 문 제를 이렇게 프레이밍했다. "접착력을 어떻게 더 강력하게 만들어서 틀어지는 압력 을 견디게 할 수 있을까?" 하지만 해결책은 다른 문제를 해결함으로써 찾을 수 있 었다. 바로 나무가 수분을 흡수하지 못하게 해서 애초에 틀어지지 않게 하는 해결 책이었다. (Erik Pras, "DSM NeoResins Adhesive Challenge," October 29, 2009, https:// dsmneoresinschallenge.wordpress.com/2009/10/20/hello-world/).

20. 문제를 널리 알리는 전략을 시도할 계획이라면 스프래들린의 이 글을 보는 것을 추천 한다. "Are You Solving the Right Problem?" *Harvard Business Review*, September 2012. 어떻게 하면 가장 잘 실행에 옮길 수 있는지 몇 가지 유익한 조언을 공유하고 있 다. 또 다른 유익한 글은 Nelson P. Repenning, Don Kieffer, Todd Astor, "The Most Underrated Skill in Management," *MIT Sloan Management Review*, Spring 2017다.

21. 이 편향은 '평가에서의 부정성Negativity in Evaluations' 논문에 기술되어 있다. David E.

Kanouse and L. Reid Hanson in *Attribution: Perceiving the Causes of Behaviors*, eds. Edward E. Jones et al. (Morristown, NJ: General Learning Press, 1972). 이 개념을 크게 확장한 더 나중에 나온 논문도 읽어 볼 가치가 있다. Paul Rozin and Edward B. Royzman, "Negativity Bias, Negativity Dominance, and Contagion," *Personality and Social Psychology Review* 5, no. 4 (2001): 296

7장 자신의 행동 돌아보기

1. 이 효과는 다양한 영역에 영향을 미친다. 우리는 우리 '자신'의 나쁜 행동에 관해서, 그 원인이 심각한 성격적 결함이 아닌 특별한 상황에 있을 가능성을 자비롭게 허용한다. 기본적 귀인 오류는 1967년 사회심리학자 에드워드 E. 존스Edward E. Jones와 빅터 해리스Victor Harris의 연구 결과에 처음 기록됐다. "The Attribution of Attitudes," *Journal of Experimental Social Psychology* 3, no. 1 (1967): 1–24. 용어 자체는 나중에 또 다른 사회심리학자 리 로스Lee Ross가 만들었다. "The Intuitive Psychologist and His Shortcomings: Distortions in the Attribution Process," in L. Berkowitz, *Advances in Experimental Social Psychology*, vol. 10 (New York: Academic Press, 1977), 173–220.

2. 심리학자들은 그 현상을 '자기 위주 편향self-serving bias'이라고 부르는데, 이는 기본적 귀인 오류와 연결되어 있다. W. Keith Campbell and Constantine Sedikides, "Self-Threat Magnifies the Self-Serving Bias: A Meta-Analytic Integration," *Review of General Psychology* 3, no. 1 (1999): 23–43.

3. 이 인용문들은 1977년 7월 26일 〈토론토뉴스Toronto News〉 기사에 나온 것으로, 심리학 교과서를 포함해 여러 책에서 인용됐다. 그러나 나는 원본 기사를 찾지 못했다. 게다가 1977년 당시에 발행된 〈토론토뉴스〉 신문에 대한 단서를 찾을 수도 없었다. 그래서 이 인용문들이 진짜처럼 느껴지기는 하지만, 그럼에도 이는 입증되지 않은 이야기이고 학문적으로 말하면 '완전히 허구'다.

4. 나는 보통 자기계발서는 잘 권하지 않는다. 그런 책들은 조잡한 과학과 마술적인(형

편없다는 뜻이다) 생각에 기초한 경우가 많다. 그들의 조언이 때로는 도움이 되기보다 해로울 때도 있다. 그럼에도 읽을 가치가 있는 책을 한 권 발견했다. Phil Stutz and Barry Michels, *The Tools: Five Tools to Help You Find Courage, Creativity, and Willpower—and Inspire You to Live Life in Forward Motion*, (New York: Spiegel & Grau, 2013). 이 도서에 기입된 고통 회피에 대한 첫 번째 도구는 기억하기 쉽고 개인적으로 도움이 된 방법으로 개념을 설명한다. 덧붙여 말하면 간단한 그림으로 핵심적인 생각을 보여 준 것은 내가 이 책에 스케치를 활용하는 데 영감을 줬다.

5. 데이트 앱에서 나타나는 인간의 행동에 흥미가 있다면 크리스티안 러더Christian Rudder의 책을 읽어볼 것을 권한다. *Dataclysm: Love, Sex, Race, and Identity—What Our Online Lives Tell Us about Our Offline Selves* (New York: Crown, 2014). 러더는 데이트 웹사이트 오케이큐피드OkCupid를 공동 설립했고 사람들의 데이트 전략과 관련된 자료를 공유한다(일부는 우울하고 일부는 재미있다).

6. 공개 강연을 하는 친구이자 동료 메그 조레이Meg Joray는 또 다른 그럴듯한 프레이밍을 제시했다. "아마 이 사람들은 데이트 경험이 로맨틱 코미디와 같길 바라지만, 완벽한 짝짓기를 괴롭히는 오해와 마찰이 싫은 거야." 〈뉴욕타임스〉에 실린 로라 힐거스 Laura Hilgers의 기사에서 이 주제를 훌륭히 다루었다. "The Ridiculous Fantasy of a 'No Drama' Relationship" (July 20, 2019). 힐거스는 어떤 사람들은 인간관계의 형태에 극히 비현실적인 기대를 가진다는 유사한 주장을 하고 있다.

7. 쉴라의 이야기는 2018년 그녀와 나눈 개인적인 대화에서 들은 것이다. 원인 제공과 탓이라는 주제를 더 깊이 탐구하는 책이다. Douglas Stone, Bruce Patton, Sheila Heen, *Difficult Conversations: How to Discuss What Matters Most* (New York: Penguin, 1999).

8. 이 인용문은 *Factfulness: Ten Reasons We're Wrong About the World—and Why Things Are Better Than You Think* (New York: Flatiron Books, 2018)의 207쪽에 나온다. 한스 로슬링이 아들 올라 로슬링Ola Rosling, 며느리 안나 로슬링 뢴룬드Anna Rosling Rönnlund와 공동 집필한 책이다. 한스 로슬링의 통찰력, 인생에 관한 설득력 있는 이야

기가 돋보이는 꼭 읽어 볼 만한 책이다.

9. 존은 2018년에 나눈 개인적인 대화에서 이 이야기를 내게 들려주었다.

10. 창조적 야망을 가지고 글을 쓰겠다는 이 예시가 마음에 와닿았다면 Steven Pressfield, *The War of Art: Break Through the Blocks and Win Your Inner Creative Battles* (London: Orion, 2003)를 읽는 걸 추천한다. 찰스 부코스키Charles Bukowski의 시 "Air and Light and Time and Space"도 좋다. 이탈리아의 호숫가에서 읽으면 더 좋을 것이다.

11. 이 인용문의 출처는 다음과 같다. June 7, 2018, column in the *New York Times*, "The Problem With Wokeness."

12. '사악한 문제'라는 용어는 1967년에 호르스트 리텔Horst Rittel이 만들었다. Horst W. J. Rittel and Melvin M. Webber, "Dilemmas in a General Theory of Planning,"*Policy Sciences* 4, no. 2 (1973): 155.에 더 공식적으로 기술되어 있다. 개인적으로 나는 이 용어에 양면적인 감정을 느끼고 있다. 어떤 문제들은 정말로 특별한 등급에 속한다. 그러나 동시에 문제를 '사악하다'고 분류하는 것은 은연중에 문제를 해결할 수 없다고 선언하여 문제의 복잡성을 우러러보는 태도로 보일 수도 있다. 역사에서 깨달음을 얻는 사람들은 알겠지만, 우리는 시간이 흐르면서 꽤 어려운 문제들을 해결해 왔고, 그 문제 중 일부를 아마 우리의 조상들은 해결할 수 없는 문제로 여겼을 것이다.

13. Oliver Bullough, "How Ukraine Is Fighting Corruption One Heart Stent at a Time," *New York Times*, September 3, 2018

14. Tasha Eurich, *Insight: The Surprising Truth About How Others See Us, How We See Ourselves, and Why the Answers Matter More Than We Think* (New York: Currency, 2017).

15. 하이디 그랜트 할버슨은 2018년에 개인적인 대화를 통해 내게 이 조언을 들려주었다.

16. 이 주제에 대해 더 자세히 알아보고 싶다면 Adam Grant, "A Better Way to Discover Your Strengths," *Huffpost*, July 2, 2013를 추천한다. 더 깊이 있게 알고 싶다면 Douglas Stone and Sheila Heen, *Thanks for the Feedback: The Science and Art of*

Receiving Feedback Well (New York: Viking, 2014)을 읽어보는 것도 좋겠다. 이 책에서 다른 사람들에게 얻은 피드백을 이용하는(혹은 폐기하는) 방법에 관한 유용한 조언을 많이 얻을 수 있을 것이다.

17. 권력 때문에 보지 못하는 것(그들의 표현이 아닌 내 표현이다)에 대해 더 자세히 알고 싶다면 Adam D. Galinsky et al., "Power and Perspectives Not Taken," *Psychological Science* 17, no. 12 (2006): 1068.를 참고할 수 있겠다.

    이 시점에서 나는 말에 관한 더글러스 애덤스Douglas Adams의 인용문을 훔치지 않을 수 없다. "말은 항상 자기 등에 탄 사람보다 훨씬 더 많은 것을 이해해 왔다. 다른 생명체를 매일매일 온종일 태우면서도 어떠한 의견도 드러내지 않는 것은 어려운 일이다. 반면에 다른 생명체의 등에 매일매일 온종일 타면서도 그들에 대해 어떠한 생각도 하지 않는 것은 쉽게 할 수 있는 일이다."

18. 인용된 내용과 의견은 2018년 크리스 데임과 나눈 개인적인 대화에서 들은 것이다.

8장 다른 사람의 관점에서 보기

1. 연구에 대해 자세히 알고 싶다면 Sharon Parker, Carolyn Axtell, "Seeing Another Viewpoint: Antecedents and Outcomes of Employee Perspective Taking," *Academy of Management Journal* 44, no. 6 (2001): 1085을 참고하는 것을 추천한다.

2. 연구 결과를 개략적으로 알고 싶다면 Adam M. Grant, James W. Berry, "The Necessity of Others Is the Mother of Invention: Intrinsic and Prosocial Motivations, Perspective Taking, and Creativity," *Academy of Management Journal* 54, no. 1 (2011): 73을 읽어보는 것을 추천한다. 내재적 동기, 조망 수용, 친사회적으로 행동하려는 동기, 이 세 가지가 성과의 유용성)에 긍정적인 영향을 미친다.

3. 어떤 사람들은 조망 수용과 감정이입을 인지 과정과 행동적인 활동(예를 들어, 밖으로 나가서 사람들에게 노출되는 것) 둘 다로서 논한다(여기에서 논의되지 않은 세 번째 유형은 감정이입을 성격상 특성이나 기질로 본다). 이 책에서는 조망 수용을 리프레이밍 과정의 일

부로 본다는 점을 고려해, 그 용어를 단지 인지 과정만을 뜻하는 것으로 사용했나. 9장 '앞으로 나아가라'에서 사람들의 관점을 발견하기 위한 행동 기반적인 방법을 다룬다. 이 두 가지는 서로 관련이 있으며, 생각과 행동의 경계가 항상 뚜렷하게 드러나는 것이 아니다. 이 내용에 관심이 있다면 조지 레이코프의 체화된 인지에 대한 연구를 확인하는 것을 추천한다. *Philosophy in the Flesh*, coauthored with Mark Johnson (New York: Basic Books, 1999), 또는 확장된 마음 가설에 대한 앤디 클라크Andy Clark와 데이비드 차머스David Chalmers의 연구를 참고해 볼 수 있다. "The Extended Mind," *Analysis* 58, no. 1, (1998): 7-19.

4. 이 인용문은 N. Epley, E. M. Caruso, "Perspective Taking: Misstepping into Others' Shoes," in K. D. Markman, W. M. P. Klein, J. A. Suhr, eds., *Handbook of Imagination and Mental Simulation* (New York: Psychology Press, 2009), 295-309에 나온다. 다른 사람의 관점에서 보는 것을 전등 스위치에 비유한 것도 같은 논문을 참고한 결과다.

5. Yechiel Klar and Eilath E. Giladi, "Are Most People Happier Than Their Peers, or Are They Just Happy?" *Personality and Social Psychology Bul- letin* 25, no. 5 (1999): 586.

6. Robert B. Cialdini, *Influence: The Psychology of Persuasion* (New York: Harper Business, 1984). 많은 연구자들이 사회적 증거가 채택에 미치는 영향력을 탐구했다. 에버렛 M. 로저스Everett M. Rogers는 한 가지 초기 예를 그의 고전적 저서 *Diffusion of Innovations* (New York: The Free Press, 1962)에 제시했다.

7. 이렇게 하기 위한 더 체계적이고 유용한 프레임워크로 혁신 전문가 클레이턴 크리스텐슨과 마이클 레이너Michael Raynor이 대중화한 '해야 할 일' 방법이 있다. Clayton Christensen, Michael Raynor, *The Innovator's Solution: Creating and Sustaining Successful Growth* (Boston: Harvard Business Press, 2003). 그리고 대니얼 카너먼이 제시한 또 다른 방법으로 시스템 1과 시스템 2로 사고를 구별하는 것이 있다. 스템 1은 빠르고, 힘이 들지 않으며, 종종 부정확하다. 시스템 2는 느리고, 노력이 필요하고, 정

확하다. 이해관계자를 이해하는 것은 항상 시스템 2의 과제다. 더 느리고 신중한 접근이 필요하다.

8. 다음 글에서 과정의 두 단계 성질을 처음으로 제시했다. Daniel Kahneman, Amos Tversky, "Judgment under Uncertainty: Heuristics and Biases," *Science* 185, no. 4157 (1974): 1124.

9. 내 동료 톰 휴스Tom Hughes가 2019년에 나와 개인적으로 나눈 대화에서 그 요점을 잘 설명했다. "CEO들은 조직 개편을 하는 것이 타당한지 깊이 생각하는 데 6개월이 걸려. 그러고 나서 그것에 착수할 때는 한 시간 동안 전체 회의를 한 뒤 직원들이 변화를 곧바로 받아들이길 기대하지."

10. Nicholas Epley et al., "Perspective Taking as Egocentric Anchoring and Adjustment," *Journal of Personality and Social Psychology* 87, no. 3 (2004): 327

11. Rogers, *Diffusion of Innovations* 198.

12. 때로는 친밀함과 근접성이 조망 수용에 해로울 수 있는지를 생각하는 것은 흥미롭다. 당신이 누군가와 멀리 떨어진 곳에 산다면, 아마 당신이 그 사람을 이해하지 못한다는 사실을 깨닫게 될 것이다(그리고 이해하려고 노력하게 될 것이다). 반면에 누군가와 사무실(이나 집)을 같이 쓴다면 그 사람을 이미 이해하고 있다고 확신하기 훨씬 더 쉽다. 그래서 조망 수용을 적극적으로 하려는 노력을 덜 하게 될 것이다.

13. 퇴직자 면접은 이를 보여주는 훌륭한 예다. 보상 컨설턴트이자 펄 마이어Pearl Meyer의 서부 지역 회장인 재니스 쿠어스Jannice Koors는 내게 이렇게 말했다. "사람들은 더 좋은 제의를 받아서 떠난다고 말합니다. 그럴듯하게 들리죠. 하지만 거의 항상, 돈보다 더 많은 이유가 있어요. 계속 질문해 보십시오." (2018년 10월 재니스 쿠어스와 나눈 개인적인 대화에서 들은 말이다.) 니콜라스 에플리의 말은 '자기중심적인 정박과 조정으로서의 조망 수용'에서 나온다(앞에서 언급되었다).

14. Johannes D. Hattula et al., "Managerial Empathy Facilitates Egocentric Predictions of Consumer Preferences," *Journal of Marketing Research* 52, no. 2 (2015): 235. 명확하게 요청하는 행위에서 긍정적인 효과를 발견한 이 연구는 평균 나이 46세인 93명

의 마케팅 매니저를 대상으로 했다. 즉 꽤 숙련된 전문가들이었다. 연구에서 사용된 정확한 표현은 다음과 같다. "최근 연구 결과에 의하면 소비자 관점에서 볼 때 매니저들은 자신의 소비 선호도, 요구, 의견을 억제하는 데 자주 실패합니다. 따라서 소비자의 관점에서 보고, 오직 대상 고객의 선호도, 요구, 의견에 초점을 두면서 동시에 자신의 개인적인 소비 선호도, 요구, 의견에 대해서는 생각하지 마십시오."

15. 인용된 내용은 2010년 조던과 나눈 개인적인 대화에서 들은 것이다.

16. 이 이야기는 리처드 탈러Richard Thaler와 카스 선스타인Cass Sunstein의 책 *Nudge: Improving Decisions About Health, Wealth, and Happiness* (New Haven: Yale University Press, 2008)에서 상세히 논의됐다. 저자들은 규칙이 (좋은) 디폴트 행동을 제시하지만, 개인에게 선택의 자유를 주는 상태를 자유주의적 개입주의libertarian paternalism라는 용어로 설명한다. 물론 차량 제한 속도와 같은 규칙에 대해서는 어떠한 재량도 남기지 않는다.

17. 공동의 시나리오에서 의사소통 오류의 역할에 대한 중대한 연구 중 하나로 로버트 액셀로드Robert Axelrod의 연구가 있다. 그는 게임 이론의 가장 중요한 연구자이자 *The Evolution of Cooperation* (New York: Basic Books, 1984)의 저자다. '반복된 죄수의 딜레마' 같은 모의 협업 실험을 실행하며 모델에 잡음이 있다면(오해의 가능성을 의미한다) '용서하는' 전략을 선택함으로써 가장 잘 수행할 수 있다고 설명했다. 즉 때로는 실수였음을 받아들이고 위반이 반복되었을 때만 상대를 처벌한다. 이에 비해 완전한 '즉시 보복' 모델은 처음의 오해로 인해 악순환에 빠지기 쉽다.

18. 이는 정치학의 공공선택론이 근본적으로 기여하는 것 중 하나다. 공공선택론은 1950년대에 국가와 다른 기관들이 어떻게 결정을 내리는지 설명하기 위해 연구자들이 개별 수준의 비용 편익 분석을 포함한 경제 원칙들을 적용하기 시작하던 시기에 생겼다. 특히 각각의 의사결정자들이 때로는 더 폭넓은 시스템의 이익에 반하여 일할 때, 인센티브를 얻는 상황에 어떻게 직면하게 됐는지를 강조했다.

19. 인용된 내용은 2018년 로지 야콥과의 개인적인 대화에서 들은 것이다.

9장 앞으로 나아가기

1. 2018년과 2019년 애슐리 앨버트와 나눈 개인적 대화에서 들은 이야기다. 젤라토 가게를 열고 싶다는 케빈의 꿈을 짓밟은 뒤에 애슐리는 무교병無酵餅을 파는 다른 회사의 창업에 그를 가담시켰다(무교병을 모르는 사람들을 위해 설명하자면, 유대인들의 기념일인 유월절 동안 먹는 납작한 빵의 일종이다). 애슐리는 내게 이렇게 말했다. "90년 동안 무교병 시장은 단 두 업체에서 지배하고 있었고, 먹음직스러운 무교병 상품을 더 다양하게 만들어 낼 수 있는 여지가 있다고 생각했어요." 앞으로 나아가기 위해 애슐리와 케빈은 그들의 아이디어를 시험할 수 있는 간단한 테스트를 준비했다. 그들은 무교병 크래커 한 회분을 요리해 그것을 매력적이고 색다르게 포장한 다음 지역 상점 네 곳에 팔아보았다. 무교병 상자는 금방 매진되었고, 상점 주인들이 이렇게 물어왔다. "다음 주에는 네 상자를 납품할 수 있을까요?" 나아가 이 무교병은 일류 음식을 소개하는 방송과 여러 언론매체에 보도됐다. 1년 후 무교병 상자는 오프라 윈프리의 리스트 '오프라가 좋아하는 것들'에 두 번이나 나왔고, 이 글을 쓰는 현재 이 제품은 미국 전역의 800곳이 넘는 상점에서 팔리고 있으며 영국·캐나다·스페인·일본에서도 판매되고 있다. 문제를 입증하자는 애슐리의 주장이 없었다면 케빈은 지금쯤 텅텅 빈 젤라토 가게에서 커피를 팔면서 간신히 버티고 있었을지도 모른다.

2. 이 방법은 Voss, *Never Split the Difference: Negotiating as if Your Life Depended on It* (New York: HarperCollins, 2016)의 3장에 기술돼 있다.

3. 이 방법은 Steve Blank, Bob Dorf, *The Startup Owner's Manual: The Step-By-Step Guide for Building a Great Company* (Pescadero, CA: K&S Ranch Publishing, 2012)의 5장에 기술돼 있다. 스타트업을 설립할 예정이라면 이 책을 읽는 것을 권한다.

4. 시스코 사례는 Paddy Miller, Thomas Wedell-Wedellsborg, "Start-up Cisco: Deploying Start-up Methods in a Giant Company," Case DPO-426-E (Barcelona: IESE Publishing, May 2018)에 기초한 것이다. 더 명확한 전달을 위해 형식을 약간 바꿨다. 오세아스 라미레스 아사드의 이야기는 2019년 그와 나눈 개인적인 대화에서 들은 것이다.

5. 2017년 조지나 드 로키니와의 개인적인 대화에서 들었다.

6. 나는 새먼과 댄을 안다. 그들은 프리하이프라는 회사에서 만났고, 나는 그 회사의 고문이다. 그들이 첫 번째 사무실을 차렸을 때부터 그들의 여정을 지켜보았다. 이 인용문은 내가 2016년 1월 사만을 인터뷰한 뒤 기록했지만 출간되지는 않았던 사례에서 나왔다. 이야기 일부가 여러 책에서 다뤄졌다. 그중 하나가 Zeynep Ton, *The Good Jobs Strategy: How the Smartest Companies Invest in Employees to Lower Costs and Boost Profits* (Boston: New Harvest, 2014)다.

7. 매출액은 공개되지 않았지만, 금융 데이터 회사 피치북Pitchbook에 따르면 매니지드바이큐는 인수되기 몇 달 전에 2억 4900만 달러(한화 약 3000억 원)의 가치가 있다고 평가됐다. https://pitchbook.com/profiles/company/65860-66.

8. 프리토타이핑에 대한 더 많은 정보는 Alberto Savoia, *The Right It: Why So Many Ideas Fail and How to Make Sure Yours Succeed* (New York: HarperOne, 2019)에서 확인할 수 있다.

9. 2019년 헨릭 워들린과의 개인적인 대화를 통해 알게 된 이야기다. 팀에는 맷 미커, 칼리 스트라이프, 미켈 홀름 젠슨, 수잔 맥도넬, 크리스티나 도넬리, 베키 시걸, 마이클 노보트니, 제프리 아웅, 멜리사 셀리그만, 존 토스가 있었다.

10. 2018년 11월 스콧 맥과이어와의 개인적 대화에서 들은 이야기다.

11. 키스 도스트의 말은 그의 책 *Frame Innovation: Create New Thinking by Design* (Cambridge, MA: Massachusetts Institute of Technology, 2015)의 1장에 나온다.

10장 세 가지 장애물 넘어서기

1. 리프레이밍에 관한 논의 후 톰 르브리Tom Le Bree라는 프리하이프 동업자는 내게 다음과 같은 메모를 보냈다. "아직 책 제목을 정하지 않았다면 '나에게는 지금 99개의 문제가 있지만, 처음에는 한 개밖에 없었다'는 어떠세요?"

2. 수도사의 이름은 윌리엄 오컴William of Ockham이지만, 사람들은 '오컴Occam의 면도날'

이라고 쓴다. 그렇게 놀라운 일은 아니다. 성이 웨델 웨델스보그 정도 되면 누군가 나를 떠올리면서 이렇게 말할 확률이 높다. '누구였더라, 그 리프레이밍하는 남자.'

3. 이 인용문은 de Shazer, *Keys to Solution in Brief Therapy* (New York: W. W. Norton & Company, 1985)의 16쪽에 나온다. 이 인용문의 명확한 표현에도 불구하고, 드세이저는 이것이 '항상' 사실이 아니라 단지 사실일 때가 많다고 말했다. 이는 전통적인 심리학자가 '복잡한' 문제에 더 간단한 접근법을 시험해 보는 대신 똑같이 복잡한 해결책이 있어야 한다고 믿는 경우가 너무 많다는 주장의 일부다.

4. 이 프로그램은 지금까지 널리 기술돼 왔다. 간단한 구글 검색만으로도 기본적인 사실들을 알 수 있다. 더 자세히 알고 싶다면 Jonathan Tepperman, *The Fix: How Countries Use Crises to Solve the World's Worst Problems* (New York: Tim Duggan Books, 2016)의 1장을 읽을 것을 권한다. 언급한 연구와 자료는 테퍼먼의 책의 39~41쪽에서 발췌했다.

5. 2014년 마크 라마단, 스콧 노턴과의 개인적 대화에서 이 이야기를 들었다.

6. 민족지학적 방법에 몰두하는 것이 어떻게 성장의 새로운 근원을 밝힐 수 있는지 훌륭한 탐구를 이룬 Christian Madsbjerg, Mikkel B. Rasmussen, *The Moment of Clarity: Using the Human Sciences to Solve Your Toughest Business Problems*, (Boston: Harvard Business Review Press, 2014)를 읽어 보기를 권한다. 저자는 프레이밍을 이용하는 방법과 관련된 몇 가지 흥미로운 사례도 공유하고 있다. 한 가지 예는 장난감 제조 회사 레고에 관한 것이다. 그들은 연구의 질문을 '아이들은 어떤 장난감을 원하는가?'에서 '놀이의 역할은 무엇인가?'로 리프레이밍했다(해당 도서 5장 참고). 고위 간부라면 읽어 볼 만한 가치가 있는 또 다른 책은 Rita Gunther McGrath, Ian C. MacMillan, *Discovery-Driven Growth: A Breakthrough Process to Reduce Risk and Seize Opportunity* (Boston: Harvard Business Review Press, 2009)다. 저자가 발견을 위한 조직 구성 방법에 대해 유용한 조언을 많이 전하고 있다.

7. Schein, *Humble Inquiry: The Gentle Art of Asking Instead of Telling* (San Francisco: Berrett-Koehler Publishers, 2013) 이 책은 더 나은 질문을 하는 기술에 대해 꽤 짧고 훌륭

하게 소개하고 있다. 또 다른 기여자로는 워런 버거와 할 그레거슨이 있다.

8. Amy Edmondson, *The Fearless Organization* (Hoboken, NJ: Wiley, 2019). 또는 관련된 간략한 설명을 보고 싶다면 구글에서 '심리적 안정감psychological safety'을 검색하는 걸 추천한다.

9. 이 연구는 그레거슨의 글에 요약돼 있다. "Bursting the CEO Bubble," *Harvard Business Review*, March – April 2017.

10. 제레미아 이야기의 일부를 내 글에 실은 적이 있다. "Are You Solving the Right Problems?" *Harvard Business Review*, January – February 2017.

11. 다양성의 역할, 문제 해결에 다양성을 포함하는 것에 대한 많은 연구가 이루어지고 있다. 이 연구에 대해 더 자세히 알고 싶다면 Scott Page, *The Diversity Bonus: How Great Teams Pay Off in the Knowledge Economy* (Princeton, NJ: Princeton University Press, 2017)를 읽어 보기를 권한다. 이 주제에 대한 훌륭하고 섬세한 개요를 제시하고 있다. 예를 들어 다양성이 실제로 무엇인지(사회적 다양성과 인지 다양성 비교), 다양성이 가장 도움이 되는 문제 유형(반복적이지 않은 지식 노동) 등과 같은 내용을 포함한다. 스콧 페이지Scott Page의 연구에 대해 알려 준 코펜하겐 경영대학원의 수장 저스티슨 Susanne Justesen에게 감사하다.

12. 내가 처음 혁신 연구를 시작했을 때 맡았던 의뢰인의 이야기다. 사례의 일부는 내 첫 번째 책 *Innovation as Usual: How to Help Your People Bring Great Ideas to Life* 와 내가 작성한 기사 "Are You Solving the Right Problems?" *Harvard Business Review*, January – February 2017에 실려 있다.

13. 한 가지 초기 사례는 1714년 영국 의회가 배들이 어떻게 바다에서 경도를 알 수 있을지 알아내기 위해 도움을 요청했을 때 일어났던 일이다. 요크셔의 시계 제조공 존 해리슨John Harrison이 해결책을 제시했다.

14. 마이클 투시먼이 1977년 한 논문에서 만든 용어다. "Special Boundary Roles in the Innovation Process," *Administrative Science Quarterly* 22, no. 4 (1977): 587 – 605. 경계 확장자의 기초가 되는 생각은 혁신 연구의 초창기부터 존재했다.

15. 이 사례와 관련된 유용한 논의는 Dwayne Spradlin's article "Are You Solving the Right Problem?" *Harvard Business Review*, September 2012에서 확인할 수 있다.

11장 사람들의 저항을 이겨내기

1. 유용한 이론 모형에서 신뢰를 세 가지 유형으로 구분한다. 정직에 대한 신뢰(내가 잃어버린 지갑을 돌려줄 사람인가?), 능력에 대한 신뢰(일을 맡길 수 있는 사람인가?), 태도에 대한 신뢰(뭔가 잘못되면 나를 도와줄 사람인가?), 흠잡을 데 없는 이력을 지닌 세계적 수준의 전문가일지라도 사람들이 별로 신경 써주지 않는다고 의심하면 신뢰받지 못할 수 있다. 위에서 말한 세 가지 유형의 모형이 궁금하다면 Roger C. Mayer, James H. Davis, F. David Schoorman, "An Integrative Model of Organizational Trust," *Academy of Management Review* 20, no. 3 (1995): 709－734를 참고하는 걸 추천한다. 또한 더 최근의 더 광범위한 독자층을 대상으로 한 논의는 Rachel Botsman, *Who Can You Trust?: How Technology Brought Us Together and Why It Might Drive Us Apart* (New York: PublicAffairs, 2017)에서 확인할 수 있다.

2. 클레이튼 크리스텐슨이 내가 2013년 9월 10일 런던에서 한 행사에 참여했을 때 이 이야기를 들려주었다.

   클레이턴 크리스텐슨은 경영 분야의 기초 사상가 중 한 명으로 널리 알려져 있다. 파괴적 혁신 패러다임을 만들었고, 고객의 요구를 더 잘 이해하고 리프레이밍하기 위한 프레임워크로서 많은 사람이 신뢰하는 '해야 할 일' 접근법을 공동으로 만들었다.

3. 향상/예방 초점에 대해 더 자세히 알고 싶다면 Heidi Grant, E. Tory Higgins's "Do You Play to Win－or to Not Lose?" *Harvard Business Review*, March 2013 또는 Higgin, "Promotion and Prevention: Regulatory Focus as a Motivational Principle," Advances in Experimental Social Psychology 30 (1998): 1을 확인하는 걸 추천한다.

4. 이 개념은 원래 Arie W. Kruglanski, Donna M. Webster, Adena Klem "Motivated Resistance and Openness to Persuasion in the Presence or Absence of Prior

Information," *Journal of Personality and Social Psychology* 65, no. 5 (1993): 861에서 개발됐으며, 이후 다른 연구자들에 의해 정교해졌다.

5. 애매한 문제와 창의적 문제 해결과의 관계에 대한 연구의 한 사례를 Michael D. Mumford et al.,"Personality Variables and Problem-Construction Activities: An Exploratory Investigation," *Creativity Research Journal* 6, no. 4 (1993): 365에서 확인할 수 있다. 경영사상가 로저 마틴도 이를 깊이 있게 탐구했다. 그는 자신의 책에서 문제 해결 전문가가 실전에서 애매한 문제를 처리하는 방법을 공유하고 있다. *The Opposable Mind: How Successful Leaders Win Through Integrative Thinking* (Boston: Harvard Business Review Press, 2009).

6. 1854년 세균이 병을 일으킨다는 이론이 대두하고 있을 때 위엄 있는 의사 찰스 델루세나 마이그스Charles Delucena Meigs가 이에 확신을 가지고 거부하면서 불후의(그리고 그야말로 치명적인) 명언을 남겼다. "의사들은 신사이고, 신사의 손은 깨끗하다." C. D. Meigs, *On the Nature, Signs, and Treatment of Childbed Fevers* (Philadelphia: Blanchard and Lea, 1854), 104. 나는 *Innovation as Usual*의 5장에 의학계에서 손 씻기의 중요성을 뒤늦게 인정한 것에 대해 썼다. 간단한 내용을 확인하고 싶다면 구글에서 의사 '이그나츠 젬멜바이스Ignaz Semmelweis'를 검색해 볼 수 있다. 그의 비극적인 이야기를 통해 의학계 혁신에 대한 교훈을 얻을 수 있다.

7. 이 인용문은 Sinclair, *I, Candidate for Governor: And How I Got Licked*에서 나왔다. 저자가 1934년에 이 도서를 출간했고, 1994년에 캘리포니아 대학교 출판부가 재출간했다. 인용문은 1994년 판의 109쪽에 실려 있다.

8. 더 구체적인 내용은 Robert A. Burton, *On Being Certain: Believing You Are Right Even When You're Not* (New York: St. Martin's Press, 2008)에서 확인할 수 있다.

9. 2019년 로열 팜스 셔플보드 클럽에서 크리스 데임과의 개인적인 대화에서 들었다.

10. 이 이야기는 de Shazer, *Clues: Investigating Solutions in Brief Therapy* (New York: W. W. Norton & Company, 1988) 109–113에 나온다.

11. 2018년 10월 공동 창립자와의 개인적인 대화에서 들었다.

12. 2013년 루크 맨스필드와의 개인적인 대화에서 들었다. 전체 이야기는 Paddy Miller, Thomas Wedell-Wedellsborg, "Samsung's European Innovation Team," Case DPO-0307-E (Barcelona: IESE Publishing, 2014)에 기술돼 있다.

마치며 해결책을 찾았는가?

1. 인용문은 Chamberlin, "The Method of Multiple Working Hypotheses," *Science* 15 (1890): 92에도 나온다. 논문은 훌륭한 내용이며 동시대의 찰스 다윈, 마리 퀴리, 윌리엄 제임스의 마음을 들여다보는 매혹적인 창을 제공한다. 그의 이름과 논문 제목을 검색하면 찾을 수 있다. 체임벌린의 연구에 대해 알려 준 Roger Martin, *The Opposable Mind: How Successful Leaders Win Through Integrative Thinking* (Boston: Harvard Business Review Press, 2009)에 감사하다.

2. 체임벌린의 생각에 영감을 줬을 멋진 사례를 보고 싶다면 Louis Menand, *The Metaphysical Club: A Story of Ideas in America* (New York: Farrar, Straus and Giroux, 2001)를 추천한다. 루이 아가시Louis Agassiz의 특성에 특히 주목하라. 아가시는 재능 있고 카리스마 있는 타고난 과학자였지만, '유쾌하게 불완전한' 영어 구사력과 완전히 비뚤어진 과학적 생각을 일부 가지고 있었다. 아가시는 자신의 거창한 이론이 틀렸다는 증거가 쌓여감에도 모든 대안적 이론(확정적인 찰스 다윈의 이론을 포함한다)을 단호히 거부했다. 대신 자신의 이론의 확실한 증거를 찾기 위해 브라질로 수개월 동안 여행을 떠났다. 그는 결국 증거를 찾지 못했고 거의 모든 사람이 다윈이 맞았고 아가시가 틀렸다는 데 빠르게 동의했다(그의 이야기는 97쪽부터 나온다).

리프레이밍 캔버스

프레이밍

문제가 무엇인가?   누가 관련되어 있는가?   [?]

리프레이밍

프레임 밖을 보라

목표를 재검토하라   → ?

긍정적인 예외(밝은 점)를 주목하라   ✗ ✗ ✓ ✗

자신의 행동을 돌아보라

다른 사람의 관점에서 보라

앞으로 나아가기

어떻게 추진력을 유지하는가?

리프레이밍 체크리스트

문제를 프레이밍하라
문제가 무엇인가? 누가 관련되어 있는가?

프레임 밖을 보라
무엇을 놓치고 있는가?

목표를 재검토하라
추구할 더 나은 목표가 있는가?

긍정적인 예외(밝은 점)를 주목하라
긍정적인 예외 사례가 있는가?

자신의 행동을 돌아보라
문제가 발생하는 데에서 내가 한 역할은 무엇인가?

다른 사람의 관점에서 보라
그들이 해결하려는 문제가 무엇인가?

앞으로 나아가라
어떻게 추진력을 유지하는가?

계획이 틀어져도 절대 실패하지 않는 문제 해결 방식

리프레이밍

1판 1쇄 발행 2022년 6월 1일
1판 2쇄 발행 2022년 7월 13일

지은이 토마스 웨델 웨델스보그
옮긴이 박정은
펴낸이 고병욱

기획편집실장 윤현주 **책임편집** 조은서 **기획편집** 장지연 유나경
마케팅 이일권 김윤성 김도연 김재욱 이애주 오정민
디자인 공희 진미나 백은주 **외서기획** 김혜은
제작 김기창 **관리** 주동은 조재언 **총무** 문준기 노재경 송민진

펴낸곳 청림출판(주)
등록 제1989-000026호

본사 06048 서울시 강남구 도산대로 38길 11 청림출판(주) (논현동 63)
제2사옥 10881 경기도 파주시 회동길 173 청림아트스페이스 (문발동 518-6)
전화 02-546-4341 **팩스** 02-546-8053
홈페이지 www.chungrim.com
이메일 cr1@chungrim.com
블로그 blog.naver.com/chungrimpub
페이스북 www.facebook.com/chungrimpub

ISBN 978-89-352-1380-1 03320